高职高专汽车专业系列教材

汽车保险与理赔
(第2版)

张 彤 主 编
吕江毅 牛雅丽 张华磊 副主编

清华大学出版社
北京

内容简介

本书按照汽车保险业务流程设计了 5 个学习情境和 17 个典型工作任务，包括汽车投保、承保、理赔各个工作环节和车险模拟系统操作。本书全面地阐述了汽车保险理论，系统地介绍了汽车保险展业和汽车保险理赔的岗位职业能力要求、业务流程和工作技能，旨在帮助学习者建立汽车保险与理赔的知识体系，掌握汽车保险与理赔各环节的实务操作技能。

本书可作为各类高职院校汽车营销与服务、汽车检测与维修专业，以及相关专业教材使用，也可作为汽车保险公司、保险中介机构从业人员的岗位培训教材。

本书封面贴有清华大学出版社防伪标签，无标签者不得销售。
版权所有，侵权必究。举报：010-62782989，beiqinquan@tup.tsinghua.edu.cn。

图书在版编目(CIP)数据

汽车保险与理赔/张彤主编．—2 版．—北京：清华大学出版社，2014（2022.6重印）
(高职高专汽车专业系列教材)
ISBN 978-7-302-35596-0

Ⅰ．①汽… Ⅱ．①张… Ⅲ．①汽车保险—理赔—中国—高等职业教育—教材 Ⅳ．①F842.63

中国版本图书馆 CIP 数据核字(2014)第 043526 号

责任编辑：桑任松
封面设计：刘孝琼
版式设计：杨玉兰
责任校对：周剑云
责任印制：沈 露

出版发行：清华大学出版社
网 址：http://www.tup.com.cn, http://www.wqbook.com
地 址：北京清华大学学研大厦 A 座　　邮 编：100084
社 总 机：010-83470000　　邮 购：010-62786544
投稿与读者服务：010-62776969, c-service@tup.tsinghua.edu.cn
质量反馈：010-62772015, zhiliang@tup.tsinghua.edu.cn
课件下载：http://www.tup.com.cn, 010-62791865

印 装 者：三河市君旺印务有限公司
经 销：全国新华书店
开 本：185mm×260mm　　印 张：16.25　　字 数：392 千字
版 次：2010 年 11 月第 1 版　2014 年 10 月第 2 版　印 次：2022 年 6 月第 8 次印刷
定 价：49.00 元

产品编号：056999-02

第2版前言

本书是"十二五"职业教育国家规划教材，是在本书第1版的基础上进行修订的。近两年，我国汽车保险行业发生了一些重大变化，汽车保险产品销售渠道和销售方式多元化，电话销售和网络销售盛行，车险经营主体不断增加，保险标的和投保人的保险需求多元化，豪车投保逐年增多。在2012版机动车辆商业保险示范条款中，险种、费率、赔偿条款都有较大的变化，汽车保险与理赔向智能化方向发展。与此同时，我国的职业教育也在发生变化，基于工作过程系统化的课程开发更加深化，职业资格标准和职业技能大赛与课程教学内容进一步融合。

在这种大背景下，我们对本书第1版进行了合理修订，实现了教材与汽车保险课程开发衔接、教材与职业资格标准衔接、教材与汽车保险技能大赛衔接。本书主要修订了以下几个方面的内容。

1. 教材整体结构

本书以工作过程为导向，以汽车保险工作流程为主线，按照汽车保险岗位的工作过程设计学习情境，并且每个学习情境之间是递进的关系，构成本书的基本框架结构，即介绍汽车保险、汽车保险投保、汽车保险承保、汽车保险理赔、汽车保险和理赔系统操作。书中注重理论教学和技能训练相结合，系统性和模块化相结合，通过理论学习和技能训练，可达到学以致用、强化技能培养的目的。

2. 教材编写体例

本书根据工作过程系统化课程教材的要求，以工作任务为核心，采用任务驱动、情境式的编写体例，用工作任务引领专业知识，用提供汽车保险服务引领工作任务，遵循工作过程的六个步骤"资讯——决策——计划——实施——检验——评估"来编排各个部分的内容。

3. 学习情境设计

本书的学习情境是按照汽车保险的投保咨询、投保、承保、理赔和系统操作展开，每个学习情境都涵盖了情境导入、业务流程、职业能力要求、学习目标、学习任务、学习拓展、学习总结和学习评价多项内容。以真实的工作情景为背景，展示实际工作的业务流程，提出在实践中所对应的工作岗位、工作内容和职业能力要求。按照职业能力要求提出明确的学习目标，通过每个任务的设计，学生完成任务后可达到预期的学习目标。围绕主体内容介绍前沿性知识，帮助学生拓展知识。通过学习总结帮助学生梳理和提炼学习内容。通过学习评价帮助学生巩固知识，提高技能。

4. 工作任务设计

本书的工作任务是按照汽车保险不同岗位人员的技能要求设计的，按照汽车保险承保和理赔两大工作领域中投保咨询、投保、核保、出具保单、批改、续保、接报案、调度、勘查、立案、定损、核损、赔款理算、核赔和结案若干个工作环节设计了17个工作任务。以解决汽车保险承保和理赔实际工作中的问题引导任务，将汽车保险与理赔的知识渗透到各项任务中，以完成任务为目标展开学习，在完成任务的过程中充分实现了"做中学"和"学中做"。任务中包括任务描述、任务分析、相关知识和任务实施四个部分，描述具体的工作任务，分析完成工作任务的思路，介绍工作任务负载的知识点和技能点，用框架图的形式清晰地标出实施任务的步骤，具有极强的实用性和可操作性。

5. 教材内容更新

本书的内容在第1版的基础上，根据汽车保险课程开发的需求，增加了汽车保险与理赔各个环节的业务流程，并在每个岗位中融入岗位职业标准，使学生在最初接受专业教育时，就了解岗位职业标准，学习规范操作。根据汽车保险实践发展，书中增加了新技术、新标准、新法规条例等内容，提供了全新的汽车保险单证，还单独设立了"汽车保险和理赔系统操作"内容，系统地介绍了汽车保险和理赔系统的操作方法。

本书共包括5个学习情境和17个工作任务：学习情境1是典型的投保咨询，从汽车保险展业人员角度，学习如何向投保人介绍汽车使用中的风险以及风险控制的方法，投保的必要性、汽车保险产品、汽车保险合同等相关知识，为投保人进行投保决策提供依据。学习情境2是投保人为新车投保，从投保人的角度，学习如何进行投保选择和正确填写投保单，办理投保手续。学习情境3是汽车保险承保，从汽车保险展业人员角度，学习如何根据投保人的保险需求设计保险方案，如何进行核保、制单、签单、批单、续保等承保业务操作。学习情境4是汽车保险理赔，从汽车保险理赔人员角度，学习如何进行接报案、调度派工、现场查勘、立案、定损与核损、赔款理算、核赔与结案等业务环节操作。学习情境5是汽车保险和理赔系统操作，是将以上4个学习情境中各项业务在汽车保险承保系统和汽车保险理赔估损系统进行操作，实现了将理论知识转化为实践技能的飞跃。

本书由北京电子科技职业学院副教授张彤担任主编，负责全书架构设计和编写体例设计，对全书进行了修改和统稿，并编写学习情境2和学习情境3；北京电子科技职业学院讲师牛雅丽编写学习情境1；北京电子科技职业学院讲师张华磊和汽车职业经理人任旭亮编写学习情境4；北京电子科技职业学院副教授吕江毅和北京远华天地科技有限公司郑瑞娜编写学习情境5；任旭亮提供了全书的保险单证，并对保险案例进行了审查与核实。

在本书编写过程中，得到了北京远华天地科技有限公司廖明总经理、中国人民财产保险有限公司北京分公司、中国太平洋财产保险股份有限公司北京分公司和北京汉青汽车服务有限责任公司的大力支持，在此一并致谢。

在本书编写过程中，参阅了大量国内外公开发表和出版的文献资料，在此谨向原著作者表示诚挚的敬意和由衷的感谢。

本书可作为高职院校汽车营销与服务、汽车检测与维修专业，以及相关专业教材使用，也可作为保险公司、保险中介机构从业人员的岗位培训教材。

　　由于编者的理论水平和实践经验有限，书中难免有不足之处，恳请各位专家和读者批评指正，以便我们不断完善。

编　者

目　　录

学习情境 1　介绍汽车保险 1

情境导入 2
业务流程 2
职业能力要求 3
学习目标 3
学习任务 4
任务 1　分析汽车风险 4
　　任务描述 4
　　任务分析 4
　　相关知识 4
　　　一、风险 4
　　　二、风险管理 7
　　　三、保险 10
　　　四、风险与保险 13
　　任务实施 15
任务 2　介绍汽车保险 16
　　任务描述 16
　　任务分析 16
　　相关知识 16
　　　一、汽车保险的概念 16
　　　二、汽车保险的职能 16
　　　三、汽车保险的作用 17
　　　四、汽车保险的特征 18
　　　五、汽车保险的原则 19
　　任务实施 21
任务 3　介绍汽车保险产品 22
　　任务描述 22
　　任务分析 23
　　相关知识 23
　　　一、我国现行汽车保险产品结构 23
　　　二、机动车交通事故责任强制保险 23
　　　三、机动车商业保险——基本险 27

　　　四、机动车商业保险——附加险 38
　　任务实施 41
任务 4　介绍汽车保险合同 43
　　任务描述 43
　　任务分析 43
　　相关知识 43
　　　一、汽车保险合同的概念 43
　　　二、汽车保险合同的特征 43
　　　三、汽车保险合同的形式 44
　　　四、汽车保险合同的主体、客体和内容 45
　　　五、汽车保险合同的订立与生效 46
　　　六、汽车保险合同当事人的权利与义务 47
　　　七、汽车保险合同的变更和解除 48
　　任务实施 48
学习总结 50
学习拓展 50
学习评价 53
　　理论评价 53
　　技能评价 54

学习情境 2　汽车保险投保 57

情境导入 58
业务流程 58
学习目标 58
学习任务 59
任务 1　选择投保 59
　　任务描述 59
　　任务分析 59
　　相关知识 59
　　　一、汽车投保的条件 59

二、选择投保的原则................59
　　三、选择投保方式................60
　　四、选择保险公司................61
　　五、选择投保险种................62
　　六、选择投保方案................62
　　七、投保选择中应注意的事项.....64
　　任务实施............................65
任务2　填写投保单....................66
　　任务描述............................66
　　任务分析............................66
　　相关知识............................66
　　一、投保单的性质................66
　　二、投保单的格式................66
　　三、投保单的内容................68
　　任务实施............................70
学习总结................................72
学习拓展................................72
学习评价................................74
　　理论评价............................74
　　技能评价............................75

学习情境3　汽车保险承保............79

情境导入................................80
业务流程................................80
职业能力要求..........................82
学习目标................................82
学习任务................................83
任务1　制订汽车保险方案...........83
　　任务描述............................83
　　任务分析............................83
　　相关知识............................83
　　一、设计投保方案的原则........84
　　二、投保方案的主要内容........84
　　三、汽车保险费率................84
　　四、汽车保险金额................86
　　五、汽车保险费用................86
　　任务实施............................89
任务2　进行核保....................100

　　任务描述...........................100
　　任务分析...........................100
　　相关知识...........................100
　　一、核保概念.....................100
　　二、核保原则.....................100
　　三、核保政策.....................100
　　四、核保制度.....................102
　　五、核保方式.....................103
　　任务实施...........................104
任务3　缮制和签发保险单证.......107
　　任务描述...........................107
　　任务分析...........................108
　　相关知识...........................108
　　一、交强险单证..................108
　　二、商业保险单证...............110
　　任务实施...........................112
任务4　办理批改和续保............113
　　任务描述...........................113
　　任务分析...........................113
　　相关知识...........................114
　　一、批改...........................114
　　二、续保...........................119
　　任务实施...........................120
学习总结...............................121
学习拓展...............................122
学习评价...............................124
　　理论评价...........................124
　　技能评价...........................125

学习情境4　汽车保险理赔..........129

情境导入...............................130
业务流程...............................130
职业能力要求.........................131
学习目标...............................134
学习任务...............................134
任务1　受理报案和调度派工.......134
　　任务描述...........................134

任务分析 135
　　相关知识 135
　　　一、被保险人(客户)报案与保险
　　　　　人受理报案 135
　　　二、被保险人(客户)的报案
　　　　　方式 135
　　　三、受理报案的工作内容 135
　　　四、受理报案的服务礼仪
　　　　　规范 137
　　　五、调度派工 138
　　任务实施 139
任务 2　事故现场查勘与立案 142
　　任务描述 142
　　任务分析 143
　　相关知识 143
　　　一、交通事故及其成因 143
　　　二、交通事故现场分类 143
　　　三、交通事故的法律责任 144
　　　四、交通事故责任认定 144
　　　五、现场查勘的主要内容 145
　　　六、现场查勘的方法和准则 147
　　　七、立案 152
　　任务实施 153
任务 3　定损与核损 159
　　任务描述 159
　　任务分析 159
　　相关知识 160
　　　一、交通事故中的损失项目 160
　　　二、车辆损失的确定 160
　　　三、人员伤亡费用的确定 167
　　　四、其他财产损失的确定 169
　　　五、施救费用的确定 169
　　　六、核损 170
　　任务实施 171
任务 4　赔款理算 176
　　任务描述 176
　　任务分析 176
　　相关知识 176

　　　一、赔款理算的概念 176
　　　二、交强险赔款理算 176
　　　三、车辆损失险赔款理算 177
　　　四、第三者责任险赔款理算 179
　　　五、全车盗抢险赔款理算 180
　　　六、其他商业险附加险赔款
　　　　　理算 180
　　任务实施 182
任务 5　核赔与结案 184
　　任务描述 184
　　任务分析 184
　　相关知识 185
　　　一、核赔工作内容 185
　　　二、汽车保险赔付结案 186
　　　三、汽车保险未决案的处理 186
　　　四、汽车保险拒赔处理 186
　　　五、汽车保险追偿处理 187
　　任务实施 187
学习总结 188
学习拓展 189
学习评价 191
　　理论评价 191
　　技能评价 192

学习情境 5　汽车保险和理赔系统操作 195

情境导入 196
业务流程 197
学习目标 197
学习任务 198
任务 1　汽车保险承保系统操作 198
　　任务描述 198
　　任务分析 199
　　任务实施 199
任务 2　汽车保险理赔估损系统
　　　　操作 215
　　任务描述 215
　　任务分析 216

任务实施 216
　　学习总结 235
　　学习拓展 236
　　学习评价 239

　　理论评价 239
　　技能评价 241

参考文献 250

学习情境 1　介绍汽车保险

情境导入

张明购买了一辆价值28万元的福特翼虎汽车，主要用于家庭自用并准备为新车购买保险。2013年6月25日上午9时，张明到某保险公司营业厅进行投保咨询，展业人员江枫接待了他。江枫帮助张明分析了车辆使用中的风险，告诉张明如何识别风险和控制风险，张明认识到使用汽车存在风险，决定通过购买保险的方式转嫁风险，降低自己的损失，于是向江枫咨询汽车投保。江枫向张明详细地介绍了汽车保险以及汽车保险产品，如果张明有投保意向，则需要和保险公司签订汽车保险合同，因此江枫也向张明介绍了有关汽车保险合同的事项。

以上是一个典型的投保咨询情境，汽车保险展业人员要向客户说明汽车使用中存在的风险、风险控制的方法以及购买汽车保险的必要性，全面地介绍汽车保险、汽车保险产品和汽车保险合同，帮助客户建立完整的汽车保险体系，便于客户进行投保决策。

业务流程

接待投保咨询是汽车保险销售的重要环节。在这个环节中，汽车保险业务人员要帮助客户分析汽车使用中存在的风险，向客户说明购买汽车保险是转嫁风险的有效手段，说明购买保险的必要性和重要性，全面介绍汽车保险和汽车保险产品以及汽车保险合同。具体工作流程如下。

(1) 分析汽车使用中的风险，为客户提出控制汽车风险的建议(包括买保险)。
(2) 介绍汽车保险的作用和职能，说明购买汽车保险的必要性。
(3) 介绍汽车保险应遵循的原则，避免客户理解的误区。
(4) 介绍汽车保险产品，说明产品的差异。
(5) 介绍汽车保险条款。
(6) 介绍汽车保险合同的主要内容、履行要点以及变更和解除的相关内容。

其业务流程如图1-1所示。

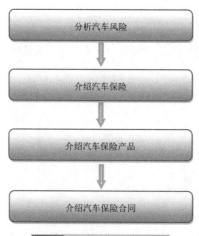

图1-1　接待投保咨询流程

学习情境1 介绍汽车保险

职业能力要求

岗位：汽车保险展业

【工作内容】

(1) 接受客户的投保咨询。
(2) 分析汽车风险及其成因。
(3) 介绍汽车保险产品和合同条款。
(4) 介绍本公司提供的增值服务。
(5) 进行汽车保险产品营销。
(6) 开发汽车保险潜在客户。

【职业能力要求】

(1) 具备现代汽车保险营销观念。
(2) 掌握汽车保险、汽车产品的相关知识。
(3) 掌握机动车辆管理的相关法律和交通法规。
(4) 熟悉本地区汽车保险市场的基本情况。
(5) 能够判断投保人所面临的风险。
(6) 能够全面准确地解释保险产品和保险条款。
(7) 能够针对不同客户群体展开营销活动。

学习目标

【知识目标】

(1) 掌握风险的概念和特征、风险管理的概念和过程。
(2) 掌握保险的概念、分类和特征。
(3) 了解风险管理与保险的关系。
(4) 熟悉汽车保险的概念、职能、作用和原则。
(5) 熟悉交通事故责任强制保险和商业保险的主要内容。
(6) 掌握汽车保险合同的订立、变更、终止和解除规则。

【能力目标】

(1) 能够运用汽车保险原则解决实际问题。
(2) 能够帮助客户分析汽车使用中的风险，树立风险意识。
(3) 能够为客户全面准确地介绍汽车保险产品。
(4) 能够正确处理保险合同的订立、生效、变更与终止等问题。

学习任务

任务 1　分析汽车风险

任务描述

张明先生购买了一辆价值 28 万元的福特翼虎汽车，并准备为新车购买保险。2013 年 6 月 25 日上午 9 时，张明先生到某保险公司营业厅进行投保咨询，展业人员江枫接待了他。江枫该如何帮助张明分析车辆使用中的风险呢？

任务分析

作为汽车保险展业人员，接待投保咨询是实现销售的关键环节。在与客户交流的过程中，一方面要了解客户的需求；另一方面要根据客户的实际情况，帮助客户识别汽车使用中存在的风险，对控制汽车风险提出有效建议。

相关知识

一、风险

(一)风险的概念

风险是指人们因对未来行为的决策及客观条件的不确定性而可能引起的后果与预定目标发生的偏离。这种偏离，既有负偏离，也有正偏离。负偏离是指出现的损失，正偏离是指带来的收益。

为全面理解上述定义，应注意以下几点。

第一，风险是与人们的行为联系的，因此与人们的决策有关。

第二，客观条件的变化是风险的重要成因，尽管人们不能控制客观状态，却可以认识并掌握其规律并做出预测，这也是风险管理的重要前提。

第三，风险的不确定性包括发生与否的不确定性、发生时间的不确定性、发生状况及其结果的不确定性。这种不确定性，是针对实际结果与预期结果的变动程度而言的。变动程度越大，风险越大。

第四，保险承保的风险是指只有损失可能而无获利可能的风险。

(二)风险的要素

风险的构成要素包括风险因素、风险事故和风险损失。

1. 风险因素

风险因素是指引起或促使风险事故发生，以及风险事故发生时，致使损失扩大、增加的条件。风险因素通常有实质风险因素、道德风险因素和心理风险因素三种类型。

2. 风险事故

风险事故又称风险事件,是指风险成为现实以致引起损失的事件。风险事故是造成损失的直接的或外在的原因,是损失的媒介物,只有发生了风险事故,才能导致损失。

3. 风险损失

风险损失是指非故意的、非计划的和非预期的经济价值的减少。风险管理中的损失包括两个方面的条件:一是非故意的、非计划的和非预期的;二是经济损失的减少,即损失必须用货币来衡量,二者缺一不可。

风险是由风险因素、风险事故和风险损失三个要素构成的,其关系为:风险因素引起风险事故;风险事故导致风险损失。例如,刹车系统失灵造成车祸,导致人员伤亡,其中,风险因素是刹车系统失灵,风险事故是车祸,风险损失是人员伤亡。

(三)风险的种类

1. 根据风险性质分类

根据风险性质分类,风险可分为纯粹风险与投机风险。

(1) 纯粹风险。

纯粹风险是指只有损失机会,而无获利可能的风险。这种风险造成的结果只有两个,即无损失和损失。例如,自然灾害,人的生老病死等。保险公司目前仍以承保纯粹风险为主要业务。

(2) 投机风险。

投机风险是相对于纯粹风险而言的,是指既有损失机会又有获利可能的风险。投机风险造成的结果有三种,即收益、无损失、损失。例如,购买股票,通货膨胀时囤积商品等。保险公司一般不承保投机风险。

2. 根据风险产生原因分类

根据风险产生原因分类,风险可分为自然风险、社会风险、政治风险、经济风险与技术风险。

(1) 自然风险。

自然风险是指因自然力的不规则变化使社会生产和社会生活等遭受威胁的风险。如地震、水灾、火灾等。自然风险的特征是:第一,自然风险形成的不可控制性;第二,自然风险形成的周期性;第三,自然风险事故引起后果的共沾性,即自然风险事故一旦发生,其涉及的对象往往很广。

(2) 社会风险。

社会风险是指由于个人或团体的行为(包括过失行为、不当行为及故意行为)或不行为使社会生产及人们生活遭受损失的风险。如盗窃、抢劫、玩忽职守及故意破坏行为等。

(3) 政治风险。

政治风险又称"国家风险",是指在对外投资和贸易过程中,因政治原因或订约双方所不能控制的原因,使债权人可能遭受损失的风险。如因输入国家实施进口或外汇管制,对输入货物加以限制或禁止输入造成合同无法履行等。

(4) 经济风险。

经济风险是指在生产和销售等经营活动中由于受各种市场供求关系、经济贸易条件等因素变化的影响或经营者决策失误、对前景预期出现偏差等导致经营失败的风险。如企业生产规模增减、市场预测失误、消费需求变化、汇率变化等导致经济损失的风险。

(5) 技术风险。

技术风险是指伴随科学技术的发展、生产方式的改变而产生的威胁人们生产与生活的风险。如核辐射、空气污染和噪音等。

3. 根据风险标的分类

根据风险标的分类,风险可分为财产风险、人身风险、责任风险与信用风险。

(1) 财产风险。

财产风险是指导致一切有形财产的损毁、灭失或贬值的风险以及经济或金钱上损失的风险。财产损失通常包括财产的直接损失和间接损失两个方面。如车祸属于财产风险,它能导致汽车等有形财产的损失。

(2) 人身风险。

人身风险是指导致人的伤残、死亡、丧失劳动能力以及增加医疗费用支出的风险。人身风险所致的损失一般有两种:一种是收入能力损失;另一种是额外费用损失。如人的生老病死等常见的人身风险。

(3) 责任风险。

责任风险是指由于个人或团体的疏忽或过失行为,造成他人财产损失或人身伤亡,依照法律、契约或道义应承担的民事法律责任的风险。如驾车不慎撞人,造成对方的伤残或死亡;医疗事故,造成病人的伤残或死亡等。责任风险中所说的"责任"包括刑事责任、民事责任和行政责任,但保险人所承保的责任风险仅限于民事损害赔偿责任。

(4) 信用风险。

信用风险是指在经济交往中,权利人与义务人之间,由于一方违约或违法致使对方遭受经济损失的风险。如银行贷款不能按期收回的风险。

4. 根据风险涉及的范围分类

根据风险涉及的范围分类,风险可分为特定风险和基本风险。

(1) 特定风险。

特定风险是指与特定的人有因果关系的风险,即由特定的人所引起,而且损失仅涉及个人的风险。例如,盗窃、火灾等都属于特定风险。

(2) 基本风险。

基本风险是指其损害波及社会的风险。基本风险的起因及影响都不与特定的人有关,至少是个人所不能阻止的风险。例如,与社会或政治有关的风险,与自然灾害有关的风险,都属于基本风险。

特定风险和基本风险的界限，对某些风险来说，会因时代背景和人们观念的改变而有所不同。如失业，过去被认为是特定风险，而现在认为是基本风险。

二、风险管理

(一)风险管理的概念

风险管理是指经济单位通过对风险的认识、衡量和分析，选择最有效的方式，主动地、有目的地、有计划地处理风险，以最小的成本，争取获得最大安全保障的方法。

这个定义包括了四个要点。

第一，风险管理的主体是经济单位，即个人、家庭、企业或政府单位。

第二，风险管理是透过对风险的认识、衡量和分析，以选择最有效的方式，即最佳的风险管理技术为中心的。

第三，对风险技术的选择及对风险的处理是经济单位处在主动的地位，有目的、有计划地进行的。

第四，风险管理的目标是以最小的成本争取获得最大的安全保障。

(二)风险管理的程序

1. 风险识别

风险识别是风险管理的第一步，它是指对企业、家庭或个人面临的和潜在的风险加以判断、归类和对风险性质进行鉴定的过程。即对尚未发生的、潜在的和客观存在的各种风险，系统地、连续地进行识别和归类，并分析产生风险事故的原因。风险识别主要包括感知风险和分析风险两方面内容。风险在一定时期和某一特定条件下是否客观存在，存在的条件是什么，以及损害发生的可能性等都是风险识别阶段应予以解决的问题。

2. 风险估测

风险估测是在风险识别的基础上，通过对所收集的大量资料进行分析，利用概率统计理论，估计和预测风险发生的概率和损失程度。风险估测的内容主要包括损失频率和损失程度两个方面。损失频率的高低取决于风险单位的数目、损失形态和风险事故；损失程度是指某一特定风险发生的严重程度。风险估测不仅使风险管理建立在科学的基础上，而且使风险分析定量化。

3. 风险评价

风险评价是指在风险识别和风险估测的基础上，对风险发生的概率、损失程度，结合其他因素进行全面考虑，评估发生风险的可能性及其危害程度，并与公认的安全指标相比较，以衡量风险的程度，并决定是否需要采取相应的措施。处理风险，需要一定的费用，费用与风险损失之间的比例关系直接影响风险管理的效益。要通过对风险的定性、定量分析和比较处理风险所支出的费用，来确定风险是否需要处理和处理程度，以判定为处理风险所支出的费用是否有效益。

4. 选择风险管理技术

为实现风险管理目标，选择最佳风险管理技术是风险管理中最为重要的环节。风险管理技术分为控制型和财务型两类。前者的目的是降低损失频率和缩小损失范围，重点在于改变引起意外事故和扩大损失的各种条件；后者的目的是以提供基金的方式，对无法控制的风险做财务上的安排。

5. 评估风险管理效果

风险管理的效果是指对风险管理技术适用性及收益性情况的分析、检查、修正和评估。风险管理效益的大小，取决于是否能以最小风险成本取得最大安全保障，同时，在实务中还要考虑风险管理与整体管理目标是否一致，是否具有具体实施的可行性、可操作性和有效性。风险处理对策是否最佳，可通过评估风险管理的效益来判断。

(三)风险管理的手段

1. 控制型风险管理手段

控制型风险管理手段是指在风险分析的基础上，针对企业存在的风险因素，积极采取控制技术以消除风险因素，或减少风险因素的危险性。风险控制措施包括风险回避、损失控制、风险分离、风险分散等。

(1) 风险回避。

风险回避主要是指中断风险源，使其不致发生或遏制其发展。回避风险有时需要做出一些必要的牺牲，但较之承担风险，这些牺牲与风险真正发生时可能造成的损失相比，要小得多，甚至微不足道。回避汽车风险主要通过减少开车频率实现。回避风险虽然是一种风险防范措施，但应该承认，这是一种消极的防范手段。同时，回避只能减少某种风险事故发生的概率，却有可能增加其他风险发生的概率。

(2) 损失控制。

损失控制是指要减少损失发生的机会或降低损失的严重性，使损失最小化。损失控制主要包括以下两方面的工作：一是预防损失。预防损失是指采取各种预防措施以杜绝损失发生的可能。如倒车雷达可以防止汽车倒车时发生碰撞。二是减少损失。减少损失是指在风险损失已经不可避免地发生的情况下，通过种种措施以遏制损失继续恶化或限制其扩展范围使其不再蔓延或扩展，也就是使损失局部化。如安全气囊可以减少汽车碰撞时的人员伤亡。

(3) 风险分离。

风险分离是指将各风险单位分隔开，以避免发生连锁反应或互相牵连。这种处理可以将风险限制在一定范围之内，从而达到减少损失的目的。风险分离相应增加了所要控制的单独风险单位的数量，如果其他情况不变，根据大数定律，显然会减少损失，当然可能会增加管理费用。例如，为了防止汽车车身的脏污而加盖车罩的措施就是风险分离。

(4) 风险分散。

风险分散与风险分离不同，风险分离是对风险单位进行分隔、限制，以避免它们互相波及而发生连锁反应；而风险分散则是通过增加风险单位以减轻总体风险的压力，达到共同分担集体风险的目的。

2. 财务型风险管理手段

财务型风险管理手段是以提供基金的方式，降低发生损失的成本，即通过事故发生前所作的财务安排，来解除事故发生后给人们造成的经济困难和精神忧虑，为恢复企业生产、维持正常生活等提供财务支持。

(1) 风险自留。

风险自留是指项目风险保留在风险管理主体内部，通过采取内部控制措施等来化解风险或者对这些保留下来的项目风险不采取任何措施。风险自留与其他风险对策的根本区别在于：它不改变项目风险的客观性质，即既不改变项目风险的发生概率，也不改变项目风险潜在损失的严重性。自留风险有主动自留和被动自留之分。通常在风险所致损失频率和程度低、损失在短期内可以预测以及最大损失不影响企业或单位财务稳定时采用自留风险的方法。

(2) 风险转移。

风险转移是通过合同或非合同的方式将风险转嫁给另一个人或单位的一种风险处理方式。一般说来，风险转移的方式可以分为非保险转移和保险转移。

非保险转移是指通过订立经济合同，将风险以及与风险有关的财务结果转移给别人。在经济生活中，常见的非保险风险转移有租赁、互助保证、基金制度等。

保险转移是指通过订立保险合同，将风险转移给保险公司(保险人)。个体在面临风险的时候，可以向保险人交纳一定的保险费，将风险转移。一旦预期风险发生并且造成了损失，则保险人必须在合同规定的责任范围之内进行经济赔偿。

由于保险存在着许多优点，所以通过保险来转移风险是最常见的风险管理方式。需要指出的是，并不是所有的风险都能够通过保险来转移，可保风险必须符合一定的条件。

(四)风险管理的目标

风险管理的基本目标是以最小成本获得最大安全保障。风险管理的具体目标可以分为损失前目标和损失后目标。损失前目标是指通过风险管理消除和降低风险发生的可能性，为人们提供较安全的生产、生活环境；损失后目标是指通过风险管理在损失出现后及时采取措施，使受损企业的生产得以迅速恢复，或使受损家园得以迅速重建。

1. 损失前目标

损失前目标包括如下几项。

(1) 减少风险事故的发生机会。

(2) 以经济、合理的方法预防潜在损失的发生。

(3) 减轻企业、家庭和个人对风险及潜在损失的烦恼和忧虑，为企业提供良好的生产经营环境，为家庭提供良好的生活环境。

(4) 遵守和履行社会赋予家庭和企业的行为规范和社会责任。

2. 损失后目标

损失后目标包括如下两项。

(1) 减轻损失的危害程度。损失一旦出现，风险管理者应及时采取有效措施予以抢救和补救，防止损失的扩大和蔓延，将已出现的损失降到最低限度。

(2) 及时提供经济补偿，使企业和家庭恢复正常的生产和生活秩序，实现良性循环。

三、保险

(一)保险的概念

保险是指投保人根据合同约定，向保险人支付保险费，保险人对于合同约定的可能发生的事故因其发生所造成的财产损失承担赔偿保险金责任，或者当保险人死亡、伤残、疾病或达到合同约定的年龄、期限时承担给付保险金责任的商业保险行为。

(二)保险的分类

1. 按照保险标的分类

按照保险标的分类，保险分为财产保险和人身保险。

(1) 财产保险。

财产保险是指以财产及其相关利益为保险标的的保险，包括财产损失保险、责任保险、信用保险、保证保险等。财产损失保险是以有形财产及其相关利益为保险标的的一类补偿性保险；责任保险是以被保险人对第三者的财产损失或人身伤害依照法律或者契约应付的赔偿责任为保险标的的保险；信用保险是以各种信用行为为保险标的的保险；保证保险是义务人(被保证人)根据权利人的要求，要求保险人由权利人担保义务人自己信用的保险。

(2) 人身保险。

人身保险是以人的寿命和身体为保险标的的保险。当人们遭受不幸事故或因疾病、年老以致丧失工作能力、伤残、死亡或年老退休时，根据保险合同的约定，保险人对被保险人或受益人给付保险金或年金，以解决其因病、残、老、死所造成的经济困难。

2. 按照承保方式分类

按照承保方式分类，保险可分为原保险、再保险、共同保险和重复保险。

(1) 原保险。

原保险是保险人和投保人直接签订保险合同而建立保险关系的一种保险。在原保险关系中，保险需求者将风险转嫁给保险人，当保险标的遭受保险责任范围内的损失时，保险人直接对被保险人承担赔偿责任。

(2) 再保险。

再保险是保险人将其所承保的风险和责任的一部分或全部转移给其他保险人的一种保险。转让业务的是原保险人,接受分保业务的是再保险人,这种风险转嫁方式是保险人对原始风险的纵向转嫁,是保险人与保险人之间的业务往来,即第二次风险转嫁。简单地说,再保险即"保险人的保险"。

(3) 共同保险。

共同保险是由几个保险人联合直接承保同一保险标的、同一风险、同一保险利益的保险。共同保险的各保险人承保金额的总和等于保险标的的保险价值。在保险实务中,可能是多个保险人分别与投保人签订保险合同,也可能是多个保险人以某一保险人的名义签发一份保险合同,它仍属于风险的第一次转嫁。

(4) 重复保险。

重复保险是投保人以同一保险标的、同一保险利益、同一保险事故分别与两个或两个以上保险人订立保险合同的一种保险。重复保险的各保险人承保金额的总和大于保险标的的保险价值。与共同保险相同,重复保险也是投保人对原始风险的横向转嫁,也属于风险的第一次转嫁。

3. 按照实施方式分类

按照实施方式分类,保险可分为自愿保险和强制保险。

(1) 自愿保险。

自愿保险是在自愿的原则下,投保人和保险人在双方平等的基础上,通过订立保险合同而建立的保险关系。自愿保险的保险关系,是当事人之间自由决定、彼此合意所建立的合同关系。投保人可以自由决定是否投保、向谁投保、中途退保等,也可以自由选择保险金额、保障范围、保障程度和保险期限等。保险人也可以根据情况自愿决定是否承保及怎样承保等。

(2) 强制保险。

强制保险又称法定保险,是指国家通过法律或者行政手段强制实施的一种保险。强制保险的保险关系虽然也是产生于投保人和保险人之间的合同行为,但是合同订立受制于国家或政府的法律规定。强制保险的实施方式有两种:一是保险标的与保险人均由法律限定;二是保险标的由法律限定,但是投保人可以自由选择保险人。强制保险具有全面性和统一性的特征,如机动车交通事故责任强制保险。

4. 按照保额确定方式分类

按照保额确定方式分类,保险可分为定值保险和不定值保险。

(1) 定值保险。

定值保险是指双方当事人事先确定保险标的(财产)的保险价值,并在合同中载明,以确定保险金最高限额的保险。在定值保险的场合,保险事故发生后,保险人应该将约定的保险价值作为给付赔偿金的基础。在实践中,定值保险多适用于以艺术品、矿石标本、贵重皮毛、古玩、字画、邮票等不易确定价值的特殊商品为标的的财产保险。

(2) 不定值保险。

不定值保险是指保险双方当事人对保险标的不预先确定价值，而在保险事故发生后再估算价值、确定损失的保险形式。即在保险合同中只列明保险金额作为赔偿的最高限额，而不是列明保险标的的价值。在实践中，大多数财产保险，如企业财产保险、机动车辆保险均采用不定值保险的形式。

(三)保险术语

保险相关术语如下。

(1) 保险人：是指与投保人订立保险合同，并承担赔偿或者给付保险金责任的保险公司。

(2) 投保人：是指与保险人订立保险合同，并按照保险合同负有支付保险费义务的人。

(3) 被保险人：是指其财产或者人身受保险合同保障，享有保险金请求权的人。

(4) 受益人：是指人身保险合同中由被保险人或者投保人指定的享有保险金请求权的人。

(5) 代理人：是指根据保险人的委托，向保险人收取代理手续费，并在保险人授权的范围内代为办理保险业务的单位或个人。

(6) 经纪人：是指基于投保人的利益，为投保人与保险人订立保险合同提供中介服务，并依法收取佣金的单位。

(7) 公估人：是指为保险合同中的保险人或被保险人办理保险标的勘查、鉴定、估损、赔款理算，并予以证明的受委托人。

(8) 保险标的：是指保险保障的目标实体，是保险合同双方当事人权利和义务所指向的对象

(9) 保险费：是指投保人为转嫁风险支付给保险人的与保险责任相对应的价金。

(10) 保险金额：是指保险人承担赔偿责任或者给付保险金责任的最高限额。

(11) 保险合同：是指投保人与保险人约定保险权利义务关系的协议。

(四)保险要素

保险要素是指进行保险活动所应具备的基本条件。一般来讲，现代商业保险活动包括五大要素。

1. 可保风险

可保风险指符合保险人承保条件的特定风险。一般来讲，可保风险应具备的条件是：风险应当是纯粹风险；风险应当使大量标的均有遭受损失的可能性；风险应当有导致重大损失的可能；风险不能使大多数的保险标的同时遭受损失；风险必须具有现实的可测性。

2. 大量同质风险的集合与分散

保险过程既是风险的集合过程又是风险的分散过程，保险风险的集合与分散应具备两个前提条件：一是风险的大量性。根据概率论和大数定律的数理原理，集合的风险标的越

多，风险就越分散，损失发生的概率也就越有规律性和相对稳定性，依此厘定的保险费率也才更为准确合理，收取保险费的金额也就越接近于实际损失额和赔付额。如果只有少量保险标的，就无所谓集合和分散，损失发生的概率也难以测定。二是风险的同质性，指风险单位在种类、品质、性能、价值等方面大体相近。如果风险为不同质风险，则发生损失的概率不相同，风险也就无法进行统一的集合与分散。此外，对于不同质风险，损失发生的频率和幅度有差异，若进行统一的集合与分散，会导致保险财务的不稳定性。

3. 保险费率的合理厘定

保险在实质上是一种特殊商品的交换行为。制定保险商品的价格，即厘定保险费率，便构成了保险的基本要素。保险商品的交换行为是一种经济行为，为保证保险双方当事人的利益，保险费率的厘定要遵循公平性、合理性、适度性、稳定性和弹性的原则。

4. 保险基金的建立

保险的分摊与补偿损失功能是通过建立保险基金来实现的。保险基金是用以补偿或给付因自然灾害、意外事故和人体自然规律所致的经济损失和人身损害的专项货币基金。它主要来源于开业资本和保险费收入，就财产保险准备金而言，表现为未到期责任准备金、赔款准备金等形式；就人寿保险准备金而言，主要以未到期责任准备金形式存在。保险基金具有分散性、广泛性、专项性与增值性等特点，保险基金是保险的赔偿与给付的基础。

5. 保险合同的订立

保险合同是体现保险关系存在的形式。保险作为一种民事法律关系，是投保人与保险人之间的合同关系，这种关系需要有法律关系对其进行保护和约束，即通过一定的法律形式固定下来，这种法律形式就是保险合同。

四、风险与保险

(一)风险与保险的关系

(1) 风险是保险产生和存在的前提，无风险则无保险。风险是客观存在的，时时处处威胁着人的生命和物质财产的安全，是不以人的意志为转移的。风险的发生直接影响社会生产过程的继续进行和家庭正常的生活，因而产生了人们对损失进行补偿的需要。保险是一种被社会普遍接受的经济补偿方式。因此，风险是保险产生和存在的前提，风险的存在是保险关系确立的基础。

(2) 风险的发展是保险发展的客观依据。社会进步、生产发展、现代科学技术的应用，在给人类社会克服原有风险的同时，也带来了新风险。新风险对保险提出了新的要求，促使保险业不断设计新的险种、开发新的业务。从保险的现状和发展趋势看，作为高风险系统的核电站、石油化学工业、航空航天事业、交通运输业的风险，都可以纳入保险的责任范围。

(3) 保险是风险处理传统且有效的措施。人们面临的各种风险损失，一部分可以通过控制的方法消除或减少，但不可能全部消除。面对各种风险造成的损失，单靠自身力量解决，就需要提留与自身财产价值等量的后备基金，但这样既造成资金浪费，又难以解决巨额损失的补偿问题。因此，风险转移就成为风险管理的重要手段。保险作为风险转移方法之一，长期以来被人们视为传统的风险处理手段。通过保险，把不能自行承担的集中风险转嫁给保险人，以小额的固定支出换取对巨额风险的经济保障，使保险成为风险处理的有效措施。

(4) 保险经营效益受风险管理技术的制约。保险经营效益的大小受多种因素的制约，风险管理技术作为非常重要的因素，对保险经营效益产生了很大的影响。如对风险的识别是否全面，对风险损失的频率和造成损失的程度估计是否准确，哪些风险可以接受承保，哪些风险不可以承保，保险的范围应有多大，程度如何，保险成本与效益的比较等，都制约着保险的经营效益。

(二)可保风险

可保风险是保险人可接受承保的风险，即符合保险人承保条件的风险，是风险的一种形式。如前所述，并非所有的风险都可以通过保险转移方式转移给保险公司承担。作为保险人乐于承保的风险需要具有一定条件。概括地说，可保风险必须具备以下条件。

(1) 可保风险是纯粹风险。保险人可承保的风险，不能是投机风险。这是因为：投机风险的运动不规则，难以运用大数定律(法则)准确计量；有些投机风险为国家法律所禁止，不为社会道德所公允；承保投机风险，有可能引起道德风险，使被保险人因投保而获得额外收益，违反保险原则；承保投机风险将使整个社会失去发展动力。

(2) 风险必须是偶然的。保险人承保的风险必须是有发生可能性的，而不是确定性的，因为风险的发生具有偶然性。如果风险肯定不会发生，保险也就没有必要。如果风险损失一定会发生，例如某些货物在运输中的自然损耗，机械装备在使用过程中的折旧等，保险人一般是不接受承保的，所以只有那些有可能发生而事先又无法预知的风险才需要保险。

(3) 风险必须是意外的。所谓意外，是指非本意的、外来的、突发的意外事故。意外风险有主客观两层意思。就主观来讲，是指不是由被保险人故意行为所引起的，这就是说，对于被保险人的故意行为或不采取合理预防措施所造成的损失，保险人不予赔偿；就客观来说，是指不是必然的，如自然损耗、折旧等就是必然的。非意外风险或属于不可保之列，或属于不赔偿范围。

(4) 风险必须是大量标的均有遭受损失的可能性。保险以大数定律作为保险人建立稳固的保险基金的数理基础，只有一个标的或少量标的所具有的风险是不具备这种基础的。要准确认识风险，则必须通过大量风险事故，才可能对风险进行测定，认识风险的运作规律。

(5) 风险所产生的损失必须是可以用货币来计量的。凡是不能用货币计量其损失的风险是不可保的风险。但对人的保险来说，我们很难说清一个人的伤残程度或死亡所蒙受的损失合多少金钱，所以死亡给付的标准在出立保单时就确定了。

以上五个可保风险条件是相互联系、相互制约的，确认可保风险时，必须五个条件综合考虑，全面评估，以免发生承保失误。

任务实施

(一)任务实施环境

(1) 汽车保险仿真模拟实训室。
(2) 车险承保模拟教学系统投保平台。
(3) 辅助办公设备(文具、打印机、复印机等)。

(二)任务实施步骤

在汽车使用过程中,为了避免、减少和防范汽车风险,必须要认识汽车所面临的风险,在此基础上,对风险进行评估,针对汽车存在的风险因素采取减少和控制风险损失频率和损失程度的措施。分析汽车风险的工作流程如图1-2所示。

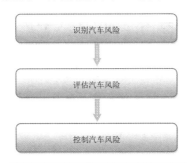

图1-2 分析汽车风险的工作流程

步骤1:识别汽车风险

汽车保险展业人员在了解客户使用汽车的实际情况后,要识别客户在使用车辆过程中所面临的以及潜在的风险,并判断风险的性质。

车辆使用中所面临的风险一般有道路交通事故风险、自然灾害风险和其他风险。其中,道路交通事故风险包括车辆与车辆之间发生碰撞、车与人之间发生碰撞、车辆自身的事故(倾覆、坠落)、其他事故(车辆与树木等之间的事故);自然灾害风险是由于自然现象和物理现象所导致的风险,如车辆遭暴风、龙卷风、雷击、雹灾、暴雨、洪水、海啸、地陷、冰陷、雪崩、崖崩、泥石流、滑坡、地震、风暴、火灾等自然灾害造成的乘驾人员人身伤亡或机动车财产损失的风险;其他风险如机动车被盗抢、高空坠物、骚扰、诈骗等使机动车遭受损失的风险。

由于车辆的使用性质和用途不同、车龄和车型不同,会造成不同的车辆风险;由于驾驶员的年龄、驾龄、性别、婚姻状况和驾驶习惯的差异,会造成不同的车辆风险;由于车辆的行驶范围、气候环境、道路环境的不同,也会造成不同的车辆风险。因此,识别车辆风险可以从识别车辆本身风险、识别驾驶员风险和识别环境风险三个方面入手。

步骤2:评估汽车风险

在识别车辆风险的基础上,要评估车辆发生各种风险而造成损失的可能性和损失大小。

由于道路因素、车辆自身因素、天气因素和驾驶员的因素，使得车辆发生风险事故造成损失，其损失主要包括车辆损失、车辆驾乘人员人身伤害、车辆运载货物损失和赔偿第三者的损失。

步骤3：控制汽车风险

在识别和评估车辆风险的基础上，要根据车辆风险的性质、风险概率、损失程度以及自身经济承受能力选择控制车辆风险的方法。对于机动车车主而言，控制汽车风险的方法主要有：第一，通过减少车辆使用来避免汽车风险事故；第二，预防车辆风险，即通过各种方法，如谨慎驾驶、严格遵守交通安全管理规范、加强车辆的日常维护、提高车辆的安全性能、增加安全设施(如倒车雷达)等，来减少风险事故发生的概率；第三，通过购买保险来转移汽车风险，这是控制风险最为常见的方式。

任务2　介绍汽车保险

任务描述

张明听了江枫对车辆在使用过程中所面临的风险的分析，希望通过一种合理的方式控制风险，使风险发生所带来的损失降到最低。江枫该如何向张明介绍汽车保险呢？

任务分析

作为汽车保险展业人员，在帮助客户识别汽车风险后，应该引导客户通过购买保险的方式转移风险。因此要向客户说明汽车保险的重要性和必要性，介绍不同汽车保险产品的差异和汽车保险的原则，使客户认识到汽车保险的必要性，并且懂得在投保和保险事故处理中应该遵循的一些规则。

相关知识

一、汽车保险的概念

汽车保险即机动车辆保险，简称车险，是指对机动车辆由于自然灾害或意外事故所造成的人身伤亡或财产损失负赔偿责任的一种商业保险。它既是财产险，也是责任险。

汽车保险包括强制保险和自愿保险。强制保险是指国家以立法形式强制一定对象人员必须投保的险种，我国的机动车交通事故责任强制保险即为强制保险；自愿保险是指投保人根据自己的保险需求自愿投保的险种，各大保险公司推出的各种汽车保险险种即为自愿保险。

二、汽车保险的职能

汽车保险的职能是指汽车保险的一种功能。它是由汽车保险的本质和内容决定的，是汽车保险本质的体现，包括基本职能和派生职能。

(一)汽车保险的基本职能

汽车保险的基本职能主要是补偿损失的职能,即汽车保险通过组织分散的保险费,建立保险基金,用来对因自然灾害和意外事故造成的车辆的损毁给予经济上的补偿,以保障社会生产的持续进行,安定人民生活。这种职能的具体内容可以概括为:补偿由于自然灾害和意外事故所导致的保险车辆的经济损失或者依法承担的民事赔偿责任。

(二)汽车保险的派生职能

汽车保险的派生职能是由汽车保险的基本职能在不同的经济形态下派生出来的,主要包括财政分配的职能、金融性融资的职能、风险管理型防灾防损的职能。

三、汽车保险的作用

我国自1980年国内保险业务恢复以来,汽车保险业务已经取得了长足的进步,尤其是伴随着汽车进入百姓的日常生活,汽车保险正逐步成为与人们生活密切相关的经济活动,其重要性和社会性也正逐步突现,作用越加明显。

(1) 促进汽车工业的发展,扩大了对汽车的需求。从目前经济发展情况看,汽车工业已成为我国经济健康、稳定发展的重要动力之一,汽车产业政策在国家产业政策中的地位越来越重要。汽车产业政策要产生社会效益和经济效益,要成为中国经济发展的原动力,离不开汽车保险和与之配套的服务。汽车保险业务自身的发展对于汽车工业的发展起到了有力的推动作用,汽车保险的出现,解除了企业与个人对使用汽车过程中可能出现的风险的担心,可在一定程度上提高消费者购买汽车的欲望,扩大对汽车的需求。

(2) 稳定了社会公共秩序。随着我国经济的发展和人民生活水平的提高,汽车作为重要的生产运输和代步的工具,成为社会经济及人民生活中不可缺少的一部分。汽车作为一种保险标的,虽然单位保险金不是很高,但数量多而且分散。车辆所有者既有党政部门,也有工商企业和个人。车辆所有者为了转嫁使用汽车带来的风险,愿意支付一定的保险费投保,在汽车出险后,从保险公司获得经济补偿。由此可以看出,开展汽车保险既有利于社会稳定,又有利于保障保险合同当事人的合法权益。

(3) 促进了汽车安全性能的提高。在汽车保险业务中,经营管理水平与汽车维修行业及其价格水平密切相关。原因是在汽车保险的经营成本中,事故车辆的维修费用是其中重要的组成部分,同时车辆的维修质量在一定程度上体现了汽车保险产品的质量。保险公司出于有效控制经营成本和风险的需要,除了加强自身的经营业务管理外,必然会加大对于事故车辆修复工作的管理,这在一定程度上提高了汽车维修质量管理的水平。同时,汽车保险的保险人从自身和社会效益的角度出发,联合汽车生产厂家、汽车维修企业开展汽车事故原因的统计分析,研究汽车安全设计新技术,并为此投入大量的人力和财力,从而促进了汽车安全性能的提高。

(4) 汽车保险业务在财产保险中占有重要的地位。目前,大多数发达国家的汽车保险业务在整个财产保险业务中占有十分重要的地位。美国汽车保险保费收入,占财产保险总保费的 45%左右,占全部保费的 20%左右。亚洲地区的日本和中国台湾地区汽车保险的保费占整个财产保险总保费的比例更是高达 58%左右。

从我国情况来看,随着积极的财政政策的实施,道路交通建设的投入越来越多,汽车保有量逐年递增。在过去的 20 年,汽车保险业务保费收入每年都以较快的速度增长。在国内各保险公司中,汽车保险业务保费收入占其财产保险业务总保费收入的 50%以上,部分公司的汽车保险业务保费收入占其财产保险业务总保费收入的 60%以上。汽车保险业务已经成为财产保险公司的"吃饭险种"。其经营的盈亏,直接关系到整个财产保险行业的经济效益。可以说,汽车保险业务的效益已成为财产保险公司效益的"晴雨表"。

四、汽车保险的特征

汽车保险具有如下特征。

(1) 保险标的出险率较高。汽车是陆地的主要交通工具,由于其经常处于运动状态,总是载着人或货物不断地从一个地方开往另一个地方,很容易发生碰撞及意外事故,造成人身伤亡或财产损失。由于车辆数量的迅速增加,一些国家的交通设施及管理水平跟不上车辆的发展速度,再加上驾驶人的疏忽、过失等人为原因,交通事故发生频繁,汽车出险率较高。

由于汽车出险率较高,汽车的所有者需要以保险方式转嫁风险。各国政府在不断改善交通设施、严格制定交通规章的同时,为了保障受害人的利益,对第三者责任保险实施强制保险。保险人为适应投保人转嫁风险的不同需要,为被保险人提供了更全面的保障,在开展车辆损失险和第三者责任险的基础上,推出了一系列附加险,使汽车保险成为财产保险中业务量较大、投保率较高的一个险种。

(2) 扩大保险利益。针对汽车的所有者与使用者不同的特点,汽车保险条款一般规定:不仅被保险人本人使用车辆发生保险事故时保险人要承担赔偿责任,而且凡是被保险人允许的驾驶人使用车辆,也视为其对保险标的具有保险利益,如果发生保险单上约定的事故,保险人同样要承担事故造成的损失。保险人须说明汽车保险的规定以"从车"为主,凡经被保险人允许的驾驶人驾驶被保险人的汽车造成保险事故的损失,保险人须对被保险人负赔偿责任。

此规定是为了对被保险人提供更充分的保障,并没有违背保险利益原则。

(3) 被保险人自负责任与无赔款优待。为了促使被保险人注意维护、养护车辆,使其保持安全行驶技术状态,并督促驾驶人注意安全行车,以减少交通事故,保险合同上一般规定:根据驾驶人在交通事故中所负责任,车辆损失险和第三者责任险在符合赔偿规定的金额内实行绝对免赔率;保险车辆在保险期限内无赔款,续保时可以按保险费的一定比例享受无赔款优待。以上两项规定,虽然分别是对被保险人的惩罚和优待,但要达到的目的是一致的。

五、汽车保险的原则

(一)保险利益原则

保险利益又称可保利益,是指投保人对保险标的具有法律上承认的经济利益。保险利益原则又称可保利益原则,是指投保人或被保险人对于保险标的具有法律上认可的经济上的利害关系。保险利益的具体构成需要满足三个要件。

(1) 可保利益必须是合法利益。保险利益作为投保人或被保险人享有的利益,必须是符合法律法规,符合社会公共利益,为法律认可并受到法律保护的利益。

(2) 可保利益必须是有经济价值的利益。只有可保利益是有经济价值的利益,才能使计算做到基本合理。如果损失不是经济上的利益,便无法计算。如所有权、债权、担保物权等,还有精神创伤、政治打击等,难以用货币衡量,因而不构成保险利益。

(3) 可保利益必须是可以确定的和能够实现的利益。所谓"确定利益"是指被保险人对保险标的的现有利益或因现有利益而产生的期待利益已经确定;所谓"能够实现"是指它是事实上的经济利益或客观的利益。保险利益可以是现有利益和直接利益,也可以是期待利益和间接利益,现有利益较容易确定,预期利益则往往会引起争议。

(二)最大诚信原则

由于保险关系的特殊性,人们在保险实务中越来越感到诚信原则的重要性,要求合同双方当事人最大限度地遵守这一原则,故称最大诚信原则。具体讲即要求双方当事人不隐瞒事实,不相互欺诈,以最大诚信全面履行各自的义务,以保证对方权利的实现。

1. 履行如实告知义务

"履行如实告知义务"是最大诚信原则对投保人的要求。由于保险人面对广大的投保人,不可能一一去了解保险标的的各种情况,因此,投保人在投保时,应当将足以影响保险人决定是否承保。足以影响保险人确定保险费率或增加特别条款的重要情况,向保险人如实告知。保险实务中一般以投保单为限,即投保单中询问的内容投保人必须如实填写,除此之外,投保人不承担任何告诉、告知义务。

投保人因故意或过失没有履行如实告知义务,将要承担相应的法律后果,包括保险人可以据此解除保险合同;如果发生保险事故,保险人有权拒绝赔付等。

2. 履行说明义务

"履行说明义务"是最大诚信原则对保险人的要求。由于保险合同由保险人事先制定,投保人只有表示接受与否的选择,通常投保人又缺乏保险知识和经验,因此,在订立保险合同时,保险人应当向投保人说明合同条款内容。对于保险合同的一般条款,保险人应当履行说明义务。对于保险合同的责任免除条款,保险人应当履行明确说明义务,未明确说明的,责任免除条款不发生效力。

3. 履行保证义务

保证是指投保人向保险人做出承诺，保证在保险期间遵守作为或不作为的某些规则，或保证某一事项的真实性，因此，这也是最大诚信原则对投保人的要求。

保险上的保证有两种，一种是明示保证，即以保险合同条款的形式出现，是保险合同的内容之一，故为明示。如机动车辆保险中有遵守交通规则、安全驾驶、做好车辆维修和保养工作等条款，一旦合同生效，即构成投保人对保险人的保证，对投保人具有作为或不作为的约束力。另一种是默示保证，即这种保证在保险合同条款中并不出现，往往以社会上普遍存在或认可的某些行为规范为准则，并将此视作投保人保证作为或不作为的承诺，故为默示。如财产保险附加盗窃险合同中，虽然没有明文规定被保险人外出时应该关闭门窗，但这是一般常识下应该做的行为，这种社会公认的常识，即构成默示保证，也成为保险人之所以承保的基础，所以，因被保险人没有关闭门窗而招致的失窃，保险人不承担保险责任。

4. 弃权和禁止抗辩

"弃权和禁止抗辩"是最大诚信原则对保险人的要求。所谓弃权，是指保险人放弃法律或保险合同中规定的某项权利，如拒绝承保的权利、解除保险合同的权利等。所谓禁止抗辩，与弃权有紧密联系，是指保险人既然放弃了该项权利，就不得向被保险人或受益人再主张这种权利。

在目前的保险市场中，尤其在汽车保险业务中，保险欺诈的现象相当严重，投保人故意隐瞒事实，违背最大诚信原则恶意违法的行为很多。保险人在经营汽车保险时要对车辆的风险因素有足够的认识，加强风险防范措施，防止保险欺诈活动。同时投保人也应认真遵守最大诚信原则，以避免给自己带来不必要的损失。

(三) 近因原则

所谓近因是指造成保险标的损失最直接、最有效、起决定作用的原因，而不是指在时间上最接近的原因。近因原则是指保险人承担赔偿或给付保险金的条件是造成保险标的损失的近因。

在实际生活中，损害结果可能由单因或多因造成。单因比较简单，多因则比较复杂，主要有以下几种情况。

1. 多因同时发生

若同时发生的都是保险事故，则保险人承担责任；若其中既有保险事故，也有责任免除事项，保险人只承担保险事故造成的损失。

2. 多因连续发生

两个以上灾害事故连续发生造成损害，一般以最近的(后因)、最有效的原因为近因，若其属于保险事故，则保险人承担赔付责任。但后果是前因直接自然的结果、合理连续或自然延续时，以前因作为近因。

3. 多因间断发生

有时后因与前因之间没有必然因果关系，彼此独立，这种情况的处理与单因大致相同，即保险人视各种独立的危险事故是否属于保险事故，决定是否赔付。

(四)损失补偿原则

损失补偿原则是财产保险特有的原则，是指保险事故发生后，保险人在其责任范围内，对被保险人遭受的实际损失进行赔偿的原则。

(1) 赔偿必须在保险人的责任范围内进行。即保险人只在保险合同规定的期限内，以约定的保险金额为限，对合同中约定的危险事故所致损失进行赔偿。保险期限、保险金额和保险责任是构成保险人赔偿的不可或缺的要件。

(2) 赔偿额应当等于实际损失额。按照民事行为的准则，赔偿应当和损失等量，被保险人不能从保险上获得额外利益，因此，保险人赔偿的金额只能是保险标的实际损失的金额。换言之，保险人赔偿应当恰好使保险标的恢复到保险事故发生前的状态。在被保险人的保险利益发生减少时，则应以被保险人实际存在的保险利益为限。当发生风险时，保险人对被保险人已经丧失的保险利益不予赔偿，即以被保险人对保险标的的保险利益为限。

(3) 损失赔偿是保险人的义务。据此，被保险人提出索赔请求后，保险人应当按主动、迅速、准确、合理的原则，尽快核定损失，与索赔人达成协议并履行赔偿义务；保险人未及时履行赔偿义务时，除支付保险金外，应当赔偿被保险人因此受到的损失。

在机动车辆保险的经营过程中，围绕补偿原则存在一个大的纠纷，即在机动车辆全部损失的情况下，是应当按照出险前车辆的实际价值赔偿，还是应当按照保险金额进行赔偿的问题。为此，不少保险人与被保险人对簿公堂。出现这种现象的原因是，在保险补偿原则及例外的问题上，存在从条款到实务的不完善的地方。在 2000 年版的机动车辆保险条款中明确机动车辆保险合同为不定值保险合同，从根本上解决了这一问题。

(一)任务实施环境

(1) 汽车保险仿真模拟实训室。
(2) 车险承保模拟教学系统投保平台。
(3) 辅助办公设备(文具、打印机、复印机等)。

(二)任务实施步骤

针对新车车主，展业人员应该说明投保的必要性和汽车保险的作用，以及投保时和出险后应该遵循的原则。展业人员向客户介绍汽车保险，可按照图 1-3 所示流程进行。

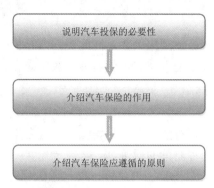

图 1-3 介绍汽车保险的流程

步骤 1：说明汽车投保的必要性

汽车保险展业人员应向客户说明为什么要买保险。由于车辆在使用过程中会面临各种风险，而且各种风险无法避免，为了避免风险产生所造成的损失，或使得风险带来的损失降到最低，往往采取购买保险的方式，将潜在的风险转移到保险公司。

步骤 2：介绍汽车保险的作用

汽车保险展业人员应向客户介绍汽车保险能够做什么，对于被保险人能够起什么作用。汽车保险对被保险人的作用主要体现在：被保险人缴纳一定的保险费用，将汽车在使用过程中无法预计的意外损失，变为固定的、少量的保险费用支出，把风险转移给保险公司，一旦车辆发生事故，保险公司根据保险条款的规定进行经济补偿，这样可保障汽车使用者的利益。

步骤 3：介绍汽车保险应遵循的原则

汽车保险展业人员要向客户介绍在汽车保险活动中应遵循的原则。汽车保险的基本原则有保险利益原则、最大诚信原则、近因原则、损失补偿原则。在投保时，保险利益原则和最大诚信原则是必须遵守的原则，如：走私车辆不能投保，通过欺诈手段获取汽车保险合同是无效的等。近因原则和损失补偿原则是保险公司确定是否赔偿及赔偿额度的依据，如：水中启动导致发动机损坏的车辆得不到机动车损失险的赔偿，每辆被盗抢车辆的赔偿金额都以小于保险金额的实际价值为依据等。

任务 3　介绍汽车保险产品

任务描述

张明听了江枫对汽车保险的介绍，希望购买汽车保险，但是面对不同的保险公司以及不同的汽车保险产品，张明不知道应该如何选择。江枫该如何向张明介绍汽车保险产品呢？

任务分析

保险展业人员在客户初步了解汽车风险与汽车保险后,应向客户介绍汽车保险产品。目前,汽车保险产品由机动车交通事故责任强制保险和机动车商业保险两类产品构成。所以展业人员应向客户重点介绍机动车交通事故责任强制保险和常用的机动车商业保险险种的特点和具体内容,尤其要详细介绍保险的责任免除,避免客户在今后保险理赔中遇到麻烦。此外,展业人员还要向客户介绍各个保险公司的产品异同,便于客户进行投保选择。

相关知识

一、我国现行汽车保险产品结构

根据我国目前的汽车保险政策,汽车保险产品分为机动车交通事故责任强制保险和机动车商业保险两大类。虽然这两大类产品都由商业保险公司经营,但是机动车交通事故责任强制保险是强制保险,而机动车商业保险是建立在保险人和被保险人自愿的基础上的险种。

我国汽车保险产品如表 1-1 所示。

表 1-1　我国汽车保险产品

强制汽车保险	非强制汽车保险(机动车商业保险)	
	基本险	附加险
机动车交通事故责任强制保险	机动车损失保险、机动车第三者责任保险、机动车车上人员责任险、机动车全车盗抢保险	玻璃单独破碎险、自燃损失险、新增设备损失险、车身划痕损失险、发动机涉水损失险、修理期间费用补偿险、车上货物责任险、精神损害抚慰金责任险
	不计免赔特约险(适用于各个基本险和附加险)	

二、机动车交通事故责任强制保险

(一)交强险的概念

机动车交通事故责任强制保险(以下简称"交强险")是我国首个由国家法律规定实行的强制保险制度。《机动车交通事故责任强制保险条例》(以下简称《交强险条例》)规定:交强险是由保险公司对被保险机动车发生道路交通事故造成本车人员、被保险人以外的人身伤亡、财产损失,在责任限额内予以赔偿的强制性责任保险。

交强险的保障对象是被保险机动车致害的交通事故受害人,但是不包括被保险机动车本车人员、被保险人,其保障内容包括受害人的人身伤亡和财产损失。

从广义上讲,交强险属于第三者责任保险的范畴,之所以从中分离,是因为法律赋予其特殊的内涵,以保障交通事故受害人及时得到有效的基本赔偿。交强险是我国第一个法定性的强制保险制度,其本质是责任保险。

(二)交强险的特点

1. 法定性

交强险源于商业第三者责任保险,保险费率、赔偿额、赔偿程序等基本内容由法律直接或者授权界定,实行统一的保险条款和基础保险费率,投保人不得在保险条款和保险费率之外,向保险公司提出附加其他条件的要求,保险公司不得强制投保人订立商业保险合同以及提出附加其他条件的要求。

2. 强制性

交强险的强制性表现为机动车的所有人或管理人法定投保义务和保险公司法定承保义务。《交强险条例》第三十九条规定:"凡是在我国境内行驶的机动车辆都应依法购买交强险,否则由公安机关交通管理部门扣留机动车,并依照规定处投保最低责任限额应缴纳的保险费的 2 倍罚款。"即机动车的所有人有法定投保交强险的义务。第十条规定:"投保人在投保时应当选择具备从事机动车交通事故责任强制保险业务资格的保险公司,被选择的保险公司不得拒绝或者拖延承保。保监会应当将具备从事机动车交通事故责任强制保险业务资格的保险公司向社会公示。"即经保监会核准的承保交强险的保险公司有法定的承保义务。

3. 广泛覆盖性

交强险的广泛覆盖性表现在:一是投保主体的广泛性。凡在道路上行驶的机动车的车主或管理人,都要依法投保交强险。二是交强险的受益人范围和保险公司的赔偿责任范围比较宽广。被保险机动车本车人员、被保险人以外的道路交通事故的受害人,都是受益人,受益人死亡的,其近亲属依法受偿。赔偿范围涵盖了包括精神损害在内的人身伤亡和财产损失,但损失额超过交强险赔偿限额的,以限额封顶。另外,交强险中保险公司的保险责任几乎涵盖了所有道路交通风险。

4. 社会公益性

保障受害人得到及时有效的基本赔偿是设立交强险的首要宗旨。基于这一目标,《交强险条例》要求承保公司在总体上不盈利不亏损的原则上"义务"经营,保险合同不设免赔率和免赔额。为充分体现"以人为本,尊重生命"的设计原则和特点,《道路交通安全法》第七十六条明确规定交强险实行"无过错责任"赔偿原则,即无论投保人是否在交通事故中负有责任,被保险机动车发生道路交通事故造成本车人员和被保险人以外的受害人人身伤亡、财产损失的,由保险公司依法在交强险责任限额范围内先行赔偿,凸显交强险制度的公益性功能。

(三)交强险的保险责任

在中华人民共和国境内(不含港、澳、台地区),被保险人在使用被保险机动车过程中发生交通事故，致使受害人遭受人身伤亡或者财产损失，依法应当由被保险人承担的损害赔偿责任，保险人按照交强险合同的约定对每次事故在下列赔偿限额内负责赔偿。

(1) 死亡伤残赔偿限额为 110 000 元。
(2) 医疗费用赔偿限额为 10 000 元。
(3) 财产损失赔偿限额为 2 000 元。
(4) 被保险人无责任时，无责任死亡伤残赔偿限额为 11 000 元；无责任医疗费用赔偿限额为 1 000 元；无责任财产损失赔偿限额为 100 元。

(四)交强险的垫付与追偿

被保险机动车在下列(1)~(4)之一的情形下发生交通事故，造成受害人受伤需要抢救的，保险人在接到公安机关交通管理部门的书面通知和医疗机构出具的抢救费用清单后，按照国务院卫生主管部门组织制定的交通事故人员创伤临床诊疗指南和国家基本医疗保险标准进行核实。对于符合规定的抢救费用，保险人在医疗费用赔偿限额内垫付。被保险人在交通事故中无责任的，保险人在无责任医疗费用赔偿限额内垫付。对于其他损失和费用，保险人不负责垫付和赔偿。

(1) 驾驶人未取得驾驶资格的。
(2) 驾驶人醉酒的。
(3) 被保险机动车被盗抢期间肇事的。
(4) 被保险人故意制造交通事故的。

对于垫付的抢救费用，保险人有权向致害人追偿。

相关链接：交强险的垫付制度

《道路交通安全法》第七十五条对道路交通事故社会救助基金交强险垫付责任规定："抢救费用超过责任限额的，未参加机动车第三者责任强制保险或者肇事逃逸的，由道路交通事故社会救助基金先行垫付部分或者全部抢救费用，道路交通事故社会救助基金管理机构有权向交通事故责任人追偿。"

《交强险条例》规定保险公司承担交强险垫付责任的范围仅限于交强险责任限额范围内的抢救费用，保险公司在垫付了抢救费用之后，有权向致害人进行追偿，即保险公司交强险垫付责任原本就不是应承担的赔偿责任。而且《交强险条例》规定只能在医疗费用限额之内予以垫付，垫付限额也应适用交强险医疗费用的保险责任限额。

(五)交强险的责任免除

下列损失和费用，交强险不负责赔偿和垫付。

(1) 因受害人故意造成的交通事故的损失。
(2) 被保险人所有的财产及被保险机动车上的财产遭受的损失。
(3) 被保险机动车发生交通事故，致使受害人停业、停驶、停电、停水、停气、停产、通信或者网络中断、数据丢失、电压变化等造成的损失以及受害人财产因市场价格变动造成的贬值、修理后因价值降低造成的损失等其他各种间接损失。

（4）因交通事故产生的仲裁或者诉讼费用以及其他相关费用。

(六)交强险的保险期间

除国家法律、行政法规另有规定外，交强险合同的保险期间为一年，以保险单载明的起止时间为准。

(七)交强险的赔偿处理

被保险机动车发生交通事故的，由被保险人向保险人申请赔偿保险金。被保险人索赔时，应当向保险人提供以下材料。

（1）交强险的保险单；

（2）被保险人出具的索赔申请书；

（3）被保险人和受害人的有效身份证明、被保险机动车行驶证和驾驶人的驾驶证；

（4）公安机关交通管理部门出具的事故证明，或者人民法院等机构出具的有关法律文书及其他证明；

（5）被保险人根据有关法律法规规定选择自行协商方式处理交通事故的，应当提供依照《交通事故处理程序规定》规定的记录交通事故情况的协议书；

（6）受害人财产损失程度证明、人身伤残程度证明、相关医疗证明以及有关损失清单和费用单据；

（7）其他与确认保险事故的性质、原因、损失程度等有关的证明和资料。

相关链接：交强险与商业第三者责任险的不同

交强险是由保险公司对被保险机动车发生道路交通事故造成本车人员、投保人以外的受害人的人身伤亡、财产损失，在责任限额内进行赔偿的强制性责任保险。商业第三者责任险是投保人或其允许的合法驾驶员在使用保险车辆过程中，发生意外事故致使第三者遭受人身伤亡和财产的直接损失，依法应由投保人支付的赔偿金额，保险人依照法律和保险合同的规定给予赔偿。两者间的不同点如下。

（1）投保意愿不同。交强险是强制性保险，具有强制性投保和强制性承保的特点。商业第三者责任险是纯粹的商业保险，由双方当事人自愿协商一致而成立，格式合同(条款)不排斥自愿性。对于是否投保、选择哪家保险公司投保，投保人均有自主决定权，保险人是否承保也有自主决定权。

（2）赔偿原则不同。交强险是对机动车发生交通事故造成的人身伤亡、财产损失在责任限额范围内予以赔偿；而商业第三者责任险是根据投保人或被保险人在交通事故中应负的责任来确定赔偿责任。

（3）保障范围不同。交强险的赔偿范围几乎涵盖了所有道路交通责任风险；而商业第三者责任险是由保险公司不同程度地规定有免赔额、免赔率或责任免除事项。

（4）索赔方式不同。交强险在出险后可以由受害人直接向保险人索赔，保险人须先行在责任限额内向受害人赔付；而商业第三者责任险是在出险后必须由投保人向保险人提出索赔，保险人履行保险合同约定的赔付义务。

三、机动车商业保险——基本险

(一)机动车损失保险

1. 保险标的

机动车损失保险的保险标的是投保车辆本身,包括以动力装置驱动或者牵引、上道路行驶的供人员乘用或者用于运送物品以及进行专项作业的轮式车辆(含挂车)、履带式车辆和其他运载工具,但不包括摩托车、拖拉机、特种车。

2. 保险责任

保险期间内,被保险人或其允许的合法驾驶人在使用被保险机动车过程中,因下列原因造成被保险机动车的直接损失,保险人依照本保险合同的约定负责赔偿。

(1) 碰撞、倾覆、坠落;
(2) 火灾、爆炸;
(3) 外界物体坠落、倒塌;
(4) 雷击、暴风、暴雨、洪水、龙卷风、冰雹、台风、热带风暴;
(5) 地陷、崖崩、滑坡、泥石流、雪崩、冰陷、暴雪、冰凌、沙尘暴;
(6) 受到被保险机动车所载货物、车上人员意外撞击;
(7) 载运被保险机动车的渡船遭受自然灾害(只限于驾驶人随船的情形)。

发生保险事故时,被保险人或其允许的合法驾驶人为防止或者减少被保险机动车的损失所支付的必要的、合理的施救费用,由保险人承担;施救费用数额在被保险机动车损失赔偿金额以外另行计算,最高不超过保险金额的数额。

3. 责任免除

在上述保险范围内,下列情况下,不论任何原因造成被保险机动车的任何损失和费用,保险人均不负责赔偿。

(1) 被保险人或允许的驾驶人行为不当。

① 事故发生后,被保险人或其允许的驾驶人在未依法采取措施的情况下驾驶被保险机动车或者遗弃被保险机动车逃离事故现场,或故意破坏、伪造现场,毁灭证据。

② 驾驶人有下列情形之一者。

- 饮酒、吸食或注射毒品、服用国家管制的精神药品或者麻醉药品;
- 无驾驶证,驾驶证被依法扣留、暂扣、吊销、注销期间;
- 驾驶与驾驶证载明的准驾车型不相符合的机动车;
- 实习期内驾驶公共汽车、营运客车或者执行任务的警车、载有危险物品的机动车或牵引挂车的机动车;
- 驾驶出租机动车或营业性机动车无交通运输管理部门核发的许可证书或其他必备证书;
- 学习驾驶时无合法教练员随车指导;

● 非被保险人允许的驾驶人。
(2) 被保险机动车有下列情形之一者，保险人不负责赔偿。
① 发生保险事故时被保险机动车行驶证、号牌被注销，或未按规定检验或检验不合格；
② 被扣押、收缴、没收、政府征用期间；
③ 在竞赛、测试期间，在营业性场所维修、保养、改装期间；
④ 被利用从事犯罪行为。
(3) 下列原因导致的被保险机动车的损失和费用，保险人不负责赔偿。
① 地震及其次生灾害；
② 战争、军事冲突、恐怖活动、暴乱、污染(含放射性污染)、核反应、核辐射；
③ 人工直接供油、高温烘烤、自燃、不明原因火灾；
④ 被保险机动车被转让、改装、加装或改变使用性质等，导致被保险机动车危险程度显著增加，且被保险人、受让人未及时通知保险人；
⑤ 被保险人或其允许的驾驶人的故意行为。
(4) 下列损失和费用，保险人不负责赔偿。
① 因市场价格变动造成的贬值、修理后因价值降低引起的减值损失；
② 被保险机动车全车被盗窃、被抢劫、被抢夺、下落不明，以及在此期间受到的损坏，或被盗窃、被抢劫、被抢夺未遂受到的损坏，或车上零部件、附属设备丢失；
③ 自然磨损、朽蚀、腐蚀、故障、本身质量缺陷；
④ 车轮单独损坏，玻璃单独破碎，无明显碰撞痕迹的车身划痕，以及新增设备的损失；
⑤ 发动机进水后导致的发动机损坏；
⑥ 遭受保险责任范围内的损失后，未经必要修理并检验合格继续使用，致使损失扩大的部分；
⑦ 投保人、被保险人或允许的驾驶人知道保险事故发生后，故意或者因重大过失未及时通知，致使保险事故的性质、原因、损失程度等难以确定的，保险人对无法确定的部分，不承担赔偿责任，但保险人通过其他途径已及时知道或者应当及时知道保险事故发生的除外；
⑧ 因被保险人未会同保险人就保险事故损坏的被保险机动车检验，协商确定修理项目、方式和费用，导致无法确定的损失。

4. 免赔率和免赔额

(1) 被保险机动车一方负次要事故责任的，实行 5%的事故责任免赔率；负同等事故责任的，实行 10%的事故责任免赔率；负主要事故责任的，实行 15%的事故责任免赔率；负全部事故责任或单方肇事事故的，实行 20%的事故责任免赔率。

(2) 被保险机动车的损失应当由第三方负责赔偿，无法找到第三方的，实行 30%的绝对免赔率。

(3) 因违反安全装载规定导致保险事故发生的，保险人不承担赔偿责任；违反安全装载规定，但不是事故发生的直接原因的，增加 10%的绝对免赔率。

(4) 投保时指定驾驶人,保险事故发生时为非指定驾驶人使用被保险机动车的,增加10%的绝对免赔率。

(5) 投保时约定行驶区域,保险事故发生在约定行驶区域以外的,增加10%的绝对免赔率。

(6) 对于投保人与保险人在投保时协商确定绝对免赔额的,本保险在实行免赔率的基础上增加每次事故绝对免赔额。

5. 保险金额

保险金额按投保时被保险机动车的实际价值确定。投保时被保险机动车的实际价值由投保人与保险人根据投保时的新车购置价减去折旧金额后的价格协商确定,或根据其他市场公允价值协商确定。

折旧金额可根据机动车月折旧系数确定,见表1-2。

表1-2 汽车月折旧系数 %

车辆种类	月折旧系数			
	家庭自用	非营业	营业	
			出租	其他
9座以下客车	0.60	0.60	1.10	0.90
10座以上客车	0.90	0.90	1.10	0.90
微型载货汽车	—	0.90	1.10	1.10
带拖挂的载货汽车	—	0.90	1.10	1.10
低速货车和三轮汽车	—	1.10	1.40	1.40
其他车辆	—	0.90	1.10	0.90

折旧按月计算,不足一个月的部分,不计折旧。最高折旧金额不超过投保时被保险机动车新车购置价的80%。

折旧金额=新车购置价×被保险机动车已使用月数×月折旧系数

机动车的实际价值=机动车的新车购置价-折旧金额

6. 保险期间

除另有规定外,保险期间为一年,以保险单载明的起讫时间为准。

7. 赔偿处理

(1) 报案时限。

发生保险事故时,被保险人或其允许的合法驾驶人应当及时采取合理的、必要的施救和保护措施,防止或者减少损失,并在保险事故发生后48小时内通知保险人。被保险人或其允许的合法驾驶人根据有关法律法规规定选择自行协商方式处理交通事故的,应当立即通知保险人。

(2) 索赔时被保险人义务。

① 被保险人索赔时，应当向保险人提供与确认保险事故的性质、原因、损失程度等有关的证明和资料。

② 被保险人应当提供保险单、损失清单、有关费用单据、被保险机动车行驶证和发生事故时驾驶人的驾驶证。

③ 属于道路交通事故的，被保险人应当提供公安机关交通管理部门或法院等机构出具的事故证明、有关的法律文书(判决书、调解书、裁定书、裁决书等)及其他证明。被保险人或其允许的合法驾驶人根据有关法律法规规定选择自行协商方式处理交通事故的，被保险人应当提供依照《道路交通事故处理程序规定》签订的记录交通事故情况的协议书。

④ 被保险人或其允许的合法驾驶人根据有关法律法规规定选择自行协商方式处理交通事故的，应当协助保险人勘验事故各方车辆、核实事故责任，并依照《道路交通事故处理程序规定》签订记录交通事故情况的协议书。

(3) 赔偿原则。

① 因保险事故损坏的被保险机动车，应当尽量修复。修理前被保险人应当会同保险人检验，协商确定修理项目、方式和费用。对未协商确定的，保险人可以重新核定。

② 被保险机动车遭受损失后的残余部分由保险人、被保险人协商处理。如折归被保险人，由双方协商确定其价值，并在赔款中扣除。

③ 因第三方对被保险机动车的损害而造成保险事故，被保险人向第三方索赔的，保险人应积极协助；被保险人也可以直接向本保险人索赔，保险人在保险金额内先行赔付被保险人，并在赔偿金额内代位行使被保险人对第三方请求赔偿的权利。

④ 被保险人已经从第三方取得损害赔偿的，保险人进行赔偿时，相应扣减被保险人从第三方已取得的赔偿金额。

⑤ 保险人未赔偿之前，被保险人放弃对第三方请求赔偿权利的，保险人不承担赔偿责任。

⑥ 被保险人故意或者因重大过失致使保险人不能行使代位请求赔偿的权利的，保险人可以扣减或者要求返还相应的赔款。

⑦ 保险人向被保险人先行赔付的，保险人向第三方行使代位请求赔偿的权利时，被保险人应当向保险人提供必要的文件和所知道的有关情况。

8. 赔偿注意事项

(1) 保险人受理报案、现场查勘、核定损失、参与诉讼、进行抗辩、要求被保险人提供证明和资料、向被保险人提供专业建议等行为，均不构成保险人对赔偿责任的承诺。

(2) 被保险机动车发生本保险事故，导致全部损失，或一次赔款金额与免赔金额之和(不含施救费)达到保险金额，保险人按本保险合同约定支付赔款后，本保险责任终止，保险人不退还机动车损失保险及其附加险的保险费。

(二)机动车第三者责任保险

机动车第三者责任险是指被保险人或其允许的合法驾驶人在使用被保险车辆过程中发生的意外事故，致使第三者遭受人身伤亡或财产直接损毁，依法应当由被保险人承担经济责任，保险公司负责赔偿。按照保险合同关系，保险合同法律关系的主体是保险人和被保险人，因此保险人是第一者，被保险人或者使用保险车辆的人是第二者，除了保险人和被保险人之外的人是第三者。

由于机动车第三者责任保险是按照自愿原则由投保人选择购买的，现实中，该险种投保比率较低。致使发生道路交通事故后，有时因没有保险保障或致害人支付能力有限，受害人往往得不到及时的赔偿，也造成大量经济赔偿纠纷。

1. 保险责任

保险期间内，被保险人或其允许的合法驾驶人在使用被保险机动车过程中发生意外事故，致使第三者遭受人身伤亡或财产直接损毁，依法应当对第三者承担的损害赔偿责任，保险人依照本保险合同的约定，对于超过机动车交通事故责任强制保险各分项赔偿限额的部分负责赔偿。

2. 事故责任比例

保险人依据被保险机动车一方在事故中所负的事故责任比例，承担相应的赔偿责任。

被保险人或被保险机动车一方根据有关法律法规规定选择自行协商或由公安机关交通管理部门处理事故未确定事故责任比例的，按照下列规定确定事故责任比例。

(1) 被保险机动车一方负主要事故责任的，事故责任比例为70%。
(2) 被保险机动车一方负同等事故责任的，事故责任比例为50%。
(3) 被保险机动车一方负次要事故责任的，事故责任比例为30%。
(4) 涉及司法或仲裁程序的，以法院或仲裁机构最终生效的法律文书为准。

3. 责任免除

在上述保险责任范围内，下列情况下，不论任何原因造成的人身伤亡、财产损失和费用，保险人均不负责赔偿。

(1) 事故发生后，被保险人或其允许的驾驶人在未依法采取措施的情况下驾驶被保险机动车或者遗弃被保险机动车逃离事故现场，或故意破坏、伪造现场，毁灭证据。

(2) 驾驶人有下列情形之一者。
① 饮酒、吸食或注射毒品、服用国家管制的精神药品或者麻醉药品；
② 无驾驶证，驾驶证被依法扣留、暂扣、吊销、注销期间；
③ 驾驶与驾驶证载明的准驾车型不相符合的机动车；
④ 实习期内驾驶公共汽车、营运客车或者执行任务的警车、载有危险物品的机动车或牵引挂车的机动车；
⑤ 驾驶出租机动车或营业性机动车无交通运输管理部门核发的许可证书或其他必备证书；
⑥ 学习驾驶时无合法教练员随车指导；
⑦ 非被保险人允许的驾驶人。

(3) 被保险机动车有下列情形之一者。
① 发生保险事故时被保险机动车行驶证、号牌被注销，或未按规定检验或检验不

合格；

② 被扣押、收缴、没收、政府征用期间；

③ 在竞赛、测试期间，在营业性场所维修、保养、改装期间；

④ 全车被盗窃、被抢劫、被抢夺、下落不明期间。

(4) 下列原因导致的人身伤亡、财产损失和费用，保险人不负责赔偿。

① 地震及其次生灾害、战争、军事冲突、恐怖活动、暴乱、污染(含放射性污染)、核反应、核辐射；

② 被保险机动车在行驶过程中翻斗突然升起，或没有放下翻斗，或自卸系统(含机件)失灵；

③ 第三者、被保险人或其允许的驾驶人的故意行为、犯罪行为，第三者与被保险人或其他致害人恶意串通的行为；

④ 被保险机动车被转让、改装、加装或改变使用性质等，导致被保险机动车危险程度显著增加，且被保险人、受让人未及时通知保险人。

(5) 下列人身伤亡、财产损失和费用，保险人不负责赔偿。

① 被保险机动车发生意外事故，致使任何单位或个人停业、停驶、停电、停水、停气、停产、通信或网络中断、电压变化、数据丢失造成的损失以及其他各种间接损失；

② 第三者财产因市场价格变动造成的贬值，修理后因价值降低引起的减值损失；

③ 被保险人及其家庭成员、被保险人允许的驾驶人及其家庭成员所有、承租、使用、管理、运输或代管的财产的损失，以及本车上财产的损失；

④ 被保险人及其家庭成员、被保险人允许的驾驶人及其家庭成员、本车车上人员的人身伤亡；

⑤ 停车费、保管费、扣车费、罚款、罚金或惩罚性赔款；

⑥ 超出《道路交通事故受伤人员临床诊疗指南》和国家基本医疗保险标准的医疗费用；

⑦ 精神抚慰金、因保险事故引起的精神损害赔偿；

⑧ 律师费、未经保险人事先书面同意的诉讼费、仲裁费；

⑨ 投保人、被保险人或其允许的驾驶人知道保险事故发生后，故意或者因重大过失未及时通知，致使保险事故的性质、原因、损失程度等难以确定的，保险人对无法确定的部分，不承担赔偿责任，但保险人通过其他途径已经及时知道或者应当及时知道保险事故发生的除外。

4. 免赔率

保险人在依据本保险合同约定计算赔款的基础上，在保险单载明的责任限额内，按照下列方式免赔：

(1) 被保险机动车一方负次要事故责任的，实行5%的事故责任免赔率；负同等事故责任的，实行10%的事故责任免赔率；负主要事故责任的，实行15%的事故责任免赔率；负全部事故责任的，实行20%的事故责任免赔率。

(2) 违反安全装载规定的，实行10%的绝对免赔率。

(3) 投保时指定驾驶人，保险事故发生时为非指定驾驶人使用被保险机动车的，增加

10%的绝对免赔率。

(4) 投保时约定行驶区域，保险事故发生在约定行驶区域以外的，增加 10%的绝对免赔率。

5. 保险期间

除另有规定外，保险期间为一年，以保险单载明的起讫时间为准。

6. 责任限额

机动车第三者责任保险的责任限额是保险公司每次保险事故的最高赔偿额度，有 5 万元、10 万、15 万、20 万、30 万、50 万、100 万元等档次。每次事故的责任限额，由投保人和保险人在签订本保险合同时协商确定。

主车和挂车连接使用时视为一体，发生保险事故时，在主车和挂车责任限额之和内承担赔偿责任。主车保险人和挂车保险人按照保险单上载明的机动车第三者责任保险责任限额的比例分摊赔款。

7. 赔偿处理

(1) 发生保险事故时，被保险人或其允许的合法驾驶人应当及时采取合理的、必要的施救和保护措施，防止或者减少损失，并在保险事故发生后 48 小时内通知保险人。被保险人或其允许的合法驾驶人根据有关法律法规规定选择自行协商方式处理交通事故的，应当立即通知保险人。

(2) 被保险人或其允许的合法驾驶人根据有关法律法规规定选择自行协商方式处理交通事故的，应当协助保险人勘验事故各方车辆、核实事故责任，并依照《道路交通事故处理程序规定》签订记录交通事故情况的协议书。

(3) 被保险人索赔时，应当向保险人提供与确认保险事故的性质、原因、损失程度等有关的证明和资料。

(4) 被保险人应当提供保险单、损失清单、有关费用单据、被保险机动车行驶证和发生事故时驾驶人的驾驶证。

(5) 属于道路交通事故的，被保险人应当提供公安机关交通管理部门或法院等机构出具的事故证明、有关的法律文书(判决书、调解书、裁定书、裁决书等)及其他证明。被保险人或其允许的合法驾驶人根据有关法律法规规定选择自行协商方式处理交通事故的，被保险人应当提供依照《道路交通事故处理程序规定》签订的记录交通事故情况的协议书。

(6) 保险人对被保险人给第三者造成的损害，可以直接向该第三者赔偿。

被保险人给第三者造成损害，被保险人对第三者应负的赔偿责任确定的，根据被保险人的请求，保险人应当直接向该第三者赔偿。被保险人怠于请求的，第三者有权就其应获赔偿部分直接向保险人请求赔偿。

(7) 被保险人给第三者造成损害，被保险人未向该第三者赔偿的，保险人不得向被保险人赔偿。

(8) 因保险事故损坏的第三者财产，应当尽量修复。修理前被保险人应当会同保险人检验、协商确定修理项目、方式和费用。对未协商确定的，保险人可以重新核定。

8. 赔偿注意事项

保险人按照《道路交通事故受伤人员临床诊疗指南》和国家基本医疗保险的同类医疗费用标准核定医疗费用的赔偿金额。

未经保险人书面同意，被保险人自行承诺或支付的赔偿金额，保险人有权重新核定。不属于保险人赔偿范围或超出保险人应赔偿金额的，保险人不承担赔偿责任。

保险人受理报案、现场查勘、核定损失、参与诉讼、进行抗辩、要求被保险人提供证明和资料、向被保险人提供专业建议等行为，均不构成保险人对赔偿责任的承诺。

(三)机动车车上人员责任保险

1. 保险责任

保险期间内，被保险人或其允许的合法驾驶人在使用被保险机动车过程中发生意外事故，致使车上人员遭受人身伤亡，依法应当对车上人员承担的损害赔偿责任，保险人依照本保险合同的约定负责赔偿。

2. 事故责任比例

保险人依据被保险机动车一方在事故中所负的事故责任比例，承担相应的赔偿责任。被保险人或被保险机动车一方根据有关法律法规规定选择自行协商或由公安机关交通管理部门处理事故未确定事故责任比例的，按照下列规定确定事故责任比例。

(1) 被保险机动车一方负主要事故责任的，事故责任比例为70%。

(2) 被保险机动车一方负同等事故责任的，事故责任比例为50%。

(3) 被保险机动车一方负次要事故责任的，事故责任比例为30%。

(4) 涉及司法或仲裁程序的，以法院或仲裁机构最终生效的法律文书为准。

3. 责任免除

在上述保险责任范围内，下列情况下，不论任何原因造成的人身伤亡，保险人均不负责赔偿。

(1) 驾驶人有下列情形之一者。

① 事故发生后，被保险人或其允许的驾驶人在未依法采取措施的情况下驾驶被保险机动车或者遗弃被保险机动车逃离事故现场，或故意破坏、伪造现场，毁灭证据；

② 饮酒、吸食或注射毒品、服用国家管制的精神药品或者麻醉药品；

③ 无驾驶证，驾驶证被依法扣留、暂扣、吊销、注销期间；

④ 驾驶与驾驶证载明的准驾车型不相符合的机动车；

⑤ 实习期内驾驶公共汽车、营运客车或者执行任务的警车、载有危险物品的机动车或牵引挂车的机动车；

⑥ 驾驶出租机动车或营业性机动车无交通运输管理部门核发的许可证书或其他必备证书；

⑦ 学习驾驶时无合法教练员随车指导；

⑧ 非被保险人允许的驾驶人。

(2) 被保险机动车有下列情形之一者。

① 发生保险事故时被保险机动车行驶证、号牌被注销,或未按规定检验或检验不合格,被扣押、收缴、没收、政府征用期间;

② 在竞赛、测试期间,在营业性场所维修、保养、改装期间。

③ 全车被盗窃、被抢劫、被抢夺、下落不明期间。

(3) 下列原因导致的人身伤亡,保险人不负责赔偿。

① 地震及其次生灾害、战争、军事冲突、恐怖活动、暴乱、污染(含放射性污染)、核反应、核辐射;

② 被保险机动车被转让、改装、加装或改变使用性质等,导致被保险机动车危险程度显著增加,且被保险人、受让人未及时通知保险人。

(4) 下列人身伤亡、损失和费用,保险人不负责赔偿。

① 被保险人或驾驶人的故意行为造成的人身伤亡;

② 被保险人及驾驶人以外的其他车上人员的故意、重大过失行为造成的自身伤亡;

③ 车上人员因疾病、分娩、自残、斗殴、自杀、犯罪行为造成的自身伤亡;

④ 违法、违章搭乘人员的人身伤亡;

⑤ 罚款、罚金或惩罚性赔款;

⑥ 超出《道路交通事故受伤人员临床诊疗指南》和国家基本医疗保险标准的医疗费用;

⑦ 精神损害抚慰金;

⑧ 律师费,未经保险人事先书面同意的诉讼费、仲裁费;

⑨ 投保人、被保险人或其允许的驾驶人知道保险事故发生后,故意或者因重大过失未及时通知,致使保险事故的性质、原因、损失程度等难以确定的,保险人对无法确定的部分,不承担赔偿责任,但保险人通过其他途径已经及时知道或者应当及时知道保险事故发生的除外;

⑩ 应当由交通事故责任强制保险赔付的损失和费用。

4. 免赔率

(1) 被保险机动车一方负次要事故责任的,实行5%的事故责任免赔率;负同等事故责任的,实行10%的事故责任免赔率;负主要事故责任的,实行15%的事故责任免赔率;负全部事故责任或单方肇事事故的,实行20%的事故责任免赔率。

(2) 投保时指定驾驶人,保险事故发生时为非指定驾驶人使用被保险机动车的,实行10%的绝对免赔率。

(3) 投保时约定行驶区域,保险事故发生在约定行驶区域以外的,增加10%的绝对免赔率。

5. 保险期间

除另有规定外,保险期间为一年,以保单载明的起讫时间为准。

6. 责任限额

驾驶人每次事故责任限额和乘客每次事故每人责任限额由投保人和保险人在投保时协商确定。投保乘客座位数按照被保险机动车的核定载客数(驾驶人座位除外)确定。限额一般在每座 10 000～50 000 元之间协商。

7. 赔偿处理

(1) 发生保险事故时，被保险人或其允许的合法驾驶人应当及时采取合理的、必要的施救和保护措施，防止或者减少损失，并在保险事故发生后 48 小时内通知保险人。被保险人或其允许的合法驾驶人根据有关法律法规规定选择自行协商方式处理交通事故的，应当立即通知保险人。

(2) 被保险人或其允许的合法驾驶人根据有关法律法规规定选择自行协商方式处理交通事故的，应当协助保险人勘验事故各方车辆、核实事故责任，并依照《道路交通事故处理程序规定》签订的记录交通事故情况的协议书。

(3) 被保险人索赔时，应当向保险人提供与确认保险事故的性质、原因、损失程度等有关的证明和资料。

(4) 被保险人应当提供保险单、损失清单、有关费用单据、被保险机动车行驶证和发生事故时驾驶人的驾驶证。

(5) 属于道路交通事故的，被保险人应当提供公安机关交通管理部门或法院等机构出具的事故证明、有关的法律文书(判决书、调解书、裁定书、裁决书等)和通过机动车交通事故责任强制保险获得赔偿金额的证明材料。被保险人或其允许的合法驾驶人根据有关法律法规规定选择自行协商方式处理交通事故的，被保险人应当提供依照《道路交通事故处理程序规定》签订的记录交通事故情况的协议书和通过机动车交通事故责任强制保险获得赔偿金额的证明材料。

8. 赔偿注意事项

(1) 保险人按照《道路交通事故受伤人员临床诊疗指南》和国家基本医疗保险的同类医疗费用标准核定医疗费用的赔偿金额。

(2) 未经保险人书面同意，被保险人自行承诺或支付的赔偿金额，保险人有权重新核定。因被保险人原因导致损失金额无法确定的，保险人有权拒绝赔偿。

(3) 保险人受理报案、现场查勘、核定损失、参与诉讼、进行抗辩、要求被保险人提供证明和资料、向被保险人提供专业建议等行为，均不构成保险人对赔偿责任的承诺。

(四)机动车全车盗抢保险

1. 保险责任

保险期间内，被保险机动车的下列损失和费用，保险人依照本保险合同的约定负责赔偿。

(1) 被保险机动车被盗窃、抢劫、抢夺，经出险当地县级以上公安刑侦部门立案证明，

满60天未查明下落的全车损失;

(2) 被保险机动车全车被盗窃、抢劫、抢夺后,受到损坏或车上零部件、附属设备丢失需要修复的合理费用;

(3) 被保险机动车在被抢劫、抢夺过程中,受到损坏需要修复的合理费用。

2. 责任免除

(1) 在上述保险责任范围内,下列情况下,不论任何原因造成被保险机动车的任何损失和费用,保险人均不负责赔偿。

① 被保险人索赔时未能提供出险地县级以上公安刑侦部门出具的盗抢立案证明;

② 驾驶人、被保险人、投保人故意破坏现场、伪造现场、毁灭证据;

③ 被保险机动车被扣押、罚没、查封、政府征用期间;

④ 被保险机动车在竞赛、测试期间,在营业性场所维修、保养、改装期间,被运输期间。

(2) 下列损失和费用,保险人不负责赔偿。

① 地震及其次生灾害导致的损失和费用;

② 战争、军事冲突、恐怖活动、暴乱导致的损失和费用;

③ 因诈骗引起的任何损失,因投保人、被保险人与他人民事、经济纠纷导致的任何损失;

④ 被保险人或其允许的驾驶人的故意行为、犯罪行为导致的损失和费用;

⑤ 非全车遭盗窃,仅车上零部件或附属设备被盗窃或损坏;

⑥ 新增设备的损失;

⑦ 遭受保险责任范围内的损失后,未经必要修理并检验合格继续使用,致使损失扩大部分;

⑧ 被保险机动车被转让、改装、加装或改变使用性质等,导致被保险机动车危险程度显著增加而发生保险事故,且被保险人、受让人未及时通知保险人;

⑨ 投保人、被保险人或其允许的驾驶人知道保险事故发生后,故意或者因重大过失未及时通知,致使保险事故的性质、原因、损失程度等难以确定的,保险人对无法确定的部分,不承担赔偿责任,但保险人通过其他途径已经及时知道或者应当及时知道保险事故发生的除外;

⑩ 因被保险人没有会同保险人进行检验、协商确定修理项目、方式和费用,导致无法确定的损失。

3. 免赔率

(1) 发生全车损失的,绝对免赔率为20%。

(2) 发生全车损失,被保险人未能提供《机动车登记证书》、机动车来历凭证的,每缺少一项,增加1%的绝对免赔率。

(3) 投保时约定行驶区域,保险事故发生在约定行驶区域以外的,增加10%的绝对免赔率。

4. 保险期间

除另有规定外，保险期间为一年，以保险单载明的起讫时间为准。

5. 保险金额

保险金额在投保时被保险机动车的实际价值内协商确定。

投保时被保险机动车的实际价值由投保人与保险人根据投保时的新车购置价减去折旧金额后的价格协商确定，或根据其他市场公允价值协商确定。

6. 赔偿处理

(1) 被保险机动车全车被盗抢的，被保险人知道保险事故发生后，应在24小时内向出险当地公安刑侦部门报案，并通知保险人。

(2) 被保险人索赔时，须提供保险单、损失清单、有关费用单据、《机动车登记证书》、机动车来历凭证以及出险当地县级以上公安刑侦部门出具的盗抢立案证明。

(3) 因保险事故损坏的被保险机动车，应当尽量修复。修理前被保险人应当会同保险人检验，协商确定修理项目、方式和费用。对未协商确定的，保险人可以重新核定。

7. 赔偿注意事项

(1) 保险人确认索赔单证齐全、有效后，被保险人签具权益转让书，保险人赔付结案。

(2) 被保险机动车发生本保险事故，导致全部损失，或一次赔款金额与免赔金额之和达到保险金额，保险人按本保险合同约定支付赔款后，本保险责任终止，保险人不退还机动车全车盗抢保险及其附加险的保险费。

四、机动车商业保险——附加险

汽车附加险是指除了保险条款所规定的主险外，投保人根据自己的需要所加保的一些险别。附加险是主险责任的扩展，通常是用以扩大主险条款中所规定的权利和义务的补充条款，以及保障主险责任范围以外的可能发生的某些危险。

投保附加险时，投保人必须支付一定的附加保费。对于被保险人来说，可以根据自己的需求转嫁危险，自由选择加保不同的附加险种，使自己的利益获得最充分的保障。《2012版机动车辆商业保险示范条款》中规定了11款附加险，这11款附加险分别为：①玻璃单独破碎险；②自燃损失险；③新增设备损失险；④车身划痕损失险；⑤发动机涉水损失险；⑥修理期间费用补偿险；⑦车上货物责任险；⑧精神损害抚慰金责任险；⑨不计免赔险；⑩机动车损失保险无法找到第三方特约险；⑪指定修理险。一些常见的附加险如下。

(一)玻璃单独破碎险

(1) 保险责任：保险期间内，被保险机动车风挡玻璃或车窗玻璃的单独破碎，保险人按实际损失金额赔偿。

(2) 投保方式：投保人与保险人可协商选择按进口或国产玻璃投保。保险人根据协商选择的投保方式承担相应的赔偿责任。

(3) 责任免除：安装、维修机动车过程中造成的玻璃单独破碎。

(4) 赔偿处理：本附加险不适用主险中的各项免赔规定。

(二)自燃损失险

(1) 保险责任：保险期间内，在没有外界火源的情况下，由于本车电器、线路、供油系统、供气系统等被保险机动车自身原因或所载货物自身原因起火燃烧造成本车的损失。

(2) 责任免除。

① 自燃仅造成电器、线路、油路、供油系统、供气系统的损失。

② 由于擅自改装、加装电器及设备导致被保险机动车起火造成的损失。

③ 被保险人在使用被保险机动车过程中，因人工直接供油、高温烘烤等违反车辆安全操作规则造成的损失。

(3) 免赔率：每次赔偿实行20%的绝对免赔率，不适用主险中的各项免赔规定。

(4) 保险金额：保险金额由投保人和保险人在投保时被保险机动车的实际价值内协商确定。

(5) 赔偿处理：全部损失，在保险金额内计算赔偿；部分损失，在保险金额内按实际修理费用计算赔偿。

(三)新增设备损失险

(1) 保险责任：保险期间内，投保了本附加险的被保险机动车因发生机动车损失保险责任范围内的事故，造成车上新增加设备的直接损毁，保险人在保险单载明的本附加险的保险金额内，按照实际损失计算赔偿。

(2) 责任免除：每次赔偿的免赔规定以机动车损失保险条款规定为准。

(3) 保险金额：保险金额根据新增加设备投保时的实际价值确定。新增加设备的实际价值是指新增加设备的购置价减去折旧金额后的金额。

(四)车身划痕损失险

(1) 保险责任：保险期间内，投保了本附加险的机动车在被保险人或其允许的合法驾驶人使用过程中，发生无明显碰撞痕迹的车身划痕损失，保险人按照保险合同约定负责赔偿。

(2) 责任免除。

① 被保险人及其家庭成员、驾驶人及其家庭成员的故意行为造成的损失；

② 因投保人、被保险人与他人的民事、经济纠纷导致的任何损失；

③ 车身表面自然老化、损坏、腐蚀造成的任何损失。

(3) 免赔率：每次赔偿实行15%的绝对免赔率，不适用主险中的各项免赔规定。

(4) 保险金额：保险金额为2 000、5 000、10 000或20 000，由投保人和保险人在投保时协商确定。

(5) 赔偿处理：在保险金额内按实际修理费用计算赔偿；在保险期间内，累计赔款金额达到保险金额，本附加险保险责任终止。

(五)发动机涉水损失险

(1) 保险责任：保险期间内，投保了本附加险的被保险机动车在使用过程中，因发动机进水后导致的发动机的直接损毁，保险人负责赔偿。

(2) 免赔率：每次赔偿均实行15%的绝对免赔率。

(3) 赔偿处理：在发生保险事故时被保险机动车的实际价值内计算赔偿。

(六)修理期间费用补偿险

(1) 保险责任：保险期间内，特约了本条款的机动车在使用过程中，发生机动车损失保险责任范围内的事故，造成车身损毁，致使被保险机动车停驶，保险人按保险合同约定，在保险金额内向被保险人补偿修理期间费用，作为代步车费用或弥补停驶损失。

(2) 责任免除。

① 因机动车损失保险责任范围以外的事故而致被保险机动车的损毁或修理；

② 非在保险人指定的修理厂修理时，因车辆修理质量不合要求造成返修；

③ 被保险人或驾驶人拖延车辆送修期间。

(3) 免赔额：每次事故的绝对免赔额为1天的赔偿金额，不适用主险中的各项免赔规定。

(4) 保险金额：保险金额=补偿天数×日补偿金额。

补偿天数及日补偿金额由投保人与保险人协商确定并在保险合同中载明，保险期间内约定的补偿天数最高不超过90天。

(5) 赔偿处理：全车损失，按保险单载明的保险金额计算赔偿；部分损失，在保险金额内按约定的日赔偿金额乘以从送修之日起至修复之日止的实际天数计算赔偿，实际天数超过双方约定修理天数的，以双方约定的修理天数为准。

保险期间内，累计赔款金额达到保险单载明的保险金额，本附加险保险责任终止。

(七)车上货物责任险

(1) 保险责任：保险期间内，发生意外事故致使被保险机动车所载货物遭受直接损毁，依法应由被保险人承担的损害赔偿责任，保险人负责赔偿。

(2) 责任免除。

① 偷盗、哄抢、自然损耗、本身缺陷、短少、死亡、腐烂、变质、串味、生锈，动物走失、飞失，货物自身起火燃烧或爆炸造成的货物损失；

② 违法、违章载运造成的损失；

③ 因包装、紧固不善，装载、遮盖不当导致的任何损失；

④ 车上人员携带的私人物品的损失；

⑤ 保险事故导致的货物减值、运输延迟、营业损失及其他各种间接损失；

⑥ 法律、行政法规禁止运输的货物的损失。

(3) 免赔率：每次赔偿实行20%的绝对免赔率，不适用主险中的各项免赔规定。

(4) 责任限额：由投保人和保险人在投保时协商确定。

(5) 赔偿处理：被保险人索赔时，应提供运单、起运地货物价格证明等相关单据。保险人在责任限额内按起运地价格计算赔偿。

(八)精神损害抚慰金责任险

(1) 保险责任：保险期间内，被保险人或其允许的合法驾驶人在使用被保险机动车的过程中，发生投保的主险约定的保险责任内的事故，造成第三者或车上人员的人身伤亡，受害人据此提出精神损害赔偿请求，保险人依据法院判决及保险合同约定，对应由被保险人或被保险机动车驾驶人支付的精神损害抚慰金，在扣除机动车交通事故责任强制保险应当支付的赔款后，在本保险赔偿限额内负责赔偿。

(2) 责任免除。

① 根据被保险人与他人的合同协议，应由他人承担的精神损害抚慰金；

② 未发生交通事故，仅因第三者或本车人员的惊恐而引起的损害；

③ 怀孕妇女的流产发生在交通事故发生之日起30天以外的。

(3) 免赔率：每次赔偿实行20%的绝对免赔率，不适用主险中的各项免赔规定。

(4) 赔偿限额：每次事故赔偿限额由保险人和投保人在投保时协商确定。

(5) 赔偿处理：依据人民法院的判决在保险单所载明的赔偿限额内计算赔偿。

(九)不计免赔险

(1) 保险责任：经特别约定，保险事故发生后，按照对应投保的险种规定的免赔率计算的，应当由被保险人自行承担的免赔金额部分，保险人负责赔偿。

(2) 责任免除。

① 机动车损失保险中应当由第三方负责赔偿而无法找到第三方的；

② 因违反安全装载规定而增加的；

③ 投保时指定驾驶人，保险事故发生时为非指定驾驶人使用被保险机动车而增加的；

④ 投保时约定行驶区域，保险事故发生在约定行驶区域以外而增加的；

⑤ 发生机动车全车盗抢保险规定的全车损失保险事故时，被保险人未能提供《机动车登记证书》、机动车来历凭证的，每缺少一项而增加的；

⑥ 机动车损失保险中约定的每次事故绝对免赔额；

⑦ 可附加本条款但未选择附加本条款的险种规定的；

⑧ 不可附加本条款的险种规定的。

任务实施

(一)任务实施环境

(1) 汽车保险仿真模拟实训室。

(2) 车险承保模拟教学系统投保平台。

(3) 辅助办公设备(文具、打印机、复印机等)。

(二)任务实施步骤

展业人员向客户介绍汽车保险产品，可按照图 1-4 所示流程进行。

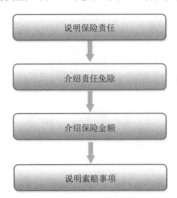

图 1-4　介绍汽车保险产品的流程

步骤 1：说明保险责任

汽车保险展业人员要向客户说明机动车各险种的保障范围，以及投保人的哪种损失可以在相应险种中得到赔偿。以车损险为例，此险种为被保险人提供的保障主要是意外事故或被保险车辆的损失、自然灾害造成的车辆损失和对被保险车辆的施救费用。

步骤 2：介绍责任免除

汽车保险展业人员要向客户介绍保险公司不负责赔偿的损失有哪些，使客户清楚使用车辆过程中应该注意的情况。这是保险公司在履行最大诚信原则。投保人、被保险人必须了解这部分内容，如果产生误解，造成赔偿纠纷，保险公司要承担相应责任。

步骤 3：介绍保险金额

汽车保险展业人员要向客户说明险种保险金额的确定方法，或赔偿限额的选择。需说明以各种方法确定保险金额的特点，以便建议投保金额，供被保险人进行选择。汽车保险展业人员应告知客户汽车保险金额是汽车保险赔偿的最大限额，保险公司的赔偿金额不会超过保险金额。如全车盗抢险的保险金额为 10 万元，当车主的车辆发生被盗事件后，保险公司会在 10 万元以内赔偿车主的实际损失。

步骤 4：说明索赔事项

汽车保险展业人员要向客户说明被保险人索赔时需注意的事项，保险公司能提供什么服务，主要包括发生事故的处理方法、损失车辆的核定方法、索赔时需提供的资料、保险人对于被保险人索赔的处理方法及保险人义务等。

任务4　介绍汽车保险合同

任务描述

张明听了江枫对汽车保险产品的介绍,有意在该公司进行投保,但是他想知道如何与保险公司签订汽车保险合同,保险人和被保险人有哪些权利和义务,在什么情况下可以变更和解除合同。江枫该如何介绍汽车保险合同呢?

任务分析

保险展业人员在客户了解了汽车保险产品的具体内容后,需要向客户解释说明保险合同的相关内容,以及汽车保险合同订立、生效、变更和解除等相关事项。

相关知识

一、汽车保险合同的概念

保险合同是投保人与保险人约定保险权利和义务关系的协议,保险合同的当事人是投保人和保险人,保险合同的内容是权利义务关系。

汽车保险合同是财产保险合同的一种,是以汽车及有关利益作为保险标的的保险合同。

二、汽车保险合同的特征

汽车保险合同具有以下特征。

(1) 汽车保险合同是当事人双方的一种法律行为。汽车保险合同是投保人提出保险要求,经保险人同意,并且双方意见一致才告成立。汽车保险合同是双方当事人在社会地位平等的基础上产生的一项经济活动,是对双方当事人平等的一项民事法律行为。

(2) 汽车保险合同是有偿合同。根据合同当事人双方的受益状况,合同被区分为有偿合同与无偿合同。前者是指当事人因享有合同的权利而必须偿付相应的代价;后者是指当事人享有合同的权利而不必偿付相应的代价。汽车保险合同的有偿性,主要体现在:投保人要取得保险的风险保障,必须支付汽车保险费;保险人要收取保险费,必须承诺承担保险保障责任。

(3) 汽车保险合同是有条件的双务合同。在汽车保险合同中,被保险人要得到保险人对其保险标的给予保障的权利,就必须向保险人交付保险费;而保险人收取保险费,就必须承担保险事故发生时的赔付义务,双方的权利和义务是彼此关联的。但是,汽车保险合同的双务性与一般双务合同并不完全相同,即保险人的赔付义务只有在约定的事故发生时才履行,因而是附有条件的双务合同。

(4) 汽车保险合同是附和合同。附和合同是指合同内容一般不是由当事人双方共同协商拟订,而是由一方当事人事先拟订,印就好格式条款供另一方当事人选择,另一方当事人只能作取与舍的决定,无权拟订合同的条文。汽车保险合同是典型的附和合同,因为保险合同的基本条款由保险人事先拟订并经监管部门审批。而投保人往往缺乏保险知识，不熟悉保险业务，很难对保险条款提出异议。所以，投保人购买保险就表示同意保险合同条款，即使需要变更合同的某项内容，也只能采纳保险人事先准备的附加条款。

(5) 汽车保险合同是射幸合同。射幸合同是相对于"等价合同"而言的。通俗地讲，射幸合同是一种不等价合同。也就是说，由于汽车保险事故发生的频率以及损失发生概率的不确定性，如果发生了汽车保险事故，对单个被保险人而言，他获得的汽车保险赔款远远大于他所缴纳的保险费；反之，如果没有保险事故发生，被保险人不能获得任何赔偿。但是从全体被保险人整体观察，汽车保险费的总和与汽车保险赔款趋于一致。所以从汽车保险关系的整体上看，这种合同的有偿交换是等价的。汽车保险合同的这种在特定条件下的等价与不等价特征，是汽车保险合同的射幸性。

(6) 汽车保险合同是最大诚信合同。任何合同的订立，都应以合同当事人的诚信为基础。汽车保险合同自投保人正式向保险人提出签订合同的要约后，就必须将汽车保险合同中规定的要素如实告知保险人。如果保险人发现投保人对于汽车本身主要的危险情况没有告知、隐瞒或者做错误告知，即便汽车保险合同已经生效，保险人也有权不负赔偿责任。汽车保险合同的最大诚信原则不仅是针对投保人而言，也针对保险人而言。也就是说，汽车保险合同双方当事人都应共同遵守诚信原则。作为投保人，应当将汽车本身的情况，如是否是营运车辆、是否重复保险等情况如实告知保险人，如实回答保险公司提出的问题，不得隐瞒。而保险人也应将保险合同的内容及特别约定的事项、免赔责任如实向投保人进行解释，不得误导或引诱投保人参加汽车保险。因此，最大诚信原则对投保人与保险人同样适用。

(7) 汽车保险合同是对人的合同。虽然新《保险法》第四十九条规定，保险标的转让的受让人直接承继被保险人的权利义务。即二手车过户，保险依然有效。但新法在此条款中还有如下规定，即因保险标的转让导致危险程度显著增加的，被保险人应及时通知保险人办理过户变更手续，保险公司可依据危险程度增加情况增收保费或解除合同，否则，因转让导致保险标的危险程度增加而发生保险事故，保险公司不承担赔偿保险金责任。由此看来，汽车保险的保险事故发生，除了自然因素以外，与投保人、被保险人的责任心及道德品质等也密切相关。机动车在发生过户后，车主还是应该办理相应的批改手续，以避免日后在保险理赔时的不必要的麻烦。

三、汽车保险合同的形式

(一)投保单

投保单由投保人缮制，经投保人如实填写后交给保险人，是投保人表示愿意同保险人订立保险合同的书面要约。投保单是保险人承保的依据。保险合同成立后，投保单是投保合同的重要组成部分。

(二)保险单

保险单是保险人和投保人之间订立的保险合同的正式书面文件，是保险人向被保险人履行赔偿或给付的依据。

(三)保险凭证

保险凭证是保险人签发投保人或被保险人证明保险合同已经订立的书面凭证,是一种简化的保险单,与保险单具有相同的法律效力。

(四)暂保单

暂保单是保险人或被保险代理人向投保人出具保险单或保险凭证之前签发的临时保险凭证。暂保单的法律效力等同于保险单或保险凭证。暂保单的有效期限较短,一般只有30天,且当保险单或保险凭证出具后,暂保单将自动失效。保险人可以在保险单出具前终止暂保单,但必须提前通知被保险人。

(五)批单

批单是保险合同双方当事人对于保单的内容进行修改或变更的证明文件。批单是保险合同的重要组成部分。批单的内容与保险合同内容冲突的,以批单为准;多次批改签发的批单,应以最后批改的批单为准。批单的形式有两种,一种是在原保险单或保险凭证上批注(背书);另一种是出具一张变更保险合同内容的附贴便条。

相关链接:保险新规

《新保险法》已明确指出,车辆转让,保险权益也跟随而动,二手车车主即使没有完成保单的过户,出险后保险公司照样理赔,保险公司不得再以未告知的理由拒赔。不过,需要车主注意的是,虽然车辆转让后,车险保单也自动变更,但如果车辆的承保风险发生了变化,保险公司也有权利拒赔或部分拒赔。例如,原来的家庭用轿车,转让后变成了营运车辆,对于保险公司来说其承保风险就上升了,而且这两种车投保的费率也不一样,若发生事故就可能遭遇理赔问题。

四、汽车保险合同的主体、客体和内容

(一)汽车保险合同的主体

汽车保险合同的主体是指在保险合同订立、履行过程中享有合同赋予的权利和承担相应义务的人。根据在合同订立、履行过程中发挥的作用不同,保险合同的主体分为当事人和关系人两类。当事人包括保险人和投保人,关系人包括被保险人和受益人。

(二)汽车保险合同的客体

汽车保险合同的客体是指汽车保险利益。汽车保险利益是指投保人对投保车辆具有的实际或法律上的利益。如果该种利益丧失,将使之蒙受经济损失。

汽车相关利益具体表现在财产利益、收益利益、责任利益与费用利益四个方面。

(1) 财产利益包括汽车的所有利益、占有利益、抵押利益、留置利益、担保利益及债权利益。

(2) 收益利益包括对汽车的期待利益、营运收入利益、租金利益等。
(3) 责任利益包括汽车的民事损害赔偿责任利益。
(4) 费用利益是指施救费用利益及救助费用利益等。

(三)汽车保险合同的内容

汽车保险合同的内容主要用来规定保险关系双方当事人所享有的权利和承担的义务，它通过保险条款使这种权利义务具体化，包括基本条款和附加条款。

基本条款是汽车保险合同不可缺少的条款，没有基本条款也就没有汽车保险合同。基本条款中包括以下内容：保险人的名称和住所，投保人、被保险人的名称和住所，保险标的，保险责任和责任免除，保险期限和保险责任开始时间，保险价值，保险金额，保险费，保险赔偿办法，违约责任和争议处理等。附加条款是应投保人的要求而增加承保危险的条款，相当于扩大了承保范围，满足部分投保人的特殊要求。

五、汽车保险合同的订立与生效

(一)汽车保险合同的订立

汽车保险合同在订立时必须基于保险人和投保人的意思一致，才能成立生效。所以汽车保险合同采用要约与承诺的方式订立。

要约又称为"订约提议"，是一方当事人向另一方当事人提出订立合同建议的法律行为，是签订保险合同的一个重要程序。要约中需要提出合同中的主要条款，包括合同中的标的、数量、质量、价款、履行期限和地点以及违约的责任等。承诺又称为"接受订约提议"，是承诺人向要约人表示同意与其缔结合同的意思表示。承诺人对于要约人提出的主要条款，合同即告成立，双方当事人开始承担履行合同的义务。

(二)汽车保险合同的生效

汽车保险合同的生效指保险合同由当事人双方依法订立，并受国家法律保护，具有法律效力。

1. 汽车保险合同有效应具备的条件

(1) 汽车保险合同的主体必须具备合同资格，投保方和保险方都必须具备法律所规定的主体资格，否则会导致保险合同部分无效或全部无效。

(2) 汽车保险合同内容的合法性。从实保险活动必须遵守法律、行政法规，尊重社会公德，遵循自愿原则。保险合同的内容应符合法律规定，遵守法律，维护社会公共利益。只有合法的保险合同才受法律保护。

(3) 保险人和投保人的意思表示真实。从事保险活动应遵循自愿和诚实信用的原则，因此要求当事人意思表示真实，能够明确自己的行为后果，有能力承担相应的法律后果。非当事人自愿而受到胁迫和欺骗订立的合同无效。

另外，汽车保险合同的当事人可以对合同的效力约定其他生效条件。机动车保险实践中，各家保险公司一般以缴纳保费作为保险合同生效的条件。

2. 汽车保险合同生效的时间

保险合同生效的时间是保险人开始履行保险责任的时间。汽车保险合同生效的时间以双方约定的日期为准。我国保险公司普遍推行"零时起保制"，保险合同生效的时间放在合同成立日的次日零时。保险合同生效前发生的保险事故，保险人不承担赔偿责任。

六、汽车保险合同当事人的权利与义务

(一)投保人的义务

(1) 告知义务。在保险合同订立时，投保人或被保险人应当将保险标的的有关重要事项如实告知保险人，这就是告知义务。

(2) 缴纳保费的义务。在汽车保险实务中，如果投保人没有按约定期限交付保险费，通常采取下述办法处理:保险人可以要求投保人限期缴纳并补交利息；保险人可以决定终止合同并正式通知投保人或被保险人，有权要求其支付终止合同前应该担负的保险费及利息。

(3) 申请批改的义务。在保险合同有效期内，保险车辆转卖、转让、赠送他人、变更用途或增加危险程度，被保险人应当事先书面通知保险人并申请办理批改。

(4) 出险的施救与通知义务。汽车保险合同生效后，如果保险车辆发生保险事故，投保人和被保险人应当采取合理的保护和施救措施，并立即向发生地交通管理部门报案，同时要在48小时内通知保险人。

(5) 保险汽车的受损修复与检验义务。

(6) 安全防损义务。

(7) 其他义务，包括守法义务、遵守诚信义务、协助追偿义务、提交证明义务。

(二)保险人的义务

(1) 说明义务。说明义务是指保险人向投保人说明保险合同条款内容的义务。

(2) 及时签单义务。保险人应当及时向被保险人签发保险单或保险凭证，以作为书面合同的证明。

(3) 赔偿义务。在车辆保险事故发生后，按照保险合同的约定，保险人有义务赔偿保险事故所造成的实际损失或支付约定的保险金。

(三)保险人履行赔偿义务应具备的条件

(1) 保险事故所造成的损失对象必须是生效的保险合同中列明的财产或利益。

(2) 保险车辆的损失及其造成的第三者责任损失，必须是由保险责任直接导致的，除外责任所造成的损失，保险人没有相应的赔偿义务。

(3) 保险人的赔偿只限于合同规定的保险金额和赔偿限额。

(4) 保险车辆的损失必须发生在保险合同约定的车辆存放地和保险期限内，保险人才能按照合同的规定承担赔偿义务。

七、汽车保险合同的变更和解除

(一)汽车保险合同的变更

汽车保险合同变更是指在保险合同的期限届满之前,当事人根据主客观情况的变化,依据法律规定的条件和程序,对保险合同的某些条款进行修改或补充。

汽车保险合同变更的主要事项包括:保险车辆转卖、转让或赠送他人,需要变更被保险人;保险车辆增加或减少危险程度,保险车辆变更使用性质;增减投保的车辆数目,增加或减少保险金额或赔偿数额;增加某种附加险的投保;保险期限的变更。

汽车保险合同的变更必须采用书面形式,并经过双方协商一致,才发生变更效力。保险合同一经变更,变更的那一部分内容取代了原合同中被变更的内容,当事人应以变更后的内容为依据履行各自的义务。

(二)汽车保险合同的解除

汽车保险合同的解除是指在保险合同的期限届满之前,一方当事人根据法律规定或当事人双方的约定行使解除权,从而提前结束合同效力的法律行为。

1. 投保人解除保险合同的条件

(1) 保险合同中约定的保险事故肯定不会发生。
(2) 保险标的的危险程度明显减少或者消失。
(3) 保险标的的价值明显减少。

2. 保险人解除保险合同的条件

(1) 投保人违反如实告知义务,保险标的的危险程度增加。
(2) 投保人、被保险人未按照合同约定履行其对保险标的的安全应尽的责任。
(3) 被保险人或受益人在未发生保险事故的情况下,谎称发生了保险事故,向保险人提出赔偿或者给付保险金的请求。
(4) 投保人、被保险人或受益人故意制造保险事故。

3. 汽车保险合同的终止

汽车保险合同的终止是保险合同权利义务关系的绝对消灭。引起保险合同终止的原因有自然终止、因解除而终止、因义务已履行而终止、协议终止。

任务实施

(一)任务实施环境

(1) 汽车保险仿真模拟实训室。
(2) 车险承保模拟教学系统投保平台。

(3) 辅助办公设备(文具、打印机、复印机等)。

(二)任务实施步骤

介绍汽车保险合同的流程如图 1-5 所示。

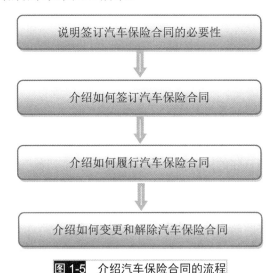

图 1-5 介绍汽车保险合同的流程

步骤 1：说明签订汽车保险合同的必要性

对于选择购买车险的车主，汽车保险合同是最有效的说明当事人双方权利义务的协议，具有法律效力，受到法律保护。一旦出现双方争议纠纷，汽车保险合同是最有力的证据。

步骤 2：介绍如何签订汽车保险合同

汽车保险合同的订立是投保人与保险人之间基于意思表示一致而做出的法律行为。保险合同的订立必须经过投保人提出要求和保险人同意两个阶段。在实践中，这两个阶段称为要约和承诺。投保人向保险人表示缔结保险合同的意愿为投保，因保险合同的要约一般要求为书面形式，所以汽车保险的投保需要投保人填写投保单。汽车保险合同的承诺就是承保，是由保险人根据投保人的意向，通过核保而做出的承保决策。

步骤 3：介绍如何履行汽车保险合同

在汽车保险合同的履行过程中，被保险人应享有保险合同中规定的权利，如一旦发生意外事故造成车辆或财产损失，被保险人应该在保险范围内得到经济赔偿；同时被保险人也应该履行合同规定的义务，如及时缴纳保险费用，汽车变更使用性质时及时通知保险公司，汽车出险后 48 小时内及时报案等。

步骤 4：介绍如何变更和解除汽车保险合同

在汽车保险合同有效期内，投保人与保险人相互协商，在不违反有关法律法规的情况下，可以就合同主体、客体和内容进行变更，但是需要申请，办理批改手续。在法定或约定事件发生时，投保人或保险人有权解除汽车保险合同。

学习总结

风险是指人们因对未来行为的决策及客观条件的不确定性而导致的可能引起的后果与预定目标发生的偏离。它包括风险因素、风险事故、风险损失三大要素。风险因素引起风险事故，风险事故导致风险损失。风险管理是经济单位通过对风险的认识、衡量和分析，选择最有效的方式，主动地、有目的地、有计划地处理风险，以最小的成本，争取获得最大安全保障的方法。风险管理手段包括控制型风险管理手段和财务型风险管理手段。

保险是风险管理的手段之一。保险是指投保人根据合同约定，向保险人支付保险费，保险人对于合同约定的可能发生的事故因其发生所造成的财产损失承担赔偿保险金责任。保险是一种经济补偿制度。汽车保险是指对机动车辆由于自然灾害或意外事故所造成的人身伤亡或财产损失负赔偿责任的一种商业保险。它既是财产险，也是责任险。它的基本职能是补偿被保险人在汽车风险事故中造成的损失。在汽车保险活动中应遵循保险利益原则、最大诚信原则、近因原则、损失补偿原则。

我国现行的汽车保险产品主要有两大类：机动车交通事故责任强制保险及机动车商业保险。其中机动车商业保险包括机动车损失险、商业第三者责任险、车上人员责任险、机动车全车盗抢险四个基本险种及其附加险，这些险种覆盖了汽车面临的大部分风险，车主可以根据自身情况选择投保。汽车使用者投保汽车保险需要与保险公司签订汽车保险合同，汽车保险合同是投保人与保险人约定保险权利和义务关系的协议。它具有射幸性、双务性、附和性、有偿性、最大诚信等特征。

学习拓展

国外各具特色的汽车保险

英、美等国的汽车保险业历史悠久，车险制度也较为完善，险种设计科学，费率厘定考虑细致入微，处处体现出人性化。相比之下，我国汽车保险业起步较晚，仍显稚嫩。

一、欧美：按里程付费日趋流行

1998 年，美国前进保险公司(Progressive Insurance)推出了一种成本节约型、环境友好型的车险创新产品——"按里程付费"汽车保险(Pay As You Drive，PAYD)，不但受到消费者的青睐，还引起了环保组织、政府部门的极大关注。近年来，这一新型保险产品在美、英、德、法等国家日渐流行。

所谓按里程付费，就是按被保险车辆的行驶里程数进行定价，行驶里程越短，所需缴纳的保费也就越少。其优点显而易见，由于行驶里程直接决定保费的多少，投保人为了减少保费支出，就会尽可能少用车，这不仅有利于节能减排，同时还有利于减少交通事故，从而有助于增进社会效益。

美国著名智库之一布鲁金斯学会预计，如果所有的车主均按里程数支付保费的话，全美国每年的汽车驾驶量将会下降 8%，可以减少汽车驾驶事故造成的经济损失 500 亿~600 亿美元，每年可以减少 2% 的二氧化碳排放量和 4% 的石油消耗量。

鉴于 PAYD 具有节能减排之功效，美国的许多州纷纷出台激励政策和措施，大力推广这一新型保险产品。比如美国俄勒冈州于 2003 年通过法案，对保险公司的每份 PAYD 车险保单，给予 100 美元的税收优惠。

马萨诸塞州保险监管局规定，对每年行驶里程控制在 5 000 英里以内的投保人，保险公司应给予 10% 的保费折扣；对每年行驶里程在 5 001~7 500 英里的投保人，给予 5% 的折扣。亚利桑那州、马里兰州等十余个州都将 PAYD 车险项目列入气候保护行动计划，并积极出台法令予以推广实施。

当然，推广 PAYD 还面临着诸多难题：一是客户的隐私权问题。对于投保 PAYD 的客户，其日常驾驶行为将受到保险公司的密切监控，很多客户认为自身的隐私权受到威胁。也正是基于这一原因，许多人一时还难以接受这一新型保险产品。二是初始成本较高。PAYD 依赖于车载远程通信设备的使用以及数据的加工处理，这笔费用无论是由客户还是由保险公司来承担都是一笔不小的开支。从短期来看，这也削弱了 PAYD 的成本节约优势。可见，PAYD 要想成为车险市场的主流依然任重而道远。

二、日本：第三者责任险零利润

1956 年，日本通过立法强制实施第三者责任险，该强制保险仅以第三者伤害责任为限，不包括第三者财物损失。不参加保险者不得驾驶汽车，否则将处以 6 个月以下有期徒刑或 5 万日元以下罚金。日本对第三者责任险实行"无损失、无利润"原则，法律规定其保险费率采用"成本价主义"，由政府指定的专门委员会制定，不允许有营利目的。即使该项保险业务有了盈余，保险公司也不得随意动用，只能用于向交通事故中的受害者和幸存者提供帮助以及改善急救服务等。同时，有关部门会及时下调费率标准，避免今后再有盈余。

日本第三者责任险的理赔金额因人而异，主要依据受害人的年龄和职业来确定，赔付金额巨大。如果受害人是一个高收入者，而且 30 岁左右、前途大好，以他的年薪乘以他未来将近 30 年未走完的人生，大约就是要赔偿的数额。例如年薪 1000 万日元，乘 30 年，就是 3 亿日元。近年来，日本超亿元的赔偿案越来越多。

特别值得称道的是，日本保险公司的延伸服务细致周到，为各国同行树立了榜样。日本车险业竞争不是靠无限度地降低费率，而是千方百计以优质服务取胜。日本的每个保险公司都非常强调服务的重要性，道路救援、故障排除、费用补偿、迅速理赔成为日本车险服务的几大特色。投保人在驾车行驶过程中无论发生事故还是故障，只要拨打保险公司服务电话，就可获得有关安全行驶的建议，还可享受紧急修理服务。当投保人在偏远地区因交通事故或故障而无法行驶时，保险公司会报销由此发生的返程路费和住宿费，并提供免费的拖车救援服务。

三、美国：未婚低龄男性费率最高

很久以前，美国的保险公司就曾指出，同样的汽车，有的用户投保之后并没有发生交通事故，有的用户则事故频发，对二者收取同样的保险费既不合理，也不利于鼓励投保人谨慎驾驶。正是基于这种理念，美国的保险公司对完全相同的汽车因人而异地按不同的费率收取差额保险费。同一辆汽车，由于投保人不同，保险费率可能相差 3 倍左右。

美国保险公司在确定车险费率时考虑得十分详尽，诸如驾驶员的年龄、性别、驾驶经验、违规记录、抽烟与否、婚姻状况、居住地点等都会影响费率的高低。在美国，未婚男性中的低龄驾驶员，其车险费率最高。因为交通事故数据分析表明，16~25岁的青年人平均行车速度最快，驾驶经验最少，发生交通事故的概率最高；60岁以上的老年人由于反应变缓，出险概率次之；出险概率最低的是26~59岁的中年人。因此，保险公司对中年人收取的保费最低，对老年人次之，对青年人特别是十七八岁的毛头小伙子收取的保费最高。

投保人的婚姻状况也是美国保险公司确定车险费率时必须考虑的因素。将婚姻状况与保费挂钩看似滑稽，实则不然。心理学研究结果表明，结婚并育有子女的投保人受到婚姻、家庭的影响，具有较强的责任感，一般在驾车时更加稳重，处理突发事件时更加冷静，发生交通事故的概率较低，因而保险公司向其收取的保费也较少。相反，对未婚者特别是未婚青年人收取的保费则较高。若一个未婚男性驾驶红色等鲜艳颜色的汽车，那么保费还要继续加码。因为心理学家认为，喜好这类鲜艳色彩的单身男性容易激动，交通肇事的概率很大。

四、德国：柏林比波恩保费高一档

德国的车险制度中，比较独特的一点就是"柏林车比波恩车贵一档"。当然这只是一个通俗的说法，实际上是说汽车的保费与注册的地区直接挂钩，注册地区的汽车保有量、交通管理状况、治安状况、失窃可能性的大小，甚至修理费用的高低都决定着汽车保费的多少。

柏林是德国的首都，人口众多，汽车密度较高，交通管理比较复杂，汽车失窃和遭破坏现象时有发生，于是同一辆汽车如果在柏林注册，其保险费就比在波恩注册整整高出一个档位。这一规定使得一些在柏林和波恩都有住所的人宁愿在波恩注册自己的汽车。

五、加拿大：周末用车比上班用车保费低

在加拿大，自身过失车祸产生的不良记录也会对车险费率产生影响；容易被偷或常出车祸的汽车、经常更换保险公司等都会被相应地提高费率标准。

在加拿大，上班代步用车的保费会明显高于只用来周末出行的汽车。而在城里生活的人，其汽车保费也会高于在郊区生活的人的汽车保费。加拿大汽车保险的风险控制意识可以说非同一般，非常细化。

六、英国：安全驾驶优惠多

在英国，驾驶员的经历对于保费高低至关重要。一般说来，在5年之内有违章记录的驾驶员，其保险费率要高出没有违章记录者的20%左右。对于连续没有违章记录的驾驶员，保险公司则会给予其很大幅度的保费优惠。

英国康希尔保险公司规定，投保人续保时，如果第一年期满无事故索赔，保险费率优惠30%；连续2年无事故索赔，保险费率优惠40%；连续3年无事故索赔，优惠50%；连续4年无事故索赔，优惠60%；连续5年无事故索赔，优惠可高达65%。许多连年没有违章记录的投保人，一年的保费还不到200英镑。

七、新加坡：无头公案也可索赔

在新加坡，汽车保险中的第三者责任险是法定保险，即驾驶员必须投保的强制责任险。保费一年是200元新币，一旦发生车祸，承保公司自然担负赔偿责任。

新加坡第三者责任险的理赔法令规定，保险额是不分等级的，根据车祸造成的损害程度折合成应当赔偿的金额。不过，第三者责任险也有不能适用的情况，比如醉酒驾车、涉

及违法事件以及找不到肇事者的情况，不能由承保公司赔偿。当发生第三者责任险不能涵盖的情况时，多半要由保险公司和政府共同组成的汽车保险业协会负责理赔。这个协会的经费由所有汽车保险公司分摊，主任委员由政府委派的三名委员之一出任。

学习评价

理论评价

一、选择题

1. 第三者责任险属于(　　)。
   A. 财产保险　　　B. 信用保证保险　　C. 人身保险　　　D. 责任保险
2. 汽车保险的承保范围主要分为(　　)。
   A. 车身险和信用险　　　　　　　　B. 车身险和责任险
   C. 车身险和盗窃险　　　　　　　　D. 车身险和意外险
3. 车辆出险应该在(　　)小时之内通知保险公司。
   A. 24　　　　　B. 48　　　　　C. 36　　　　　D. 72
4. 机动车辆损失保险的保险标的是(　　)。
   A. 机动车辆本身　　　　　　　　　B. 车辆上所载货物
   C. 机动车辆的第三者责任　　　　　D. 车上乘客
5. 下列属于机动车损失险的责任范围的是(　　)。
   A. 碰撞倾覆　　　　　　　　　　　B. 竞赛损坏
   C. 自然磨损造成损坏　　　　　　　D. 雹灾损失
6. 交强险的责任范围包括(　　)。
   A. 死亡伤残补偿　　　　　　　　　B. 医疗费用补偿
   C. 精神损失补偿　　　　　　　　　D. 财产损失补偿
7. 汽车保险的主险有(　　)。
   A. 第三者责任险　　B. 车损险　　C. 盗抢险　　D. 车上人员责任险
8. 玻璃单独破碎险中的玻璃包括(　　)。
   A. 风挡玻璃　　　B. 车镜　　　　C. 车灯　　　　D. 车窗玻璃
9. 保险活动的直接人包括(　　)。
   A. 保险人　　　　B. 被保险人　　C. 受益人　　　D. 投保人
10. 保险合同的形式有(　　)。
    A. 保险单　　　　B. 暂保单　　　C. 保险凭证　　D. 批单

二、简答题

1. 什么是汽车保险？它的特征是什么？
2. 什么是机动车第三者责任险？它与交强险有什么不同？
3. 保险原则包括哪些内容？它们的含义如何？

4. 汽车保险投保当事人的权利和义务有哪些？
5. 机动车损失险的概念是什么？它的责任范围有哪些？

技能评价

一、案例分析

1. 王先生是个热心肠，平时就爱帮助人。一天，邻居小张的车启动不了了。王先生便将自己的车掉了一个头，拿来拖车绳拖着小张的车向修理厂驶去。即将到修理厂时，一名骑车人没有看到两车之间的拖车绳，一下撞在拖车绳上，摔倒在地。他们立即停车，拦车将骑车人送到医院。还好，人伤得不严重。经过一个月的住院治疗，伤者痊愈出院了。交管部门经过现场查勘，认定王先生负事故的主要责任，承担骑车人的医疗费、误工费等费用。王先生按照交管部门的裁定将相关的费用支付给了骑车人。但是，当王先生拿着所有的单证材料到保险公司进行索赔时，没想到，当保险公司理赔人员向王先生询问相关情况的时候，发现小张投保的交强险过期了，根据这种情况，保险公司理赔人员给予王先生的答复是："保险公司根据保险条款的规定，无法承担赔偿责任。"

问题：保险公司拒绝赔付合理吗？请说明理由。

2. 赵先生最近碰上了一件棘手的事情。前两天，他开车将孙先生新买的车撞坏了，车辆修好以后，孙先生认为新车被撞后市场价值降低了，因此找到有关部门进行了鉴定。鉴定结果显示，车辆修复后，价值减少10 000元。孙先生以此向法院提起诉讼，请求赵先生予以赔偿。法院经过审理，支持了孙先生的诉讼请求，判定赵先生赔偿孙先生车辆减值损失5 000元。赵先生只好依据判决结果，向孙先生支付了5 000元的车辆减值损失。赵先生拿着有关材料向保险公司进行索赔，保险公司的理赔人员表示，这种减值的损失，保险公司是无法赔偿的。

问题：保险公司为什么不支持赵先生的索赔？请说明理由。

3. 2010年1月7日，某市橡胶机械厂为本单位的一台东风轻型货车投保了车损险5万元，第三者责任险10万元，车上人员险三个座位每座1万元，及不计免赔险。保险期限为2010年1月8日至2011年1月7日。

2010年8月9日，该单位驾驶员冯某驾驶该车行驶到丹沈公路一处盘山道的弯路时，路边的闲散人员胡某看到车速放缓，便扒上车去偷盗车上所载粮食。冯某从后视镜发现后，一时分神，将东风货车驶入反道与对面驶来的一台捷达轿车迎面相撞。这起事故造成两车严重受损，冯某重伤致残，胡某摔下车死亡，捷达车驾驶员全某重伤，乘员于某轻伤。经过交警现场勘察处理，认定冯某遇紧急情况采取措施不当，应付此次事故的全部责任。

事故发生后，被保险人(某市橡胶机械厂)就本案的损失向保险公司提出如下索赔：东风货车损失13 000元、驾驶员冯某医药费和伤残补偿费58 000元、捷达轿车损失39 000元、捷达驾驶员金某医药费32 000元、乘员于某医药费500元。因为交警认定货车负全部责任，偷盗者胡某的家属也向橡胶机械厂提出索赔补偿费10万元。索赔金额达到242 500元，保险公司提出异议，保险公司只同意赔付两车损失和双方车上乘员损失共计94500元，对货车的驾驶员冯某只认定赔付10 000元，而对偷盗者胡某的损失不做赔偿。由于赔付金额差距较大，双方没有达成共识，于是橡胶机械厂和胡某的家属一起将保险公司告上了法庭。

问题：法院应如何判决？请说明理由。

4. 张某与刘某各出资 5 万元共同购买大货车一辆。两人约定，张某负责货车驾驶，刘某负责联系业务，所得利润按双方出资比例分配。后张某通过某保险公司业务员赵某投保了车损险和第三者责任险。2010 年，张某驾驶的货车与他人的车辆发生碰撞，货车发生部分毁损，张某和刘某一起向某保险公司提出索赔。

问题：
(1) 本案中投保人是谁？
(2) 保险标的是什么？
(3) 保险合同中的客体是什么？
(4) 谁有权利要求保险公司赔偿？

二、实操训练

实训项目：模拟汽车保险投保咨询。

实训目标：
(1) 提高学生思维能力、现场调度安排能力和语言表达能力。
(2) 培养学生团结合作能力和协作沟通能力。
(3) 理解风险及保险的内容。
(4) 理解汽车保险的必要性及相关原则。
(5) 明确辨析汽车保险产品的内容。
(6) 熟悉汽车保险合同的订立履行及变更解除内容。

实训环境：
(1) 汽车保险仿真实训室。
(2) 车险模拟教学系统投保操作平台。

实训内容：
(1) 分析汽车风险。
(2) 介绍汽车保险。
(3) 介绍汽车保险产品。
(4) 介绍汽车保险合同。

实训形式：现场模拟，角色扮演方式。

实训组织：学生两人一组，一人模拟汽车保险展业人员，另一人模拟客户。完成后学生交换角色练习，教师对全过程进行把控。

实训实施：
(1) 展业人员向车主介绍汽车风险，为客户提出控制汽车风险的建议(包括买保险)。
(2) 展业人员向车主讲解汽车保险的作用和职能，说明购买汽车保险的必要性。
(3) 展业人员向车主讲解汽车保险应遵循的原则，避免客户理解的误区。
(4) 展业人员向车主说明市场上的汽车保险产品，区分保险产品的差异。
(5) 展业人员向车主详细解释汽车保险的具体条款。
(6) 展业人员向车主介绍汽车保险合同的签订方式，以及履行保险合同注意的要点。

实训评估：

评估指标 \ 评估等级	能力表现	分值	得分
实训准备		10	
分析汽车风险		10	
介绍汽车保险		20	
介绍汽车保险产品		20	
介绍汽车保险合同		20	
综合能力表现		20	

评估标准：

评估指标 \ 评估等级	好 (80%～100%)	一般 (60%～80%)	差 (<60%)
实训准备	能够通过各种渠道对汽车投保的相关内容进行精心准备	能够事先对汽车投保的内容进行准备但是不够充分	无准备
分析汽车风险	能够根据客户描述准确分析汽车所面临的风险，提出合理详尽的风险控制建议	能初步分析客户汽车所面临的风险，给出简单的风险控制建议	几乎不能分析出客户风险，无风险控制建议
介绍汽车保险	完全能够向客户清晰地介绍汽车保险相关内容	基本能够向客户介绍汽车保险的相关内容(个别内容模糊不清)	几乎不能向客户介绍汽车保险内容，错误较多
介绍汽车保险产品	能够清晰准确地向客户介绍汽车保险产品的主要内容	基本能够向客户介绍汽车保险产品的主要内容，个别解释有误	向客户介绍汽车保险产品主要内容时错误较多
介绍汽车保险合同	能够正确完善地向客户介绍保险合同的具体内容	基本能够正确地向客户介绍保险合同的具体内容	不能合理正确地解释保险合同的具体内容
综合能力表现	对人热情，组内能相互协调配合，态度认真，能够出色完成任务	基本能做到团结合作，完成任务	表现较差，不能够完成任务

学习情境 2　汽车保险投保

情境导入

张明在保险公司营业厅进行了投保咨询,听了展业人员江枫对汽车保险的介绍,对汽车保险有了一个基本认识,再结合自己的用车情况,认为有必要购买汽车保险。接下来,张明就要进一步了解各保险产品及其费率,做出投保决策,在展业人员的指导下办理投保手续,完成对新车的投保。

以上是一个典型的新车投保情境。投保人在投保阶段拥有知情权和选择权。因此在投保咨询中,投保人要了解投保方式,了解保险公司,了解如何根据自己的风险保障需要进行投保选择,办理投保手续,最终与保险人签订汽车保险合同。

业务流程

汽车保险的投保是指投保人向保险人表达缔结保险合同的意愿的过程,即投保人到保险公司或保险代理公司购买汽车保险,办理保险手续,与保险人正式签订汽车保险合同的过程。

投保的基本流程如图2-1所示。

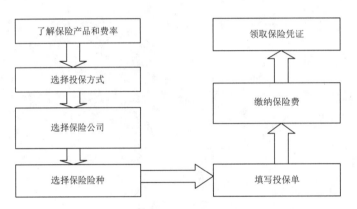

图 2-1　投保的基本流程

学习目标

【知识目标】

(1) 了解投保的业务流程。
(2) 掌握选择投保的原则。
(3) 熟悉各种投保方式及其特点。
(4) 熟悉选择保险公司的标准。
(5) 熟悉投保单的基本格式。
(6) 熟悉投保单的基本内容。

学习情境2　汽车保险投保

【能力目标】

(1) 能够用已掌握的投保知识进行正确的投保选择。

(2) 能够按照规定正确地填写投保单。

学习任务

任务1　选　择　投　保

任务描述

张明要为新车投保，他该通过什么途径进行投保？投哪些险种既能满足自己的保险需求，又能够节约保费呢？

任务分析

张明要为新车投保。作为一个新车主，对汽车保险的选择非常重要，对投保渠道、投保方案应该有非常明确的认识。在本项任务中，投保人要学会根据自己的保险需求，利用已掌握的保险知识和信息资料，进行对比分析，选择最佳的投保方式、保险公司和保险险种。

相关知识

一、汽车投保的条件

汽车投保的条件如下。

(1) 有公安交通管理部门核发的车辆号牌。对于新车投保，在车辆上牌照之前应办理好保险业务。购买的新车要开往异地时，要投保单程提单保险的，需有公安交通管理部门核发的临时车辆号牌。

(2) 有公安交通管理部门填发的机动车辆行驶证。

(3) 有车辆检验合格证。新车需有出厂前的检验合格证，旧车行驶证上需有年检合格章。投保车辆必须达到国标 GB 7258—2004《机动车辆安全运行技术条件》的要求。否则，即视为质量不合格或报废车辆，也就无投保资格。

二、选择投保的原则

(一)国内投保的原则

我国境内的法人和其他组织需要办理境内汽车保险业务，应当向我国境内开办机动车辆保险业务的保险公司投保。同时也可向经保监会批准的"有权经营车险业务的外资保险公司分支机构"进行投保。

(二)信誉和服务的原则

保险公司作为经营风险转嫁业务、提供损失补偿的信誉企业，其自身的诚信和服务质量，对投保人或被保险人来说是至关重要的。投保人要想得到可靠的经济补偿和保险服务，应该坚持信誉第一、服务便捷的原则，选择资产雄厚、经营稳健、信誉好、服务体系完善的保险公司投保。

(三)性价比最佳的原则

目前各保险公司已经开办的车险险种较多，投保人选择的空间也很大。投保人在进行投保时要精心选择，兼顾经济实用的原则，根据自身风险保障的需求以及同类产品在价格上的差异，合理选择保险产品进行投保。

三、选择投保方式

目前我国汽车投保的方式多种多样，投保人可根据自身的实际情况进行选择。

(一)保险公司营业厅投保

保险公司营业厅投保是指投保人亲自到所选择的保险公司营业厅办理一系列投保手续，如填写投保单、缴费等。这是一种最传统的投保方式，安全可靠，车主能更全面地了解所选择的保险公司和投保险种，消除车主对业务员及保险公司的不信任感。但是保险费用较高。

(二)保险业务员上门投保

保险业务人员上门投保是指由业务员对条款进行解释和提供咨询服务，帮助投保人进行险种的设计，指导投保人填写投保单，并且提供代送保险单、发票等其他服务。

(三)汽车 4S 店投保

汽车 4S 店投保是指车主在购车的同时就购买了保险。这种方式是目前最主要的投保方式。这种投保方式的好处是：一旦发生交通事故，4S 店的相关人员负责协助车主与保险公司办理定损理赔，并提供比较标准的维修服务，为车主省时、省力。但是汽车 4S 店作为汽车保险的推销商，会给车主推销一些华而不实的险种，让车主付出不必要的保费。

(四)电话投保

电话投保是指保险公司开通专门的服务电话，投保人通过电话投保系统进行投保。一般的程序是：由保险公司的业务人员先来索取相关的资料和签订合同，并收取保费，然后回到公司，第二天再给客户送来保单。这种方式比较便捷，是未来的主流投保方式之一。目前已开通的投保电话有 95518 和 95510 等。

(五)网络投保

网络投保是指保险公司设立专门的网站，客户可以在网上发送投保申请，保险公司在收到申请后会电话联系客户进行确认。利用网络投保，投保人选择险种、询价、填写订单都是在网上完成，比较方便和快捷，保费相对较低，但是网络交易存在一定风险。

(六)银行在线投保方式

随着银行业务的不断拓展，许多银行与保险公司合作，为投保人提供投保渠道。例如工商银行利用其强大的网上银行功能，与保险公司合作推出了"在线投保交强险"的业务。

四、选择保险公司

根据选择保险的目的和原则，投保人对保险公司的选择，主要是对保险公司的保险产品、偿付能力、服务质量、代理人的素质和地理位置的调查了解和选择。

(一)选择保险公司的标准

选择保险公司的标准如下。
(1) 保险公司具有良好的诚信形象，其代理人具有较好的职业素养，能为客户提供优质服务。
(2) 保险公司拥有雄厚的资产，经营状况良好，近几年无亏损现象，具有较强的偿付能力。
(3) 保险公司的保险产品符合投保人的保险需求，且性价比较高。
(4) 保险公司具有完善的服务体系和理赔网络，其网点遍布全国，并拥有一支成熟的理赔队伍，一旦出险，能够保证在较短的时间内赶赴现场，进行查勘，协助处理事故，也便于异地理赔。
(5) 保险公司能够提供增值服务。如有些保险公司推出全天候的出单服务，客户在全年的每一天都可以拿到保单。有些保险公司提供24小时全国紧急救援、保险事故人员伤亡的医疗担保卡、优惠安装GPS(全球定位系统)等增值服务。

(二)选择保险公司的方法

投保人在选择保险公司时，可以按照以下思路进行。
(1) 根据自身风险特点选择投保项目。
(2) 查阅公司的险种及其条款内容，了解其保障范围。
(3) 对比实际的保障范围与最终的价格，结合保险公司的服务，初步选定保险公司。
(4) 根据自身的特点，结合保险公司推出的个性化服务，最终选定保险公司。

五、选择投保险种

对投保险种的选择,是在广泛搜集各保险公司营销的机动车辆保险条款及宣传资料的基础上,按照科学选择的原则及自身的风险转嫁需要,通过分析对比而挑选优质险种的过程。

根据目前我国各保险公司的保险条款及费率规章,在汽车保险的诸险种中,机动车交通事故责任强制保险按规定任何车辆都必须投保。其他的险种则在很大程度上依赖于车主的经济情况,可根据自己的经济实力与实际需求有选择地进行投保。

一般而言,投保者在选择险种时需要了解以下几个问题。

第一,投保人要了解自身的风险和特征,即车辆在使用期间可能面临的风险,以及风险所导致的结果。例如新车被盗的风险较大,老旧车型发生自燃火灾损失的概率较高;运营车辆如果发生事故,赔偿数额较大。

第二,投保人要了解汽车保险市场现有汽车保险产品,重点了解汽车保险主要险种的保险责任、责任免除和特约规定,被保险人的权利和义务,免赔额或免赔率的计算,索赔手续、退保和折旧的规定,汽车保险公司的费率优惠和无赔款优待的相关规定。

第三,投保人要明确自身的保障需求,通常投保人对新车的保障需求较高,对于旧车的保障需求要低一些,对于特种车辆或车辆中的特殊设备有特殊的保险需求,等等。

六、选择投保方案

在汽车保险中,除交强险是强制险种以外,其他险种是以自愿为原则。投保人根据自身的风险保障需要和不同保险产品的风险覆盖,选择满足自身风险保障需要的险种。由于不同险种的保险范围不同,往往需要进行保险产品组合,才能全面地保障投保人的保险利益,因此不同的险种组合构成不同的保险方案。

由于投保人对汽车风险的保障程度要求不同,因此,保险公司会根据投保人的保险需求和经济能力设计不同的汽车险种组合方案,供投保人选择。

(一)最低保障方案

(1) 险种组合:机动车交通事故责任强制保险。
(2) 保障范围:只对第三者的损失负赔偿责任。
(3) 特点:适用于那些怀有侥幸心理,认为上保险没用的人或急于拿保险单去上牌照或验车的人。
(4) 适用对象:急于上牌照或通过年检的个人。
(5) 优点:可以用来应付上牌照或验车。
(6) 缺点:一旦撞车或撞人,对方的损失能得到保险公司的一些赔偿,但是自己车的损失只有自己负担。

案例:张先生45岁,具有15年驾龄,2004年购买了一辆宝来轿车,主要用于上下班,张先生应该如何购买2013年车险?

选择方案:交强险。

选择理由：车主驾龄已有15年，是一位老驾驶员，汽车驾驶技术娴熟，又是一位中年男性，性格比较稳重，行车安全意识较强；车辆的行车范围仅局限在家和单位之间，行车线路比较固定，车主对道路状况非常熟悉；车辆已经使用10年，车主对车辆本身的保险需求不强烈。基于以上的分析，张先生在2013年购买汽车保险时，只需要投保交强险即可。

(二)基本保障方案

(1) 险种组合：机动车交通事故责任强制保险+车辆损失险+第三者责任险。

(2) 保障范围：投保基本险，不含任何附加险。

(3) 特点：适用于部分认为事故后修车费用很高的车主，他们认为意外事故发生率比较高，需为自己的车和第三者的人身伤亡和财产损毁寻求保障。此组合为很多车主青睐。

(4) 适用对象：有一定经济压力的个人或单位。

(5) 优点：必要性最高。

(6) 缺点：不是最佳组合，最好加入不计免赔特约险。

案例：李先生35岁，具有8年的驾龄，2006年购置了一辆捷达轿车，主要用于上下班和接送孩子，三口之家经济并不富裕，李先生应该如何购买2013年汽车保险？

选择方案：交强险+车损险+三者险(10万元)。

选择理由：车主有8年的驾龄，驾驶技术熟练，车辆主要用于日常家用；车辆一旦出险，车主需要保险公司对车辆维修和对第三者造成的损害赔偿责任提供基本保障；车主的经济状况不富裕，保险支出预算较少。基于以上分析，车主在2013年投保时，投保交强险、车损险和10万元的三者险即可满足保险需求。

(三)经济保障方案

(1) 险种组合：机动车交通事故责任强制保险+车辆损失险+第三者责任险+不计免赔特约险+全车盗抢险。

(2) 特点：投保最必要、最有价值的险种。

(3) 适用对象：个人。该组合是精打细算车主的最佳选择。

(4) 优点：投保最有价值的险种，保险性价比最高；人们最关心的丢失100%赔付等较大风险都得到了保障；保费不高，但包含了比较实用的不计免赔特约险。

案例：王先生35岁，具有5年的驾龄，2008年购置了一辆轿车，由于居住小区条件不好，没有固定停车位，王先生的经济条件中等，但是生活比较节约，王先生应该如何购买2013年汽车保险？

选择方案：交强险+车损险+三者险(20万元)+全车盗抢险+不计免赔特约险。

选择理由：车主有5年的驾龄，具有一定的驾驶经验；车辆主要用于日常家用；车辆没有固定的停车车位，车辆的停车安全不能得到保障；车主的消费习惯比较节省。基于上述分析，车主需要在尽量减少保费支出的情况下获得较多的保障，因此车主在2013年投保时，投保交强险、车损险、20万元的三者险、全车盗抢险和不计免赔特约险即可满足保险需求。

(四) 最佳保障方案

(1) 险种组合：机动车交通事故责任强制保险+车辆损失险+第三者责任险+车上人员责任险+玻璃单独破碎险+不计免赔特约险+全车盗抢险。

(2) 特点：在经济投保方案的基础上，加入了车上人员责任险和玻璃单独破碎险，使乘客及车辆易损部位得到安全保障。

(3) 适用对象：一般公司或个人。

(4) 优点：投保价值大的险种，不花冤枉钱，物有所值。

案例：刘小姐28岁，具有2年的驾龄，2009年购置了一辆别克君威，她平时喜欢和朋友一起开车旅游，刘小姐应该如何购买2013年汽车保险？

选择方案：交强险+车损险+三者险（30万元）+全车盗抢险+车上人员责任险（5座，每座5万元）+玻璃单独破碎险+不计免赔特约险。

选择理由：车主只有2年的驾龄，属于新手；车辆除用于日常代步以外，还要跑长途、外出旅游；刘小姐对车比较爱惜，希望有全面的保险保障，经济又比较富裕。基于上述分析，建议车主对车辆选择的险种较全面，而且经常和朋友一起外出郊游，车上乘客和车辆被盗，以及玻璃破碎的风险要考虑。因此车主在2013年投保时，投保交强险、车损险、30万元的三者险、车上人员责任险、全车盗抢险、玻璃单独破碎险和不计免赔特约险即可满足保险需求。

(五) 完全保障方案

(1) 险种组合：机动车交通事故责任强制保险+车辆损失险+第三者责任险+车上人员责任险+玻璃单独破碎险+不计免赔特约险+新增加设备损失险+自燃损失险+全车盗抢险。

(2) 特点：保全险，能保的险种全部投保，从容上路，不必担心交通所带来的种种风险。

(3) 适用对象：机关、事业单位、大公司。

(4) 优点：几乎与汽车有关的全部事故损失都能得到赔偿。投保的人员不必为少保某一个险种而得不到赔偿，承担投保决策失误的损失。

(5) 缺点：保全险保费较高，某些险种出险的概率非常小。

七、投保选择中应注意的事项

投保选择中应注意以下事项。

(1) 合理选择汽车保险公司。投保人应选择具有合法资质的汽车保险公司营业机构购买汽车保险，同时还要了解汽车保险公司能够提供的服务以及公司信誉，以充分保障自己的权益。

(2) 合理选择汽车保险代理人。投保人应选择具有执业资格，并与汽车保险公司签订了正式代理合同的汽车保险代理人，认真了解汽车保险条款中涉及赔偿责任和权利义务的部分，防止代理人夸大产品的保障功能，回避免责条款的内容。

(3) 全面了解汽车保险的内容。投保人在进行投保咨询时，应该询问拟购买的汽车保险产品是否通过保监会批准，重点询问汽车保险责任、除外责任和特别约定，被保险人权利和义务，免赔额和免赔率的计算，申请赔偿手续、退保和折旧的规定。此外，还应当了解汽车保险公司的费率优惠和无赔偿优待的政策等。

(4) 根据实际需要投保。投保人在投保时，应该充分了解自身风险，根据实际情况选择个人需要的风险保障，对于现有汽车保险产品应该进行充分了解，以便购买适合自身需要的汽车保险产品。

(5) 投保时应投不计免赔特约险。在车损险和第三者责任险中，保险公司都有按照被保险人在事故中的责任，只赔偿实际损失的 80%～95%的约定，这可能使车主将来在实际获得赔偿方面产生比较大的损失。通过投保不计免赔特约险，在这两个险种上才能得到车主所应该承担损失的 100%赔偿。

(6) 不要超额投保和重复投保。根据保险法规定，超额投保、重复投保都不能获得额外的利益。此外，如果已在一家保险公司足额投保，即使再在另一家保险公司投保，也不可能拿到双份的赔款。

任务实施

(一)任务实施环境

(1) 汽车保险仿真模拟实训室。
(2) 车险承保模拟教学系统投保平台。
(3) 辅助办公设备(文具、打印机、复印机等)。

(二)任务实施步骤

选择投保的实施步骤如图 2-2 所示。

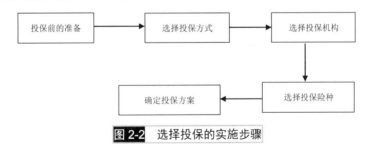

图 2-2　选择投保的实施步骤

步骤 1：投保前的准备

投保人在投保之前应该了解机动车保险市场的整体状况，包括保险公司和保险中介、各种投保方式、各险种的基本情况，学习相关的保险知识和汽车保险知识，清楚自己在使用机动车的过程中可能会面临哪些风险，可能导致什么不良后果，最终自己会承担多少风险等问题，为准确投保做好充分的准备。

步骤 2：选择投保方式

投保人对已了解的各种投保方式进行分析比较，选择适合自己的投保方式。

步骤3：选择投保机构

投保人对已了解的保险中介和保险公司的情况进行分析比较，选择适合自己的保险机构。

步骤4：选择投保险种

投保人在清楚自己的保险需求的基础上，向保险公司或其代理人(机构)索要有关保险条款和费率表，仔细阅读保险条款，比较各保险公司的具体机动车辆保险产品，在保险展业人员的帮助下选择适合自己需要的险种。

步骤5：确定投保方案

在确定了投保险种后，在保险展业人员的指导下，进行投保险种的合理组合，形成最适合的保险方案。

任务2　填写投保单

任务描述

张明已经决定购买汽车保险。江枫与张明进行沟通后，为他设计了一款保险方案，张明比较满意。张明该如何在江枫的指导下填写投保单呢？

任务分析

投保人向保险人表示缔结保险合同的意愿为投保。因保险合同的要约一般要求为书面形式，所以投保汽车保险需要填写投保单。在本项任务中，投保单要学习如何正确填写投保单。

相关知识

一、投保单的性质

投保单也称保单，经投保人如实填写后交给保险人，成为订立保险合同的书面要约。投保单是保险合同订立过程中的一份重要单证，是投保人向保险人进行要约的证明，是确定保险合同内容的依据。

投保单原则上应载明订立保险合同所涉及的主要条款，投保单经保险人的审核、接受，就成为保险合同的组成部分。

二、投保单的格式

机动车保险投保单如图2-3所示。

学习情境2　汽车保险投保

No: 111101058232

机动车保险/机动车交通事故责任强制保险投保单

欢迎您到中国人民财产保险股份有限公司投保！您在填写本投保单前，请先详细阅读《机动车交通事故责任强制保险条款》及我公司的机动车保险条款，阅读条款时请您特别注意各个条款中的保险责任、责任免除、投保人被保险人义务、赔偿处理、附则等内容，并听取保险人就条款（包括责任免除条款）所作的说明。您在充分理解条款后，再填写本投保单各项内容（请在需要选择的项目前的"□"内划√）。为合理确定投保机动车的保险费，并保证您获得充足的保障，请您认真填写每个项目，确保内容的真实可靠。您所填写的内容我公司将为您保密。本投保单所填内容如有变动，请您及时到我公司办理变更手续。

投保人	投保人名称/姓名				投保机动车数		辆
	联系人姓名		固定电话		移动电话		
	投保人住所				邮政编码	□□□□□□	

被保险人	□自然人姓名：		身份证号码	□□□□□□□□□□		
	□法人或其他组织名称：			组织机构代码		
	纳税人识别号			完税凭证号		
	被保险人单位性质	□党政机关、团体 □事业单位 □军队（武警） □使（领）馆 □个体、私营企业 □其他企业 □其他				
	联系人姓名		固定电话		移动电话	
	被保险人住所			邮政编码	□□□□□□	

投保机动车情况	被保险人与机动车的关系	□所有 □使用 □管理	车　主			
	号牌号码		号牌底色	□蓝 □黑 □黄 □白 □白蓝 □其他颜色		
	厂牌型号		发动机号			
	VIN码	□□□□□□□□□□□□□□□□□	车架号			
	核定载客	人	核定载质量	千克	排量/功率	L/KW	整备质量	千克
	初次登记日期	年　月	已使用年限	年	年平均行驶里程	公里
	车身颜色	□黑色 □白色 □红色 □灰色 □蓝色 □黄色 □绿色 □紫色 □粉色 □棕色 □其他颜色				
	机动车种类	□客车 □货车 □客货两用车 □挂车 □低速货车和三轮汽车 □特种车（请填用途）：＿＿＿＿。 □摩托车（不含侧三轮） □侧三轮 □兼用型拖拉机 □运输型拖拉机				
	机动车使用性质	□家庭自用　□非营业用（不含家庭自用） □出租\租赁　□城市公交　□公路客运　□营业性货运				
	上年是否在本公司投保商业机动车保险		□是　□否			
	行驶区域	□省内行驶　□场内行驶　□固定路线　具体路线：＿＿＿＿＿＿。				
	是否为未还清贷款的车辆	□是　□否	上一年度交通违法记录	□有　□无		
	上年赔款次数	□交强险赔款次数＿＿次　□商业机动车保险赔款次数＿＿次				

投保主险条款名称				
指定驾驶员	姓名	驾驶证号码	初次领证日期	
驾驶人员1		□□□□□□□□□□□□□□□□□□	＿＿年＿＿月＿＿日	
驾驶人员2		□□□□□□□□□□□□□□□□□□	＿＿年＿＿月＿＿日	
保险期间	＿＿年＿＿月＿＿日＿＿时起至＿＿年＿＿月＿＿日＿＿时止			

第 1 页 共 2 页

图2-3　机动车保险投保单

投保险种		保险金额/责任限额（元）	保险费（元）	备注
□机动车交通事故责任强制保险		死残，医疗费，财产损失		
□机动车损失险：新车购置价_____元				
□商业第三者责任险				
□车上人员责任险	驾驶人	/人·次		
	乘客人数____人	/人·次		
	乘客人数____人	/人·次		
□机动车盗抢险				
□附加玻璃单独破碎险	□国产玻璃			
	□进口玻璃			
□附加停驶损失险：日赔偿金额____元X____天				
□附加自燃损失险				
□附加火灾、爆炸、自燃损失险				
□附加车身划痕损失险				
□附加新增加设备损失险				
□附加车上货物责任险				
□附加不计免赔率特约	适用险种 □机动车损失险 □第三者责任险 □车上人员责任险			
□附加可选免赔额特约		免赔金额：		
保险费合计（人民币大写）：			（￥： 元）	
特别约定				
保险合同争议解决方式选择	□诉讼　　□提交_____仲裁委员会仲裁			

投保人声明：保险人已向本人详细介绍并提供了投保险种所适用的条款，并对其中免除保险人责任的条款（包括但不限于责任免除、投保人被保险人义务、赔偿处理、附则等），以及本保险合同中付费约定和特别约定的内容向本人做了明确说明，本人已充分理解并接受上述内容，同意以此作为订立保险合同的依据；本人自愿投保上述险种。

上述所填写的内容均属实。

投保人签名/签章：_____　　　____年____月____日

验车验证情况	□已验车　　□已验证　　查验人员签名：_____ ____年__月__日__时__分
初审情况	业务来源： □传统直销业务　员工姓名：　　　人员代码： □新渠道直销业务　电销员工姓名：　人员代码： □个人代理业务　代理人姓名：　　人员代码： □专业代理业务　机构名称：　　　渠道码： □兼业代理业务　机构名称：　　　渠道码： □经纪业务　　　机构名称：　　　渠道码： 归属单位：　　　　　归属机构代码： 上年度是否在本公司承保：□是　　□否 业务员签字：_____　____年____月____日	复核意见 复核人签字：_____　____年__月__日

注：阴影部分内容由保险公司业务人员填写

图2-3　机动车保险投保单(续)

三、投保单的内容

投保单包括投保人、被保险人的基本情况，保险车辆和驾驶员的基本情况，投保险种，保险金额，保险期间等内容。

投保业务人员应指导投保人正确填写投保单，如果投保车辆较多，投保单容纳不下，则应填写《机动车辆保险投保单附表》。填写时，应字迹清楚，如应更改，需要投保人或其代表人在更正处签章。

(一)投保人的基本情况

投保人的资料：投保人名称(姓名)、投保机动车的数量、联系人姓名、固定电话和移动电话、投保人详细住所、邮政编码。

(二)被保险人的基本情况

被保险人(法人或其他组织，自然人)的名称、组织机构代码或身份证号码(法人或其他组织的为9位数字代码，自然人为身份证号码)。被保险人的资料(联系人姓名、固定电话、移动电话、详细住址、邮政编码)、被保险人的性质(党政机关，团体，事业单位，个体、私营企业，其他企业，军队(武警)，使(领)馆)。

(三)驾驶员的基本情况

驾驶员的资料：驾驶员的住址、性别、年龄与婚姻状况、驾龄、违章情况等。

(四)保险车辆的基本情况

保险车辆的基本情况如表2-1所示。

表2-1 保险车辆的基本情况

序号	项目	说明
1	被保险人与投保车辆的关系	所有、使用或管理
2	车主	所有或行驶证的车主
3	号牌号码	如京A12345，未上牌填写发动机号后六位数
4	号牌底色	小汽车蓝色，大货车黄色，军警车白色等
5	厂牌型号	如广州本田雅阁HG7230
6	发动机号	参看行驶证
7	VIN码	17位码，由英文字母和数字组成
8	车架号	参看行驶证
9	核定载客	参看行驶证
10	核定载质量	参看行驶证
11	排量/功率	排量单位以L计，如2L，即2000CC
12	初次登记日期	参看行驶证
13	已使用年限	车辆上路行驶到投保时间已使用的年数
14	年平均行驶里程	不足一年按一年计算

续表

序号	项目	说明
15	车身颜色	黑、白、红、灰、蓝、黄、绿、紫、粉、棕等
16	机动车种类	客车、货车、客货两用车、挂车、摩托车、拖拉机、低速载货车、特种车等
17	机动车使用性质	家庭自用、非营业、营业、旅游、货运、租赁等
18	是否本公司续保	非续保则需提供上年度保险单
19	行驶区域	省内行驶、场内行驶、固定路线
20	上年赔款次数	分别填写交强险和商业险,续保则不需填写
21	是否为未还清贷款的车辆	如是,增加特别约定
22	车损险车身划痕选择专修厂	选择专修厂的类型,非指定某一专修厂
23	上一年度交通违法记录	信息平台查询或投保人告知

(五)投保险种与保险期间

(1) 汽车险种主要包括交强险和商业险,其中商业险包括机动车损失保险、机动车第三者责任险、机动车车上人员责任险和机动车全车盗抢险四个主险和若干个附加险(如玻璃单独破碎险、停驶损失险、自燃损失险、新增设备损失险、不计免赔特约险等)。

在投保单上,需要选择投保险种,填写保险金额或赔偿限额,这是保险人在核保时确定保险费的基本依据。

(2) 保险期间:投保人提出申请的次日零时至终保日 24 时止。交强险和商业险的保险期间原则上为一年。

(六)保险合同争议解决的方式

保险合同争议解决的方式主要有协商、诉讼、仲裁,由投保人和保险人协商约定一种方式,当该保险公司当事人发生争议且协商不成的,按照约定的方式解决争议。

(七)投保人签章

投保人对投保单各项内容核对无误,并对投保险种对应的保险条款明白理解后,需要签名或签章。投保人为自然人时必须由投保人亲笔签字;投保人为法人或其他组织时必须加盖公章,有委托书的可不必签章,投保人签章必须和投保人名称一致。投保单只有由投保人亲笔签名认可方能生效。

任务实施

(一)任务实施环境

(1) 汽车保险仿真模拟实训室。
(2) 汽车承保模拟教学系统投保平台。

(3) 辅助办公设备(文具、打印机、复印机等)。

(二)任务实施步骤

填写投保单的工作流程如图 2-4 所示。

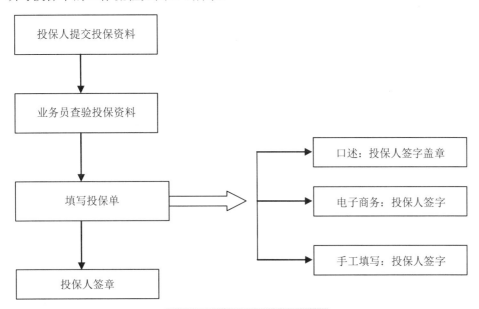

图 2-4　填写投保单的工作流程

步骤 1：投保人提交投保资料

投保人需要提交投保人的资料和证件(注明：如果投保人不是为自己的车辆投保，还需提供被投保人的资料)、投保车辆的有关资料。

步骤 2：业务员查验投保资料

保险业务员对提交的材料进行审核。

步骤 3：填写投保单

投保人在投保业务人员的指导下，按照规定正确填写投保单，如果投保车辆较多，投保单容纳不下时，还要填写《机动车辆保险投保单附表》。投保单及附表应该字迹清楚，如需要更改，需要投保人或其代表人在更正处签章。

投保单的填写方式如下。

(1) 投保人或投保经办人口述，由公司业务人员录入业务处理系统，打印后由投保人签字或签章；投保人提供的资料复印件附贴于投保单背面。

(2) 投保人利用公司电子商务投保系统等工具自助录入，打印后由投保人签字。

(3) 投保人手工填写后签字和签章；投保人提供的资料复印件附贴于投保单背面。

步骤4：投保人签章

投保人对投保单各项内容核对无误，需要签名或签章。投保人为自然人时必须由投保人亲笔签字；投保人为法人或其他组织时必须加盖公章，有委托书的可不必签章，投保人签章必须和投保人名称一致。

学习总结

汽车保险投保是投保人向保险人表达缔结保险合同的意愿的过程，投保人在投保过程中享有知情权、选择权、被保密权。投保人在充分了解汽车保险市场后，可根据自己的情况和保险需求选择投保方式、投保机构、投保险种和投保方案。一般来说，可供投保人选择的投保方式有保险公司营业厅投保、保险业务员上门投保、在汽车4S店投保、电话投保、网络投保等。根据汽车保险产品类别，投保人必须投保交强险，可以自由选择机动车商业险，将不同险种进行组合形成不同保险方案。一般来说，可供投保人选择的机动车保险方案有最低保障方案、基本保障方案、经济保障方案、最佳保障方案、完全保障方案。这五个保险方案各具特点，适用的客户群体也不同，投保人可根据自己的实际情况进行选择。

由于保险合同的要约一般要求为书面形式，投保单是投保人要求投保的书面要约，是保险合同的重要组成部分，所以汽车保险的投保需要填写投保单。投保单包括投保人、被保险人的基本情况，保险车辆和驾驶员的基本情况，投保险种，保险金额，保险期间等内容。保险业务人员应指导投保人正确填写投保单。

学习拓展

七种汽车的投保选择

一、家庭自用汽车的投保

(一)险种选择

对家庭自用的新车来说，新车新手上路出险率相对较高，容易剐擦，且新车丢失的概率大，因此在投保机动车交通事故责任强制保险的基础上，最好首选投保机动车损失险、机动车第三者责任险、车身划痕损失险、盗抢险和不计免赔特约险。

(二)责任限额选择

如果车主喜欢开快车、夜车，或出车率较高，建议机动车第三者责任险的责任限额最好选择20万元，作为交强险的补充。

(三)保险公司选择

如果车主经常跑长途，或经常到所在地以外的地区，建议选择服务周到、信誉优良的保险公司投保，因为这样的公司营业网点多，且在全国范围内推行"异地出险，就地理赔"

服务网络，对客户来说，投保、索赔都很方便。

二、非营业用汽车的投保

(一)险种选择

作为单位用车，除投保机动车交通事故责任强制保险之外，首选的险种是车辆损失险、商业第三者责任险、盗抢险、车上人员责任险和不计免赔特约险，以保证基本风险的转嫁。

(二)责任限额选择

作为单位用车，机动车第三者责任险的责任限额最好选择50万元，以获得更多的保障。

(三)保险公司选择

对于非营业汽车投保不能只重价格，保障与服务才是更重要的。比如有的公司报价低，但是它的保障可能也随之降低，理赔等服务也会相对较慢，某些险种条款甚至存在漏洞，出险时很有可能遭到拒赔。

除保费价格、险种条款外，保险公司推出的个性化服务也是选择保险公司的一个依据。

三、营业用汽车的投保

(一)险种选择

作为营业用车，使用频率较高，且会经常跑长途，出险率较高，因此在投保机动车交通事故责任强制保险的基础上，建议首选险种为机动车辆损失险，机动车第三者责任险，自燃损失险，车上人员责任险，车上货物责任险，车辆停驶损失险，不计免赔特约险。这样，如果车辆发生保险事故，就可转嫁由此导致的风险。

(二)责任限额选择

一般情况下，36座以下的客车或10t以下的货车，其机动车第三者责任险的责任限额最好选择20万元或50万元；而36座以上的客车或10t以上的货车，其机动车第三者责任险的责任限额最好选择50万元或100万元。

(三)保险公司选择

各公司对营业用汽车保险的保险费做了调整，适度提高了保险费。建议选择服务网点较多的公司投保，这样就能满足跑长途的客车或货车的特殊要求。

四、特种车辆的投保

(一)险种选择

特种车辆行驶区域比较固定，且一般用于工程施工，出险率相对较低；使用频率不是太高，但车内装有特殊仪器，且价值都较高，一旦发生保险事故，损失巨大。因此，建议投保车辆损失险、机动车第三者责任险，附加特种车辆固定设备、仪器损坏扩展条款和起重、装卸、挖掘车辆损失扩展条款，以及不计免赔特约条款。

(二)责任限额选择

机动车第三者责任险的责任限额最好选择50万元或50万元以上。

(三)保险公司选择

对于特种车辆来说，最大的风险就是操作过程中造成的损失和车内仪器的损失，此时就要注意投保的保险公司是否有特种车辆保险条款和扩展条款，是否能涵盖特种车辆所能发生的各种风险。

五、新车的投保

新车保户最好把机动车第三者责任险和机动车辆损失险这两个险种都保全。由于车险的费率是固定的，因而保费交多少取决于汽车自身保险金额的高低。对于家庭自用车来说，目前机动车第三者责任险的保额一般分三个档次：5万、10万、20万元。最好投保10万元的，如果条件允许可以投保20万元的。

机动车辆损失险分足额保险和不足额保险。在不足额投保情况下出险时，保险公司是按实际投保金额与车辆自身价值比例赔偿的，所以尽量选择足额投保。

六、二手车的投保

二手车要注意办理车险过户。如果车是在旧车交易市场上购买的，此车上一年已购买了汽车保险，并且保险随车转让给新车主，请注意要求卖车一方将保险单正本、保险证转交，同时要求旧车主到保险公司变更被保险人(简称过户)。

七、旧车的投保

因为旧车的实际价值很低，投保金额太多显然不合算，故可以选择主险的车辆损失险和自燃损失险。

学习评价

理论评价

一、选择题

1. 在我国保险实务中普遍实行(　　)的规定。
   A. 缴纳齐保费即生效　　　　　B. 约定生效
   C. 零点起保　　　　　　　　　D. 签字生效

2. 保险合同中规定有关于保险人责任免除条款的，保险人在订立保险合同时应当向投保人明确说明，未明确说明的(　　)。
   A. 该合同无效　　　　　　　　B. 该免责条款无效
   C. 投保人可免交保险费　　　　D. 保险人在任何情况下无权解除合同

3. 李某以其价值25万元的车辆同时向甲、乙两家财产保险公司投保车损险，保险金额分别为25万元和23万元。李某这一购买保险的行为属于(　　)。
   A. 复合保险　　　　　　　　　B. 重复保险
   C. 共同保险　　　　　　　　　D. 合作保险

4. 购买汽车保险可以选择的投保方式是(　　)。
   A. 电话投保　　　　　　　　　B. 网络投保
   C. 营业点投保　　　　　　　　D. 代理公司投保

5. 车辆损失险的投保方式有(　　)。
   A. 不足额投保　　　B. 足额投保　　　C. 超额投保

二、简答题

1. 简述投保的业务流程。
2. 什么是投保？汽车投保应该具备哪些条件？
3. 选择汽车投保应遵循哪些原则？
4. 评价保险公司的标准是什么？
5. 什么是投保单？通常投保单需要填写哪些项目？

技能评价

一、案例分析

1. 2008年1月29日，田某花12.3万元从北京市旧机动车交易市场购买了一辆奥迪，并向某保险公司投保了车辆损失险、第三者责任险、盗抢险、不计免赔特约条款。投保时，田某选择奥迪车的新车购置价32万元作为保险金额，缴纳保险费5 488元。6月3日该车发生火灾，全部被毁。事故发生后，田某向保险公司提出索赔。经过现场勘察，保险公司只同意按照奥迪车的实际价值12.3万元承担责任。其理由是：根据保险法条例，保险金额不能超过保险价值，超过的部分无效，即使保险金额高于车辆实际价值，也只能以车辆的实际价值12.3万元理赔。但田某认为自己是按32万元投保和缴纳保险费的，保险公司理当赔付32万元。双方争执不下，于是田某将其保险公司告上法庭。经过审理，石景山法院判决：保险公司按车辆的实际价值即新车购置价扣减折旧金额后承担责任，赔付22万元。

要求：请分析说明法院的判决是否合理。

2. 天气炎热，平时爱喝啤酒的马先生在路边的食品店买了几听罐装啤酒，并随手放在车后窗的隔板上，准备到家好好喝上一顿，解解暑气。刚到楼下，邻居张大哥迎上来，硬拉着马先生到旁边的饭馆喝酒。喝完酒，马先生就回家了，那几听啤酒就放在车里。第二天，马先生出差了。几天后，马先生出差回来，一看自己的爱车，后挡风玻璃被炸得裂了几条大缝，仔细一看，原来是放在车后隔板上的罐装啤酒惹的祸，由于天气热，太阳直晒，车里温度高，啤酒罐爆炸把后挡风玻璃炸破了。幸好当时车内没有人，没有造成人身伤亡。马先生认真查看了车内外，发现只是后挡风玻璃破损。马先生拿着保险单，来到保险公司。保险公司的理赔人员问明情况，查勘了受损车辆，指着保险单说："对不起，您没有投保附加玻璃单独破碎险，所以您遭受的这种损失，只好由您自己买单了。"

要求：请分析说明保险公司的做法是否合理。

3. 王女士是一位新手，却购买了一辆高档宝马汽车，一年内发生小事故18次，在续保时遭到保险公司的拒绝。高先生是一位老司机，自己的爱车六年未出过险，续保时也遭到了保险公司的拒绝。高档车投保难，低事故旧车投保也难，他们来年只得"裸奔"？

要求：请分析保险公司的做法是否合理。

二、实操训练

实训项目： 模拟汽车保险投保业务。

实训目标：

(1) 提高学生思维能力、现场调度安排能力和语言表达能力。

(2) 培养学生团结合作能力和协作沟通能力。

(3) 初步理解汽车保险投保的基本原理。

(4) 强化对汽车保险投保流程的了解。

实训环境：

(1) 汽车保险仿真实训室。

(2) 车险承保模拟教学系统投保平台。

实训内容：

(1) 选择保险公司。

(2) 选择汽车保险方案。

(3) 填写投保单。

实训形式： 现场模拟，角色扮演方式。

实训组织： 学生两人一组，其中一个人扮演投保人，另一个人扮演保险展业人员，模拟汽车投保业务。完成后进行角色交换，以保证全方位的训练。教师对全过程进行把控。

实训实施：

(1) 投保人了解汽车保险市场。

(2) 投保人选择投保方式和投保机构。

(3) 投保人在展业人员的讲解下选择投保险种和投保方案。

(4) 投保人在展业人员的指导下填写投保单。

实训评估：

评估指标 \ 评估等级	能力表现	分 值	得 分
实训准备		10	
保险市场调查		10	
保险机构选择		20	
保险方案选择		20	
填写投保单		20	
综合能力表现		20	

评估标准：

评估等级 评估指标	好 (80%～100%)	一般 (60%～80%)	差 (<60%)
实训准备	能够通过各种渠道对汽车投保的相关内容进行精心准备	能够事先对汽车投保的内容进行准备，但是不够充分	无准备
保险市场调查	能够通过各种渠道对保险市场进行全面的了解，熟悉整个市场情况	了解渠道比较单一，知道的情况也不多	几乎不了解
保险机构选择	能够按照选择标准，对多家保险机构进行选择，最后选择一家比较理想的保险机构	对保险机构的情况了解不多，没有进行各方面的比对，选择的保险机构不是最佳	对保险机构的情况不了解，只是听别人的推荐，比较盲从
保险方案选择	保险方案选择合理，符合保险需求	保险方案选择基本合理，基本符合保险需求	保险方案选择不合理
填写投保单	能够正确地填写投保单，字迹清晰、准确无误	基本能够填写投保单，但是某些项目有误	未填写投保单
综合能力表现	对人热情，组内能相互协调配合，态度认真，能够出色完成任务	基本能做到团结合作，完成任务	实训中表现较差，不能够完成任务

学习情境 3　汽车保险承保

情境导入

江枫通过与张明交谈，已经基本了解了张明的基本情况：张明是一位大学教师，年龄35岁，有5年驾龄，购买的是一辆价值28万元的福特翼虎汽车，主要用于家庭自用，节假日会带家人或和朋友一起驾车郊游，车辆有固定停车地点。张明经济条件较好，希望能够多投一些险种对自己的爱车有更多的保障。江枫在了解张明的保险需求和投保意愿后，为他制定了符合需求的个性化保险方案，并且估算了应缴纳保险费用。最后，张明投保了交强险、车辆损失险(足额投保)、商业三者险(15万元)、车上人员责任险(每个座位10 000元)、玻璃单独破碎险、全车盗抢险、自燃损失险。江枫指导张明填完了投保单，对投保单进行了审核，并查验了福特翼虎汽车和相关证件。之后江枫将初核资料提交复核。

核保员刘蓓对该业务进行投保单审核、车辆查验、险种核费，最终确认综合审查结果。制单员何帆在公司车险承保系统的制单平台上制作保险单，然后将制作的保险单交给复核员李亮进行保险单复核，保险单复核通过后，何帆签发打印保险单，并向张明收取了保费，将保险单交给张明，由此完成了对张明投保的福特翼虎汽车承保工作。

为了规避车辆被划痕，张明决定增加投保"车身划痕损失险"，向保险公司提出对原投保进行批改的申请。2013年7月4日下午2时，某保险公司批单接待员袁璐接到了张明对保险单号为××××的车辆保险单进行批改的申请。在与张明沟通后，袁璐在公司车险承保系统的保单批改平台上录入张明的批改申请信息，随后由批单审核员张海在该平台上对此次批改申请进行审核。审核通过后，批单出具人员王珂签发打印批改单。

以上是一个典型的保险公司承保过程，保险展业人员能够了解和分析投保人的投保意愿和保险需求，为客户设计个性化的投保方案，指导客户进行投保，完成初核工作。核保人员能够根据投保人提供的投保资料，进行承保决策。

业务流程

汽车承保指保险人在投保人提出投保请求时，经审核其投保内容认为符合承保条件，同意接受其投保申请，并按照保险条款承担保险责任的过程，主要包括展业、投保、核保、签发单证、单证管理等程序。

汽车承保的具体工作流程如下。

(1) 保险人向投保人介绍条款，履行明确说明义务。
(2) 协助投保人计算保险费用，制订保险方案。
(3) 提醒投保人履行如实告知义务。
(4) 投保人填写投保单。
(5) 展业人员验车、验证，确保保险标的的真实性。
(6) 将投保信息录入业务系统，系统生成投保单号，复核后提交核保人员核保。
(7) 核保人员根据公司核保规定进行核保，并将核保意见反馈给承保公司，核保通过后，展业人员收取保费，出具保单。
(8) 承保完成后，进行数据处理，客服人员进行客户回访。

汽车保险承保业务流程如图3-1所示。

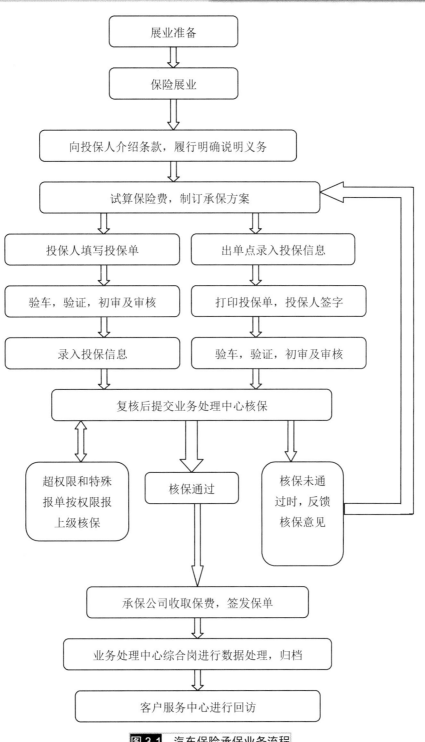

图 3-1 汽车保险承保业务流程

职业能力要求

岗位1：汽车保险销售

【工作内容】

(1) 了解投保人的保险需求，分析投保人面临的汽车风险。
(2) 估算保险费用，并指导投保人合理寻找保险方式。
(3) 根据投保人的具体情况制订个性化的投保方案。
(4) 对接受的投保业务进行初步审核。

【职业能力要求】

(1) 能够判断投保人所面临的风险。
(2) 能够全面准确地解释保险条款。
(3) 能够设计合理的投保方案。
(4) 指导投保人填写投保单。
(5) 能够把握投保人的实际情况，对投保人的资料进行初步审核。
(6) 能够办理投保、续保和退保手续。
(7) 熟练操作投保系统，进行投保、查询、修改等业务操作。

岗位2：汽车保险核保

【工作内容】

(1) 根据公司承保能力，对承保业务的风险进行辨认、估计、定价。
(2) 对展业人员提交的核保资料进行复核。
(3) 根据核保结果，做出承保决策。

【职业能力要求】

(1) 能够对属于本级核保权限的业务进行审核，执行验车、验证承保，根据保险的性质进行承保决策，出具保险凭证。
(2) 对于超出本级核保权限的业务，能够写出核保意见并及时上报。
(3) 熟练操作核保系统，进行核保业务操作。

学习目标

【知识目标】

(1) 了解投保人保险需求。
(2) 掌握汽车保险产品的内容。
(3) 掌握制订汽车保险方案的原则和保险方案的基本内容。
(4) 掌握核保的内容和方式。

(5) 掌握核保机构的设置模式和核保人员的权限。
(6) 熟悉核保管理工作的内容和核保政策。
(7) 掌握交强险保险单、定额保单和交强险标志的基本内容。
(8) 掌握商业险保险单、定额保单和保险卡的基本内容。
(9) 熟悉批改和续保业务。
(10) 了解无赔偿优待政策。

【能力目标】

(1) 能够调查投保人保险需求。
(2) 能够进行汽车保险产品分析。
(3) 能够为客户设计个性化的保险方案。
(4) 能够指导投保人正确填写投保单。
(5) 能够按照规定审核投保单。
(6) 能够按照规定完成验证和验车工作。
(7) 能够按照流程完成缮制和签发保险单证的工作。
(8) 能够完成批改和续保业务。

学习任务

任务 1　制订汽车保险方案

任务描述

张明是一位大学教师，年龄 35 岁，有 5 年驾龄，购买了一辆价值 28 万元的福特翼虎汽车，主要用于家庭自用，节假日会带家人或和朋友一起驾车郊游，车辆有固定停车地点。张明的经济条件不错，希望能够多投一些险种，对自己的爱车有更多一份保障。江枫应该如何为张明制订保险方案呢？

任务分析

汽车保险方案是保险展业人员根据投保人的实际情况，帮助投保人分析其风险特点，指导投保人比较和选择各保险公司的产品，合理地确定投保金额和险种组合。在本项任务中，保险展业人员要学会如何根据客户的不同保险需求，制订个性化的保险方案。

相关知识

由于投保人所面临的风险概率、风险程度不同，因而对保险的需求也各不相同，汽车保险展业人员要为投保人设计最佳的投保方案。

一、设计投保方案的原则

(一)充分保障原则

投保方案的制订应建立在对投保人的风险进行充分的专业评估基础上,通过对风险的识别和评估制订出满足投保人需要的保险方案,从而最大限度地分散投保人的风险。

(二)公平合理原则

投保方案所提供的风险保障应该是适用和必需的,防止提供不必要的保障。同时要考虑投保方案价格的高低,要考虑与价格相对应的赔偿标准和免赔额的确定,用最小的成本实现最大的保障。

(三)充分披露原则

展业人员在设计投保方案的过程中应根据最大诚信原则,履行如实告知义务,将保险合同的有关规定,特别是可能产生对投保人不利的规定要详细告知。

二、投保方案的主要内容

投保方案是展业人员为投保人设计的保险建议书,主要包括以下内容。
(1) 保险人情况介绍。
(2) 投保标的风险评估。
(3) 保险方案的总体建议。
(4) 保险条款以及解释。
(5) 保险金额和赔偿限额的确定。
(6) 免赔额以及适用情况。
(7) 赔偿处理的程序以及要求。
(8) 服务体系以及承诺。
(9) 相关附件。

三、汽车保险费率

汽车保险费率是依照保险金额计算保险费用的比例,通常用千分率来表示。通常保险人在经营汽车保险过程中,将风险因素分为与汽车相关的风险因素和与驾驶员相关的风险因素,由此决定汽车保险费率分为从车费率模式和从人费率模式。

(一)从车费率模式

从车费率模式是指在确定保险费率的过程中主要以被保险车辆的风险因子作为影响费率确定因素的模式。目前,我国采用的汽车保险的费率模式就属于从车费率模式,影响费率的主要因素是被保险车辆有关的风险因子,主要包括车辆的种类、车辆的用途、车辆的行驶区域和车龄。

(二)从人费率模式

从人费率模式是指在确定保险费率的过程中主要以被保险车辆驾驶人的风险因子作为影响费率确定因素的模式。目前，大多数国家采用的汽车保险的费率模式均属于从人费率模式，影响费率的主要因素是与被保险车辆驾驶人有关的风险因子，主要包括驾驶人员的年龄、驾驶人员的性别、驾驶人员驾驶年限、驾驶人员安全驾驶记录、驾驶人员是否指定。

通过对目前保险市场上汽车保险费率表的比较分析，我国各保险公司在厘定车险费率时都不同程度地考虑了上面的"从车从人"因素，但是在实际应用"从车从人"因素时，往往会受一些因素的影响而导致投保人提供的信息不可靠，进而影响费率的准确性。

相关链接：北京地区机动车商业保险费率浮动方案

1. 基本费率确定

商业车险基本费率根据现行的机动车商业保险行业基本费率表执行。

2. 费率浮动系数的计算

(1) 北京地区商业车险费率浮动系数包括：无赔款优待及上年赔款记录、多险种同时投保、平均年行驶里程、特殊风险(即原"老、旧、新、特车型"系数)四项，具体费率浮动系数值详见表3-1。现行《费率调整系数表》中其他系数暂不使用。摩托车和拖拉机暂不浮动。

表3-1 商业车险费率浮动系数

序号	项目		内容	系数		适用范围
1	无赔款优待及上年赔款记录	A1	连续5年没有发生赔款	0.4		所有车辆
		A2	连续4年没有发生赔款	0.5		
		A3	连续3年没有发生赔款	0.6		
		A4	连续2年没有发生赔款	0.7		
		A5	上年没有发生赔款	0.85		
		A6	上年发生1~2次赔款	1.0	上年度赔款金额小于保费的将乘以0.9的赔款金额调整系数	
		A7	上年发生3次赔款	1.1		
		A8	上年发生4次赔款	1.2		
		A9	上年发生5次赔款	1.5		
		A10	上年发生6次赔款	2.0		
		A11	上年发生7次赔款	2.5		
		A12	上年发生8次及8次以上赔款	3.0		
		A13	本年承保新购置车辆	1.0		
		A14	本年首次投保	1.0		
2	多险种同时投保	B	同时投保三者险及其他任意险种	0.90~1.00		
3	平均年行驶里程	C	平均年行驶里程<30 000km	0.90		
			平均年行驶里程≥30000km	1.0		
4	特殊风险	D	古老车型、购置年限较长车辆、稀有车型、特异车型	1.3~2.0		

(2) 与机动车发生赔款次数相联系的浮动系数 A 根据发生赔款情况,等于 A1 至 A14 其中之一,不累加。同时,满足多种情况的,按照向上浮动或者向下浮动比率最高者计算。对于上年发生赔款的,如上年度赔款金额小于保费将乘以 0.9 的赔款金额调整系数。

(3) 其他费率浮动系数,由北京车险信息平台根据各公司录入的承保信息进行校验。

(4) 确定最终费率浮动系数采用系数连乘的方式计算:

$$最终费率浮动系数=系数 A×系数 B×系数 C×系数 D$$

(5) 鉴于北京地区已建立较完善的车险信息平台,因此"无赔款优待及上年赔款记录"系数应由各公司通过车险信息平台统一查询返回。各公司在录入车辆其他相关承保信息后,计算最终费率浮动系数,并按照"商业车险最终保险费=商业车险标准保险费×最终费率浮动系数"公式计算最终保费,之后向车险信息平台提交校验及投保确认。

(6) 机动车发生赔款次数应根据计算区间内被保车辆赔款金额不为零的已决赔案次数统计。

(7) 方案实施首年,"无赔款优待及上年赔款记录"系数根据自车辆投保之日起上溯一年(365 天)期间所有有效商业车险保单在北京车险信息平台记录的赔款次数进行计算。

(8) 方案实施第二年开始,费率浮动系数计算区间为"自上期商业车险有效保单投保查询时间起至本期商业车险有效保单投保查询时间止"。

四、汽车保险金额

汽车保险金额是指保险合同双方当事人约定的保险人于保险事故发生后应赔偿(给付)保险金的限额,是保险人计算保险费的基础。

(一)机动车辆损失险的保险金额

根据保险金额与车辆保险价值的关系,车辆投保时有足额投保、不足额投保和超额投保三种投保方式。足额投保是指保险金额等于保险价值的投保;不足额投保是指保险金额小于保险价值的投保;超额投保是指保险金额大于保险价值的投保。

足额投保时,按照新车购置价确定保险金额;不足额投保时,按照投保时被保险机动车的实际价值确定保险金额。超额投保时,无论标的是全部损失还是部分损失,超过保险金额部分无效,均以实际损失补偿。

(二)机动车第三者责任险的保险金额

车主可以根据自己的需要选择第三者责任险:5、10、15、20、30、50、100 万元和 100 万元以上八个档次。

根据车型不同,第三者责任险的保险金额也不相同。最常见的 6 座以下的乘用车,保险金额 5 万元的保险费用约为 600 元,保险金额 10 万元的保险费用约为 900 元,保险金额 15 万元的保险费用约为 1 100 元。

五、汽车保险费用

汽车保险费是投保人购买汽车保险的价款,而汽车保险费率是依据保险金额计算保险费的比例。汽车保险费率决定投保人支付保险费用的多少，直接影响投保人和保险人切身利益。

影响汽车保险费用的因素有车辆自身的因素、驾驶人员的因素、地理环境的因素、汽车保险自身的因素。

(一)车辆自身的因素

1. 厂牌车型

一般而言，美国、德国车辆首先注重的是安全性；日本车的综合性价比较高，但安全性要差于美国车及德国车；韩国汽车在安全性能上均弱于美国、德国及日本车，整体上与国产车、合资车相当。所以，不同厂家生产的车辆，所面临的风险也不相同，其出险频率也不大相同。

保险公司对所有型号年份的汽车都赋予不同的风险数值。汽车价值越高，或越流行，则汽车被偷盗破坏的可能性越大，保费就越高，反之保费就越低；对于事故率高、理赔修理成本高的车型，车损险费率最高可上浮20%，因而其保费就会增加。

2. 车辆种类

目前国内保险界将机动车辆主要分成五种，即客车、货车、专用车、摩托车和拖拉机。①客车。客车的座位数的多与少直接关系到两方面的风险：一是乘客责任的风险。座位数越多，运载的乘客数也越多，乘客的风险就会越大。二是第三者责任的风险。座位数多的车辆，车体较大，方向也不好控制。②货车。货车货运能力主要以吨位数来衡量。在承保车上货物责任险时，要充分考虑吨位数。③专用车。专用车主要指具有专门用途的车辆，如油罐车、气罐车、液罐车、冷藏车、起重车、装卸车、工程车、监测车、邮电车、消防车、清洁车、医疗车、救护车等。各种专用车因特殊的使用性能，具有特殊的风险性。④摩托车。摩托车操纵灵活，同时适应性和安全性较差，风险较大。⑤拖拉机。拖拉机主要分为三类，即手扶拖拉机、小四轮拖拉机和大中拖拉机。拖拉机的风险来自设计、使用功能和驾驶员的技术水平。

3. 排气量

排气量所体现的是汽车的动力性能，排气量越大，汽车的动力性能也越好，对于同一类汽车而言，也意味着损失程度越大，风险也就越高。因此，核保时要考虑排气量的因素，尤其是大排气量车辆，在承保时要做好风险评估工作。

4. 车龄

车龄同车辆状况有直接关系，车龄越大，车辆的磨损与老化程度越高，车况越差，车辆事故的概率及道德风险概率同步上升，因此车辆本身的风险状况也越高。

5. 行驶区域

由于车辆行驶范围不同，驾驶人对不同地区的交通规则、地形、地貌等熟悉程度不同，以及在不同地区造成损失承担的赔偿责任不同。因此，车辆的风险状况也不同。整体而言，随着行驶地域的扩大，风险程度积累越大。

6. 使用性质

根据车辆的使用性质，国内目前将车辆分为营运车辆和非营运车辆。由于车辆的使用性质不同，导致车辆所面临风险不同。整体而言，营运车辆长时间运转，车辆磨损率及事故概率要比非营运车辆高，因此，营运车辆风险比非营运车辆风险要高。使用汽车越多，就意味着发生事故的机会越大。所以汽车每年里程数大的话，保费也会增加。

(二) 驾驶人员的因素

1. 年龄

车辆保险的风险同驾驶员的年龄有相当直接的关系。24岁以下的青年人因年轻气盛，往往喜欢开快车，因而容易出现交通事故，而且容易导致恶性交通事故；54岁以上的人驾车速度相对较慢，但因为反应相对迟钝，也容易导致交通事故；24～54岁的人驾驶则相对安全些。保险公司针对这种情况，对不同年龄组的人设定不同的系数，并按不同的系数收取保险费。驾龄长的中年女性驾驶员将获得较多的费率优惠；越是年轻或新上路的驾驶员，发生事故的概率就越大，因此其所驾驶车辆的保费就会高一些。驾驶员的数目增加也会影响保险费。

2. 性别

据统计数据分析还发现，交通肇事记录同性别有密切关系，整体而言，男性驾驶员肇事率比女性高，这主要同男性驾车整体速度较快有关。国外保险公司因此根据驾驶员的性别设定不同的系数，按不同的系数收取保险费。

3. 经验、职业、婚姻状况

据统计，驾驶经验丰富、白领职业及已婚的驾驶员肇事记录较少，而驾驶经验少、非白领职业及未婚的驾驶人员肇事记录则较多。因此根据驾驶人员的经验职业及婚姻状况，设定不同的系数，并按不同的系数收取保险费。

4. 肇事记录和品行

依据被保险人过去的索赔记录来预算续期保费，能更客观地评估被保险人的风险，使投保人支付的保费与其实际风险大小相对应。车主驾驶记录良好，若在过去2～3年内无违规驾驶，或过去5年内未发生有过失的交通事故，则投保时保费较优惠。如有的保险公司对连续多年无违章事故的车主，投保时最高能获得50%的减费优惠，但出险频繁的车主其加费幅度也可达200%。

(三)地理环境的因素

地理环境对车辆保险有较大影响,对车辆有影响的地理环境因素包括气候、地形、地貌、路面状况等。

1. 气候

我国地域广阔,气候差异很大。东部与南部雨水多,导致车辆锈损较严重,同时雨季因路面较滑,事故也会增多,此外车辆水浸的现象较多。而西部与北部则因冬季气候寒冷,降雪较多,路面较滑,在冬季事故则明显增多,同时个别地区因异常寒冷,有车内生火取暖情况,容易导致火灾。因气候与交通事故的关系,保险费率也应该受到相应的影响。

2. 地形、地貌

由于地域广阔,造成我国地形地貌差异非常大,有平原、丘陵、山地等各种复杂的地形、地貌,不同地形、地貌,对车辆的风险也有不同的影响。平原地区由于地势平缓、视野开阔,行车比较安全。山地则因地势高低不平、道路曲折、路面狭窄而容易导致事故,而且容易导致恶性事故。

3. 路面状况

路面状况对行车安全及车辆损耗有直接影响。路面状况好的地段,车辆的事故率则相对要低一些;路面差的地段,车辆的事故率则明显要高。

(四)汽车保险自身的因素

1. 保险金额与赔偿限额

汽车的保险金额越高,汽车的基础保费或基准保费以及相关的附加险费就越高,则汽车的保险费相应增加。

2. 是否连续投保

老客户、连续投保的车辆其保费相应较低。

任务实施

(一)任务实施环境

(1) 汽车保险仿真模拟实训室。
(2) 车险承保系统投保平台。
(3) 辅助办公设备(文具、打印机、复印机等)。

(二)任务实施步骤

设计投保方案的实施步骤如图 3-2 所示。

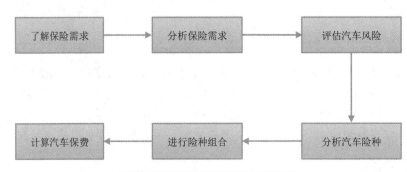

图 3-2　设计投保方案的实施步骤

步骤 1：了解投保人的保险需求

汽车保险展业人员首先应该了解投保人的保险需求，只有在了解保险需求的基础上，才能为投保人量身定做保险方案。

在了解投保人的保险需求过程中，汽车保险展业人员可以通过有效地提问和积极的倾听方式了解一些关键信息，主要有：车辆的使用情况，如用途、车龄、车辆数量、用车环境等；驾驶人员的情况，如驾龄、性别、是否多人驾驶等；投保人的经济能力和风险偏好等。

步骤 2：分析投保人的保险需求

汽车保险展业人员从获得的关键信息中分析投保人的保险需求，一般可以从以下四个方面进行分析。

(1) 投保车辆本身的特点。

如：一些车系的车丢失的可能性较高；发生相同强度的碰撞，日系车的损失较德系的大；新上市车型、保有量小的车型维修成本高；老旧车型因长期使用，电路老化，自燃风险大；是否对车辆进行过改装，加装过一些设备等。

(2) 投保人如何用车。

如：是否规范驾车、并线、超车、酒后驾车等；是否定期保养，及时维修；车辆作为代步工具，还是用于跑长途、郊游等。

(3) 投保车辆的停放地点。

如：有收费的固定车位(停车场、地下车库)；无人看管的停车场所(路边)等情况。

(4) 投保人选择承担风险和转嫁风险的态度。

如：哪些风险不愿意自己承担；是否愿意转嫁这种风险；愿意花多少钱转嫁风险等。

步骤 3：评估投保人可能面临的风险

汽车保险展业人员在了解和分析投保人保险需求的基础上，从专业人员的视角评估投保人可能面临的汽车风险,可以从以下两个方面来进行评估。

(1) 汽车面临的使用风险。汽车面临的使用风险主要有两种。一是自身车辆损失风险:意外事故导致车辆损失,自然灾害导致车辆损失,车辆被盗、车身被划,玻璃破碎、自燃等造成车辆损失。二是造成他人损失风险:在机动车使用过程中因意外交通事故给他人(或车上人员)造成人身伤亡和财产损失。

(2) 影响汽车保险的风险的因素。汽车保险的风险主要取决于四个方面的因素:一是车辆自身风险因素,二是地理环境因素,三是社会环境因素,四是驾驶人员因素。

步骤4:根据投保人可能面临的风险进行相应的汽车保险产品分析

汽车保险展业人员在了解投保人的保险需求的基础上,根据汽车保险产品的保障范围和程度与投保人一起进行汽车保险险种的分析,为制定一个合理的险种组合奠定基础。

交强险是强制性保险,所有投保者必须要投保该险种。商业险则需要根据投保人的保险需求和投保意愿进行选择。在分析险种时可参照表3-2。

表3-2 常用机动车商业险险种分析表

类别	险种	保障对象	投保建议
主险	机动车损失险	车辆在使用过程中由于自然灾害或意外事故造成的车辆本身损失和施救费用	建议所有车辆足额投保,如果不投保,车辆遭受事故损失由车主自己承担
	机动车第三者责任险	车辆事故导致车下第三者遭受人身伤亡和财产损失	建议所有车辆投保
	机动车车上人员责任险	车辆使用过程中发生意外事故,致使车上人员遭受人身伤亡	建议驾驶员及乘客不固定的商务车或经常有搭车的私用车投保
	机动车全车盗抢险	车辆被盗或被抢	建议以下情况投保:无固定停车场所,经常外出自驾游;经常单独开省道的夜路;本地区治安状况不好;没有采取发动机芯片防盗技术;高档汽车
附加险	玻璃单独破碎险	车辆的挡风玻璃、车窗玻璃单独破损	建议以下情况投保:高档汽车,经常在高速公路上行驶,经常在路况不好的道路上行驶,本地区治安状况不好,人员素质不高、常有高空坠物落下的地区
	自燃损失险	车辆在使用过程中,因本车电路、线路、供油系统故障造成的车辆损失	建议以下情况投保:车辆电路做过大的改动,已经使用五年(或行驶100000km以上)的车辆,货车,出租汽车、公交车辆

续表

类别	险种	保障对象	投保建议
附加险	新增设备损失险	车辆因改装所增加的零部件、设备的损坏	建议以下情况投保：加装或改装过设备及设施，如加装了高级音响、防盗设备、GPS，改装成了真皮座椅或电动座椅、电动升降机、氙气照明灯等
	车身划痕险	车辆无明显碰撞痕迹的车身表面油漆单独划伤	建议新司机投保
	不计免赔险	由车主承担的免赔金额部分转嫁到保险公司，由保险公司承担赔偿责任	建议所有车辆投保

步骤 5：进行险种组合

根据汽车保险产品分析和投保人的保险需求进行汽车保险的险种组合。以中国太平洋财产保险股份有限公司推出的综合险套餐"神行车保"为例，说明根据保险对象的保险需求组合套餐，见表3-3～表3-6。

表3-3 针对生产用车的综合险套餐

类型	险种组合	特点
旗舰型	交强险+商业险主险+玻璃单独破碎险+自燃损失险+车载货物掉落责任险+车辆停驶责任险+不计免赔险	此险种组合专门为大型企业高级生产用车而设计，提供最全面保障
尊贵型	交强险+商业险主险+玻璃单独破碎险+自燃损失险+不计免赔险	此险种组合专门为生产用车推出合理而又有选择的保障，符合企业理性而又专业的保障需求
精英型	交强险+商业险主险	此险种组合以经济实惠的方式为生产用车提供相对可行的保障，最大限度地减小车辆出险给生产带来的损失

表3-4 针对私人生活用车的综合险套餐

类型	险种组合	特点
旗舰型	交强险+商业险主险+玻璃单独破碎险+自燃损失险+无过失责任险+代步车特别条款+不计免赔险+法律服务特约条款+救援费用特约条款	此险种组合保障全面，能照顾每个细节，为投保人提供更细致、更全面的保障

续表

类型	险种组合	特点
尊贵型	交强险+商业险主险+玻璃单独破碎险+自燃损失险+不计免赔险	此险种组合是精选组合，保障全面，且保险费用比旗舰套餐要低一些
精英型	交强险+车损险+三者险+全车盗抢险	此险种组合经济实惠，满足投保人对汽车安全保障的需求

表 3-5　针对营运用车的综合险套餐

类型	险种组合	特点
旗舰型	交强险+商业险主险+玻璃单独破碎险+自燃损失险+无过失责任险+车辆停驶责任险+法律服务特约条款+施救费用特约条款	此险种组合对于价格昂贵的高档出租车可能遇到的全车损失风险，进行了特别的保障
尊贵型	交强险+商业险主险+玻璃单独破碎险+自燃损失险	此险种组合是基本主险加上常用附加险，可以提供合理而专业的保障
精英型	交强险+车损险+三者险	此险种组合可以提供最基本的保障，能够满足投保人的主要保险需求，它面向的是大多数出租车

表 3-6　针对行政用车的综合险套餐

类型	险种组合	适用对象
旗舰型	交强险+商业险主险+玻璃单独破碎险+自燃损失险+无过失责任险+价值损失特约条款+换件特约条款+里程变化特约条款+不计免赔险+施救费用特约条款	此险种组合细致而周详，能为车辆和人员提供全方位的保障，适用于高档汽车
尊贵型	交强险+商业险主险+玻璃单独破碎险+自燃损失险+换件特约条款+里程变化特约条款+不计免赔险	此险种组合能为车辆和人员提供全方位的保障，适用于使用频率较高、保险费用计划开支的商务车
精英型	交强险+商业险主险+玻璃单独破碎险+自燃损失险+不计免赔险	此险种组合在确保有效完整保障的同时，又解决了投保人的费用预算问题，适合普通的商务车

步骤 6：计算汽车保险费用

根据投保单上所列的车辆情况和保险公司的机动车辆保险费率表，逐项确定投保车辆的保险费率。在确定车辆保险费率的基础上，保险公司业务人员根据投保人所选择的保险金额和赔偿限额计算保险费。

1) 交强险的保费计算

交强险费率实行保险费与交通违法行为、交通事故记录挂钩的浮动费率机制，并根据各地区经营情况，加入地区差异化因素等，逐步实行交强险差异化费率。

(1) 交强险基础保费。

根据《机动车交通事故责任强制保险基础费率表》中相对应的金额确定基础保险费。交强险基础保费如表 3-7 所示。

表 3-7 交强险基础保费　　　　　　　　　　　　　　　　　元

车辆大类	序 号	车辆明细分类	保 费
一、家庭自用车	1	家庭自用汽车 6 座以下	950
	2	家庭自用汽车 6 座及以上	1 100
二、非营业客车	3	企业非营业汽车 6 座以下	1 000
	4	企业非营业汽车 6~10 座	1 130
	5	企业非营业汽车 10~20 座	1 220
	6	企业非营业汽车 20 座以上	1 270
	7	机关非营业汽车 6 座以下	950
	8	机关非营业汽车 6~10 座	1 070
	9	机关非营业汽车 10~20 座	1 140
	10	机关非营业汽车 20 座以上	1 320
三、营业客车	11	营业出租租赁 6 座以下	1 800
	12	营业出租租赁 6~10 座	2 360
	13	营业出租租赁 10~20 座	2 400
	14	营业出租租赁 20~36 座	2 560
	15	营业出租租赁 36 座以上	3 530
	16	营业城市公交 6~10 座	2 250
	17	营业城市公交 10~20 座	2 520
	18	营业城市公交 20~36 座	3 020
	19	营业城市公交 36 座以上	3 140
	20	营业公路客运 6~10 座	2 350
	21	营业公路客运 10~20 座	2 620
	22	营业城市公交 20~36 座	3 420
	23	营业城市公交 36 座以上	4 690
四、非营业货车	24	非营业货车 2t 以下	1 200
	25	非营业货车 2~5t	1 470
	26	非营业货车 5~10t	1 650
	27	非营业货车 10t 以上	2 220
五、营业货车	28	营业货车 2t 以下	1 850
	29	营业货车 2~5t	3 070
	30	营业货车 5~10t	3 450
	31	营业货车 10t 以上	4 480

续表

车辆大类	序 号	车辆明细分类	保 费
六、特种车	32	特种车一	3 710
	33	特种车二	2 430
	34	特种车三	1 080
	35	特种车四	3 980
七、摩托车	36	摩托车 50CC 及以下	80
	37	摩托车 50～250CC(含)	120
	38	摩托车 250CC 以上及侧三轮	400
八、拖拉机	39	兼用型拖拉机 14.7kW 及以下	按保监产险[2007]53 号实行地区差别费率

(2) 交强险费率浮动。

① 与道路交通事故相联系的交强险费率浮动标准。

为了促进道路交通安全，从 2007 年 7 月 1 日起在全国范围内交强险费率与交通事故挂钩。与道路交通事故挂钩的交强险费率浮动比率如表 3-8 所示。

表 3-8 与道路交通事故挂钩的交强险费率浮动比率

	浮动因素	浮动比率/%
A1	上一个年度未发生有责任道路交通事故	−10
A2	上两个年度未发生有责任道路交通事故	−20
A3	上三个及以上年度未发生有责任道路交通事故	−30
A4	上一个年度发生一次有责任不涉及死亡的道路交通事故	0
A5	上一个年度发生两次及两次以上有责任道路交通事故	10
A6	上一个年度发生有责任道路交通死亡事故	30

② 与酒后驾车违法行为相联系的交强险费率浮动标准。

公安部、中国保险监督委员会联合下发通知，自 2010 年 3 月 1 日起，逐步实行酒后驾驶违法行为与机动车交通事故责任强制保险费率联系浮动制度。其中，饮酒后驾驶违法行为一次上浮的交强险费率控制在 10%～15%，醉酒后驾驶违法行为一次上浮的交强险费率控制在 20%～30%，累计上浮的费率不超过 60%。浮动具体标准由各地区结合实际情况确定。

北京市决定自 2010 年 3 月 1 日起，每发生一次饮酒后驾驶违法行为的，年交强险费率上浮 15%，每发生一次醉酒后驾驶违法行为的，年交强险费率上浮 30%，累计上浮的费率不超过 60%。北京汽车保险信息平台将严格按照交强险费率浮动方案和费率浮动办法的具体规定，根据北京市交管局提供的酒后驾驶违法行为记录，统一计算交强险保费。

(3) 交强险保费计算。

① 新车第一次购买交强险的，根据《机动车交通事故责任强制保险基础费率表》中相对应的金额确定保险费。

② 交强险保险费=交强险基础保险费×(1+与道路交通事故相联系的浮动比率+与酒后

驾驶违法行为相联系的浮动比率)。

③ 若投保保险期间不足一年的机动车交通事故责任强制保险的，按短期费率系数计收保险费，不足一个月按一个月计算。具体为：先按《机动车交通事故责任强制保险基础费率表》中相对应的金额确定基础保险费，再根据投保期限选择相对应的短期月费率系数，两者相乘即为短期基础保险费。即

$$短期基础保险费=年基础保险费×短期月费率系数$$

短期月费率如表 3-9 所示。

表 3-9 短期月费率

保险期间/月	1	2	3	4	5	6	7	8	9	10	11	12
短期月费率/%	10	20	30	40	50	60	70	80	85	90	95	100

2) 商业险基本险的保费计算

《2012 版机动车商业保险示范条款》中将机动车辆商业险分为主险和附加险，主险包括机动车损失险、机动车第三者责任险、机动车车上人员责任险、机动车全车盗抢险四个独立的险种。主险保险费用是根据各险种的保险费率计算。

(1) 机动车损失险的保费计算。

① 按照投保人类别、车辆用途、座位数/吨位数/排量/功率、车辆使用年限所属档次查找基础保险费和费率。即

$$保险费=基础保险费+保险金额×费率$$

机动车损失保险费率如表 3-10 所示。

表 3-10 机动车损失保险费率

家庭自用汽车与非营业用车		机动车损失保险							
		1 年以下		1～2 年		2～6 年		6 年以上	
		基础保费/元	费率/%	基础保费/元	费率/%	基础保费/元	费率/%	基础保费/元	费率/%
家庭自用汽车	6 座以下	566	1.35	539	1.28	533	1.27	549	1.31
	6～10 座	679	1.35	646	1.28	640	1.27	659	1.31
	10 座以上	679	1.35	646	1.28	640	1.27	659	1.31
企业非营业客车	6 座以下	368	1.22	351	1.16	347	1.15	358	1.18
	6～10 座	442	1.16	421	1.10	417	1.09	430	1.13
	10～20 座	442	1.24	421	1.18	417	1.17	430	1.21
	20 座以上	461	1.24	439	1.18	434	1.17	447	1.21
党政机关、事业团体非营业客车	6 座以下	316	1.05	301	1.00	298	0.99	307	1.02
	6～10 座	380	1.00	362	0.95	358	0.94	369	0.97
	10～20 座	380	1.05	362	1.00	358	0.99	369	1.02
	20 座以上	396	1.05	377	1.00	373	0.99	384	1.02

续表

家庭自用汽车与非营业用车		机动车损失保险							
		1年以下		1~2年		2~6年		6年以上	
		基础保费/元	费率/%	基础保费/元	费率/%	基础保费/元	费率/%	基础保费/元	费率/%
非营业货车	2t以下	348	1.34	332	1.27	328	1.26	338	1.30
	2~5t	449	1.73	428	1.64	423	1.63	436	1.68
	5~10t	491	1.89	467	1.80	463	1.78	477	1.83
	10t以上	324	2.29	308	2.18	305	2.16	314	2.23
	低速载货汽车	296	1.14	282	1.08	279	1.07	287	1.10

② 如果投保人选择不足额投保,即保险金额小于新车购置价,则保险费应作相应调整:

保险费=(0.05+0.95×保险金额/新车购置价)×足额投保时的标准保险费

③ 挂车保险费按同吨位货车对应档次保险费的50%计收。

④ 联合收割机保险费按农用14.7kW以上拖拉机计收。

(2) 机动车第三者责任险的保费计算。

① 按照投保人类别、车辆用途、座位数/吨位数/排量/功率、责任限额直接查找保险费。

第三者责任险保险费=固定保费

第三者责任险保险费如表3-11所示。

表3-11 第三者责任险保险费　　　　　　　　　　　　　　　　　　　　　元

家庭自用汽车与非营业用车		第三者责任保险						
		5万	10万	15万	20万	30万	50万	100万
家庭自用汽车	6座以下	673	972	1 108	1 204	1 359	1 631	2 124
	6~10座	843	1 186	1 342	1 446	1 620	1 928	2 512
	10座以上	843	1 186	1 342	1 446	1 620	1 928	2 512
企业非营业客车	6座以下	714	1 007	1 138	1 227	1 374	1 635	2 130
	6~10座	801	1 140	1 294	1 399	1 572	1 877	2 444
	10~20座	872	1 245	1 414	1 530	1 722	2 058	2 681
	20座以上	928	1 368	1 571	1 718	1 951	2 354	3 067
党政机关、事业团体非营业客车	6座以下	719	1 014	1 146	1 236	1 384	1 647	2 146
	6~10座	699	984	1 112	1 200	1 344	1 600	2 083
	10~20座	768	1 083	1 224	1 320	1 478	1 759	2 292
	20座以上	938	1 321	1 494	1 611	1 804	2 148	2 797
非营业货车	2t以下	728	1 025	1 160	1 250	1 401	1 688	2 172
	2~5t	988	1 430	1 630	1 772	2 001	2 402	3 127
	5~10t	1142	1 628	1 848	2 000	2 248	2 687	3 499
	10t以上	1758	2 477	2 801	3 020	3 382	4 027	5 243
	低速载货汽车	619	872	986	1 030	1 119	1 417	1 847

② 挂车保险费按同吨位货车保险费的 30%计收。
③ 联合收割机保险费按农用 14.7kW 以上拖拉机计收。

(3) 车上人员责任险的保费计算。按照投保人类别、车辆用途、座位数、投保方式查找费率。

$$车上人员责任险的保险费=单座责任限额×投保座位数×费率$$

车上人员责任险保险费率如表 3-12 所示。

(4) 机动车全车盗抢险的保费计算。按照投保人类别、车辆用途、座位数、车辆使用年限查找基础保险费和费率。

$$保险费=基础保险费+保险金额×费率$$

盗抢险保险费率如表 3-12 所示。

表 3-12　车上人员责任险、盗抢险保险费率(部分)

家庭自用汽车与非营业用车		车上人员责任险		盗 抢 险	
		驾驶人/%	乘客/%	基础保费/%	费率/%
家庭自用汽车	6 座以下	0.41	0.26	120	0.41
	6～10 座	0.40	0.26	140	0.45
	10 座以上	0.40	0.26	140	0.45
企业非营业客车	6 座以下	0.41	0.25	120	0.39
	6～10 座	0.39	0.23	130	0.46
	10～20 座	0.39	0.23	130	0.48
	20 座以上	0.41	0.25	140	0.39

3) 商业险附加险的保费计算

《2012 版机动车商业保险示范条款》中商业险的附加险主要有玻璃单独破碎险、自燃损失险、新增设备损失险、车身划痕险、发动机涉水损失险、车上货物责任险、不计免赔险等。

在本节中列举几个常用的附加险保费的计算。

(1) 玻璃单独破碎险的保费计算。按照投保人类别、座位数、投保国产/进口玻璃查找费率。

$$保险费=保险金额×费率$$

玻璃单独破碎险保险费率如表 3-13 所示。

表 3-13　玻璃单独破碎险保险费率(部分)　　　　　　　　　　　%

家庭自用汽车与非营业用车		玻璃单独破碎险	
		国产玻璃	进口玻璃
家庭自用汽车	6 座以下	0.21	0.36
	6～10 座	0.21	0.36
	10 座以上	0.25	0.44

续表

家庭自用汽车与非营业用车		玻璃单独破碎险	
		国产玻璃	进口玻璃
企业 非营业客车	6座以下	0.15	0.28
	6～10座	0.15	0.28
	10～20座	0.17	0.32
	20座以上	0.18	0.33

(2) 自燃损失险的保费计算。

$$保险费=保险金额×固定费率$$

(3) 新增设备损失险的保费计算。

$$保险费=本附加险保险金额×车损险标准保险费/车损险保险金额$$

(4) 车身划痕险的保费计算。按新车购置价所属档次直接查找保险费率。车身划痕损失险保险费率如表3-14所示。

表3-14 车身划痕损失险费率

车　龄	保额/元	新车购置价/元		
		30万元以下	30万～50万元	50万元万以上
2年以下	2 000	400	585	850
	5 000	570	900	1 100
	10 000	760	1 170	1 500
	20 000	1 140	1 780	2 250
2年及以上	2 000	610	900	1 100
	5 000	850	1 350	1 500
	10 000	1 300	1 800	2 000
	20 000	1 900	2 600	3 000

(5) 车上货物责任险的保费计算。按照营业用、非营业用查找费率。车上货物责任险最低责任限额为人民币20 000元。

$$保险费=基础保费+(责任限额-20\ 000)×费率$$

(6) 不计免赔险的保费计算。

$$保险费=适用本条款的所有险种标准保险费之和×不计免赔特约险费率$$

不计免赔特约险费率如表3-15所示。

表3-15 不计免赔特约险费率　　　　　　　　　　　　　　　%

适用险种	费　率
第三者责任保险	15
机动车损失保险	15
车上人员责任险	15

续表

适用险种	费率
车身划痕损失险	15
盗抢险	20

任务2 进行核保

任务描述

张明填完投保单以后，江枫要对张明的投保进行初核，公司核保员刘蓓还要进行复核。那么江枫和刘蓓应该如何开展工作？

任务分析

核保是汽车保险承保的重要环节之一，其本质是对可保风险的判断与选择，是承保条件与风险状况适应或匹配的过程。在本项任务中，保险业务人员通过对核保相关知识的学习，学会对已经掌握的资料进行整理和分析，判断是否承保、适用的承保条件及保险费率等，同时学会简单的核保工作。

相关知识

一、核保概念

核保是指保险人对于投保人的投保申请进行风险评估，决定是否接受承保这一风险，并在接受承保风险的情况下，决定承保的费率和条件的过程。

二、核保原则

核保应遵循如下原则。

(1) 保证长期承保利润。争取优质的投保业务进行承保，杜绝只重视承保数量，忽视承保质量，确保公司的长期收益。

(2) 提供优质的保险服务。对承保的风险进行专业的评估，为客户设计优质的保险方案，确保被保险人支付的保费能够真实反映风险的大小。

(3) 核保工作规范化。核保人员应遵守国家的法律法规，遵守行业规章和市场准则，严格按照保险公司的制度，在权限范围内开展核保工作。

三、核保政策

保险公司根据本公司的业务经营管理情况、费用率指标、利润率指标制定具体的核保政策。保险公司根据客户群的特点将其业务分为提倡承保业务、控制承保业务、高风险承保业务和禁止承保业务四种类型,针对每一类业务采取不同的政策。

(一)提倡承保业务

提倡承保业务是公司效益险种和优质客户群的业务。

对此类业务所采取的政策如下。

(1) 鼓励承保党政机关、事业单位、大中型企业非营业车辆;

(2) 鼓励承保新车购置价在 40 万元以上、6 座以下常见客车;

(3) 鼓励承保除不计免赔险和车上货物责任险之外的效益性附加险;

(4) 鼓励发展非营业性质摩托车业务以及承保达一定规模的单程提车险业务;

(5) 鼓励对高风险车种和低品质业务推行车辆损失险绝对免赔额或绝对免赔率的承保方式。

(二)控制承保业务

控制承保业务主要是灰名单业务,原则上这些业务的赔付率达到了公司规定的警戒水平,故将此类业务列入高赔付险种和高赔付率的客户群的业务。

对此类业务所采取的政策如下。

(1) 控制不计免赔率特约条款。引导或鼓励本类客户投保免赔额特约条款,不得承保不计免赔率特约条款。

(2) 鼓励对车辆损失险按比例承保,老旧车辆不得承保全车盗抢险、自燃损失险。

(3) 控制新车和营业性质车辆承保规模。新车承保的比重控制在 25%以内,营业性质车辆承保的比重在 20%以内。

(三)高风险承保业务

高风险承保业务是指投保车辆的风险比较集中、保险金额较大,出险后可能造成重大损失的业务。

对此类业务所采取的政策如下。

(1) 认真分析此类业务较集中的风险点,制订相应的承保方案。推荐使用车辆损失险绝对免赔额、事故责任免赔率以及针对风险点制定专门的免责特别约定。

(2) 对于确实无法化解的风险,可以考虑有选择地承保其可控风险。

(四)禁止承保业务

禁止承保业务主要是指列入保险公司黑名单和近年严重亏损客户群体的业务。某些管理不善的客户群(如某些合资的巴士公司、出租车公司、企业等)被列入保险黑名单,严重亏损客户是某些连续 2 年或 3 年已决与未决赔付率之和大于 85%的客户。

对此类业务所采取的政策是:保险公司不予承保。

四、核保制度

核保制度是保险公司在经营过程中防范、控制经营风险的一项重要制度。通过建立核保制度，将展业和承保相分离，实行专业化管理，严格把好承保关，确保保险公司实现经营的稳定性。

核保制度建设中心工作主要包括设置核保机构、制定核保人员管理制度、编制核保手册。

(一)核保机构设置

核保机构本着"控制、统一、高效"的原则进行设置，目前主要采用分级设置模式和核保中心模式构建核保机构。

1. 分级设置模式

分级设置模式是指根据内部机构设置情况、人员配置情况、开展业务需要和业务技术要求等设立数级核保组织。例如人保公司在各省分公司内设立三级核保组织，即省分公司、地市分公司(营业部)、县支公司(营业部)。分级设置模式是我国普遍采用的一种模式。

2. 核保中心模式

核保中心模式是指在一定的区域范围内设立一个核保中心，通过网络技术，对所辖的业务实行远程核保。这种模式使所有经营机构均可得到核保中心的技术支持，最大限度地实现技术和优势共享，同时核保中心也可以对各机构的经营行为进行有效控制和管理。核保中心模式是今后保险公司核保的一个重要模式。

(二)核保人员等级和权限

1. 核保人员的等级

核保人员一般分三个等级：一级核保人员、二级核保人员、三级核保人员。

2. 各级核保人员的权限

核保人员根据不同等级，授予不同的权限。
(1) 一级核保人员的权限。
一级核保人员主要负责审核特殊风险业务，包括高价值车辆的核保、特殊车型业务的核保、车队业务的核保，以及下级核保人员无力核保的业务。同时，还应及时解决其管辖范围内出现的有关核保技术方面的问题。
(2) 二级核保人员的权限。
二级核保人员主要负责审核非标准业务，即在核保手册中没有明确指示核保条件的业务，如保险金额、赔偿限额及免赔额等有特殊要求的业务。

(3) 三级核保人员的权限。

三级核保人员主要负责对常规业务的核保，即按照核保手册的有关规定对投保单的各个要素进行形式上的审核，亦称投保单核保。

(三)核保手册

核保手册，即核保指南，是将公司对于机动车辆保险核保工作的原则、方针和政策，汽车保险业务中可能涉及的条款、费率及其相关规定，核保工作中的程序和权限规定，可能遇到的各种问题及其处理方法，用书面文件的形式予以明确。

核保手册是核保工作的主要依据，是实现核保工作目标的主要手段。通过核保手册，核保人员能够按照统一标准和程序进行核保，可以实现核保工作的标准化、规范化和程序化。

五、核保方式

根据不同的分类标准，通常将核保方式分为标准业务核保和非标准业务核保、事先核保和事后核保、集中核保和远程核保等。各保险公司根据自身的组织结构和经营情况选择和确定核保方式，在确定核保方式时并不是拘泥于一种方式，而是结合投保业务的特点将多种核保方式交叉使用。

(一)标准业务核保和非标准业务核保

标准业务是指常规风险的汽车保险业务，这类风险基本符合汽车常规风险情况，可以按照核保手册有关规定对其进行核保。通常是由三级核保人完成标准业务的核保工作。

非标准业务是指风险具有较大特殊性的业务，这种特殊性主要表现为高风险、风险情况比较复杂、保险金额巨大。非标准业务主要有：保险价值浮动超过核保手册规定的范围的业务、特殊车型业务、军牌和外地牌业务、高档车辆的盗抢业务、统保协议和代理协议等业务。这类业务的风险需要进行有效控制，但是核保手册对这类业务没有明确的规定，因此无法完全依据核保手册进行核保，应由二级或者一级核保人进行核保，必要时核保人应当向上级核保部门进行请示。

(二)事先核保和事后核保

事先核保是指投保人提出申请后，核保人员首先对标的风险进行评估和分析，决定是否接受承保。在决定接受承保的基础上，根据投保人的具体要求及保险标的的特点确定保险方案，包括确定适用的条款、附加条款、费率、保险金额、免赔额等承保条件。这种核保方式主要是针对标的金额较大、风险较高、承保业务技术比较复杂的业务。

事后核保主要是针对标的金额较小、风险较低、承保业务技术比较简单的业务。保险公司从人力和经济的角度难以做到事先核保的，可以采用事后核保的方式，单笔保费较小。所以，事后核保是对于事先核保的一种补救措施。

(三)集中核保和远程核保

从核保制度发展的过程分析,集中核保的模式代表了核保技术发展的趋势。集中核保可以有效地解决统一标准和规范业务的问题,实现最大限度地利用技术和经验。但是,以往集中核保在实际工作中遇到的困难是经营网点的分散,缺乏便捷和高效的沟通渠道。

远程核保就是建立区域性的核保中心,利用互联网等现代通信技术,对辖区内的所有业务进行集中核保。这种核保的方式不仅可以利用核保中心的人员技术的优势,还可以利用中心庞大的数据库,实现资源的共享,利于对经营过程中的管理疏忽,甚至对道德风险实行有效的防范。

任务实施

(一)任务实施环境

(1) 汽车保险仿真模拟实训室。
(2) 车险承保系统核保平台。
(3) 辅助办公设备(文具、打印机、复印机等)。

(二)任务实施步骤

核保工作原则上采取两级核保制,先由保险展业人员(包括业务员、代理人、经纪人)在展业过程中进行初步审核,然后交专业核保人员进行核保,专业核保人员根据核保权限进行审核,超过本级核保权限的,报上级公司核保,进而决定是否承保、承保条件以及保险费率等。其工作流程如图3-3所示。

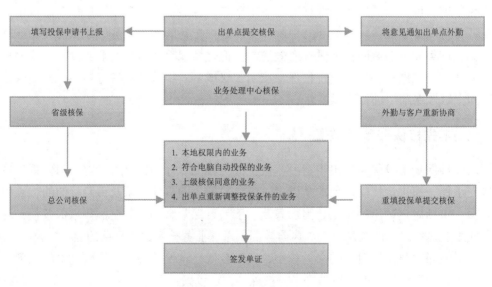

图3-3 核保的实施步骤

步骤1：展业人员初核

投保人提出投保申请，填写投保单。业务人员在接到投保单以后，根据保险公司内部制定的承保办法决定是否接受此业务。如果不属于拒保业务应立即加盖公章，则载明收件日期。初核的主要工作如下。

1) 审核投保单

(1) 审核投保人资格：对于投保人资格审核的核心是认定投保人对保险标的是否拥有保险利益，汽车保险业务中主要是通过核对行驶证来完成的。

(2) 审核投保人或被保险人基本情况：对于车队业务，保险公司要通过了解企业的性质、是否设有安保部门、经营方式、主要运行线路等，分析投保人或被保险人对车辆的管理，及时发现可能存在的经营风险，采取必要的措施降低和控制风险。

(3) 审核投保人或被保险人的信誉：对投保人和被保险人的信誉进行调查和评估。

(4) 审核保险标的：对保险车辆应尽可能采用"验车承保"的方式，即对车辆进行实际的检验，包括了解车辆的使用和管理情况，复印行驶证，购置车辆的完税费凭证，拓印发动机与车号码，对于一些高档车辆还应当建立车辆档案。

(5) 审核保险金额：根据公司制定的汽车市场指导价格确定保险金额。

(6) 审核保险费：保险费的审核主要分为费率适用的审核和计算的审核。

(7) 审核附加条款：对附加条款的适用问题上的风险评估和分析。

2) 查验有关证件

(1) 查验机动车行驶证、车辆登记书、有效移动证(临时号牌)是否真实、有效，是否经公安交通车辆管理机关办理年检。

(2) 核实投保车辆的合法性，各种证件是否与投保标的和投保单内容相符，投保人对投保车辆是否具有可保利益，确定其使用性质和初次登记日期、已使用年限。

(3) 如果约定驾驶人员的，则应检验约定驾驶人员的"机动车驾驶证"，并对照投保单核实驾驶人员信息。

3) 查验车辆

根据投保单、投保单附表和车辆行驶证，对投保车辆进行实际的查验。

(1) 检查车辆有无受损，是否有消防设备等。

(2) 车辆本身的实际牌照号码、车型及发动机号、车身颜色、VIN 码等是否与"机动车行驶证"记录一致。

(3) 检查发动机、车身、底盘、电气等部分的技术情况是否符合《机动车辆安全运行技术条件》的要求。

(4) 投保盗抢险的机动车辆必须拓印车架和发动号码，并拍照留底、将拓印的号码附贴在投保单正面，照片冲洗后则贴在投保单背面，并查验是否装备防盗设备。

符合下列条件的机动车辆可以免检。

(1) 仅投保交强险的机动车。

(2) 购置时间一个月以内的新车投保。

(3) 按期续保并且续保时未加保机动车损失保险及其附加险的机动车。

(4) 新保机动车第三者责任险及其附加险的机动车。

(5) 同一投保人投保多辆车。

具体多车免验标准由各分公司根据该公司的人员数量、人员素质、风险管理等情况自行确定。确定标准时，党政机关、企事业单位车队投保机动车数应大于 10 辆，营运车队投保机动车数应大于 20 辆。

符合下列条件的机动车辆必须重点查验。

(1) 第一次投保机动车损失保险及其附加险的机动车。

(2) 未按期续保的机动车。

(3) 续保时增加投保机动车损失保险及其附加险的机动车。

(4) 中途申请增加投保机动车损失保险及其附加险的机动车。

(5) 特种车或发生重大车损事故后修复的机动车。

(6) 出险事故率较高的机动车。

(7) 新车购置价较高的机动车(各分公司可以根据该公司的风险管理等情况自行确定标准，原则上新车购置价超过 100 万元的重点检验)。

注意事项如下。

(1) 验车、验证后，负责验车、验证人员要在投保单"验车、验证情况"栏内签字确认。

(2) 对电话投保、网上投保等特殊业务，在未完成验车、验证的情况下，可根据投保人提交的信息，先行出具保险单，但必须在保险单送达投保人时，完成验车、验证工作。

(3) 验车、验证结果与投保人提交信息不符时，应按照检验结果出具保险单或拒绝承保。

4) 录入投保信息，提交核保申请

展业人员在检验证件和车辆后，将投保信息录入汽车保险理赔系统，并提交核保人员进行审核。(备注：系统操作流程和操作方法详见学习情境五相关内容)

步骤 2：专业核保人员核保

在展业人员提交核保申请后，需要核保人员进行核保，决定是否承保、承保条件与保险费率，对于超出本级核保权限的需要报上级公司核保。

1) 本级核保

保险公司的一级核保单位主要审核以下内容。

(1) 审核保险单是否按照规定内容与要求填写，有无疏漏。

(2) 审核保险价值与保险金额是合理、适用的费率标准和计收保险费是否正确。

(3) 审核业务人员或代理人是否对投保车辆进行了验车、验证，是否按照《保险法》的要求向投保人履行告知义务。对特别约定的事项是否在特约栏内注明。

(4) 对于较高保额投盗抢险的车辆，审核投保单填写内容与事实是否一致，是否按照规定拓印拍照存档。

(5) 对高发事故和风险集中的投保单位，是否提出限制性的承保条件。

(6) 费率表中没有列明的车辆，是否提出了费率厘定的意见。

(7) 审核其他相关情况。

此外，还应注意：核保完毕后，核保人在投保单上签署意见，对超出本级核保权限的，应报上级公司核保。

2) 上级核保

上级公司接到请示公司的核保申请后，应该有重点地开展核保工作，主要审核以下内容。

(1) 根据掌握的情况考虑能否承保。

(2) 已接受的投保单中涉及的险种、保险金额、赔偿限额是否需要限制和调整。

(3) 已接受投保是否需要增加特别的约定。

(4) 已接受的投保单是否符合保险监管部门的有关规定。

(5) 对于上报核保的车辆是否单独做出业务经营分析。本级核保主要是对单证内容、保险价值、保险金额、费率标准、保费计算方法进行复核。如果工作人员对其中内容有异议，或遇到非标准核保业务，则需交上级进行核保。上级核保后，签署明确的意见并立即返回请示的公司。

步骤3：做出承保决策

核保人员根据保险标的的性质做出承保决策。

(1) 正常承保：对于属于标准风险类别的保险标的，保险公司按标准费率予以承保。

(2) 优惠承保：对于属于优质风险类别的保险标的，保险公司按低于标准费率的优惠费率予以承保。

(3) 有条件的承保：对于低于正常承保标准，但又不构成拒保条件的保险标的，保险公司通过增加限制性条件或加收附加保费的方式予以承保。

(4) 拒绝承保：如果投保人的投保条件明显低于保险人的承保标准，保险人就会拒绝承保。

对于拒绝承保的保险标的，保险公司要及时向投保人发出拒保通知；对于接受的承保业务，核保人员将核保单、核保意见一并转业务内勤，据此缮制保险单证。

任务3　缮制和签发保险单证

任务描述

张明的投保通过了核保，制单员何帆需要给张明签发打印保险单。那么何帆应该如何开展工作呢？

任务分析

保险单或保险凭证是订立保险合同、载明保险合同双方当事人权利和义务的书面凭证，是被保险人向保险人索赔的主要依据。因此，缮制保险单证工作质量的优劣，往往直接影响机动车辆保险合同的顺利履行。保险人员要能够准确地缮制保险单证，按照规范的操作程序完成签发保险单证的工作。

相关知识

一、交强险单证

交强险单证是投保人与保险公司签订的、证明强制保险合同关系存在的法定证明文件，由保监会监制，全国统一式样。交强险单证分为交强险保险单、定额保险单和批单三种。除摩托车和农用拖拉机使用定额保险单外，其他投保车辆必须使用交强险保险单。交强险保险单、定额保险单均由正本和副本组成。正本由投保人或被保险人留存，副本包括业务留存联、财务留存联和公安交管部门留存联。

交强险标志是根据法律、法规规定，由保险公司向投保人核发、证明其已经投保的标志，由保监会监制，全国统一式样。

交强险标志分内置型和便携型两种。具有前挡风玻璃的投保车辆应使用内置型，不具有前挡风玻璃的投保车辆应使用便携型。交强险单证及其使用范围见表3-16。

表3-16 交强险单证及其使用范围

单证名称	单证分类	使用范围
保险单	机动车交强险保单	机动车
定额保险单	摩托车定额保单	摩托车(兼有投保单性质)
	拖拉机定额保单	拖拉机(兼有投保单性质)
保险标志	内置式	具有前挡风玻璃车辆
	便携式	不具有前挡风玻璃车辆
批改申请书	批改申请书	已签发的各类交强险保单进行批改时使用
批单	交强险批单	

机动车交强险保险单和保险标志如图3-4和图3-5所示。

学习情境3 汽车保险承保

机动车交通事故强制责任保险保单样本

中国人民财产保险股份有限公司
PICC PROPERTY AND CASUALTY COMPANY LIMITED

AEDZAA2013Z00
京:11001300973351

保险单号:

被保险人					
被保险人身份证号码(组织机构代码)					
地 址			联系电话		

被保险机动车	号牌号码		机动车种类		使用性质	
	发动机号码		识别代码(车架号)			
	厂牌型号		核定载客	人	核定载质量	千克
	排 量		功 率		登记日期	

责任限额	死亡伤残赔偿限额	110000元	无责任死亡伤残赔偿限额	11000元
	医疗费用赔偿限额	10000元	无责任医疗费用赔偿限额	1000元
	财产损失赔偿限额	2000元	无责任财产损失赔偿限额	100元

与道路交通安全违法行为和道路交通事故相联系的浮动比率　　　　　　　　%
保险费合计(人民币大写)　　　　(¥:　　元) 其中救助基金(　%) ¥:　　元
保险期间自　　年　　月　　日　　时起至　　年　　月　　日　　时止
保险合同争议解决方式

代收车船税	整备质量		纳税人识别号	
	当年应缴 ¥:　元	往年补缴 ¥:　元	滞纳金 ¥:　元
	合计(人民币大写):		(¥:　元)
	完税凭证号(减免税证明号)		开具税务机关	

特别约定

重要提示
1. 请详细阅读保险条款,特别是责任免除和投保人、被保险人义务。
2. 收到本保险单后,请立即核对,如有不符或疏漏,请及时通知保险人并办理变更或补充手续。
3. 保险费应一次性交清,请您及时核对保险单和发票(收据),如有不符,请及时与保险人联系。
4. 投保人应如实告知对保险费计算有影响的或被保险机动车因改装、加装、改变使用性质等导致危险增加的重要事项,并及时通知保险人办理批改手续。
5. 被保险人应当在交通事故发生后及时通知保险人。

保险人	公司名称:			
	公司地址:			
	邮政编码:	服务电话: 95518	签单日期:	(保险人签章)

核保:　　　　　制单:　　　　　经办:

尊敬的客户: 若您对查询结果有异议,请通过以上三种渠道联系本公司。您可通过本公司网站(www.e-picc.com.cn)、95518客服电话或附近的营业网点查询保险单信息。

第三联 交投保人

图 3-4　机动车交强险保险单样本

图 3-5 机动车交强险保险标志

二、商业保险单证

保险单是被保险人向保险人索赔保险事故损失的法律凭证,被保险人应妥善保存。商业险保险单由正本和副本组成。正本由投保人或被保险人留存;副本应包括业务留存联、财务留存联。所以,商业险保险单与交强险保险单相比,缺少公安交管部门留存联,其余相同。

定额保单是指事先把保额确定的一种保险单。定额保单使用方便,尤其是通过代理渠道承保的业务。定额保单更加体现其优势。

保险证(卡)通常是车主购买商业保险单后,由保险公司签发给被保险人的简单凭证。保险证(卡)内容简单,便于随身携带。商业保险单证及其使用范围如表 3-17 所示。

表 3-17 商业保险单证及其使用范围

单证名称	单证分类	使用范围
保险单	机动车商业保险保单	机动车
定额保险单	摩托车商业保险定额保单	摩托车(兼有投保单性质)
	拖拉机商业保险定额保单	拖拉机(兼有投保单性质)
保险证	机动车保险证	机动车
批改申请书	批改申请书	已签发的商业保险保单进行批改时使用
批单	机动车辆保险批单	

学习情境 3　汽车保险承保

机动车商业保险保单如图 3-6 所示。

机动车商业保险保单样本

中国保险监督管理委员会监制　　　　　　　　　　　　　限在北京市销

中国人民财产保险股份有限公司机动车保险单（正本）

AEDAAA2013Z00

PICC 中国人民财产保险股份有限公司
PICC PROPERTY AND CASUALTY COMPANY LIMITED

京：1100 30069795
保险号码：

鉴于投保人已向保险人提出投保申请，并同意按约定交付保险费，保险人依照承保险种及其对应条款和特别约定承担赔偿责任。

保险车辆情况	被保险人						
	号牌号码		厂牌型号				
	VIN码		车架号		机动车种类		
	发动机号		核定载客　　人		核定载质量　千克	已使用年限	年
	初次登记日期		年平均行驶里程　公里		使用性质		
	行驶区域				新车购置价		元
承保险种		费率浮动（±）		保险金额/责任限额（元）		保险费（元）	

（若对查询结果有异议，请通过以上三种渠道联系本公司。）

尊敬的客户：您可通过本公司网站（www.e-picc.com.cn）、95518客服电话或附近的营业网点查询保险单信息。

保险费合计（人民币大写）：			￥：		元
保险期间自	年 月 日	时起至	年	月 日	时止

特别约定	
重要提示	保险合同争议解决方式 1. 本保险合同由保险条款、投保单、保险单、批单和特别约定组成。 2. 收到本保险单、承保险种对应的保险条款后，请立即核对，如有不符或疏漏，请各48小时内通知保险人办理变更或补充手续；超过48小时未通知的，视为投保人无异议。 3. 请详细阅读承保险种对应的保险条款，特别是责任免除、投保人被保险人义务、赔偿处理和附则。 4. 被保险机动车因改装、加装、改变使用性质等导致危险程度显著增加以及转卖、转让、赠送他方，应书面通知保险人并办理变更手续。 5. 被保险人应当在交通事故发生后及时通知保险人。
保险人	公司名称：　　　　　　　　　　公司地址： 　　　　　　　　　　　　　　　联系电话：95518　　网址：www.e-picc.com.cn 邮政编码：　　　　　　　　　　签单日期：　　　　　　（保险人签章）

核保：　　　　　　　制单：　　　　　　　经办：

第二联　交投保人

图 3-6　机动车商业保险保单样本

任务实施

(一)任务实施环境

(1) 汽车保险仿真模拟实训室。
(2) 车险承保系统制单平台。
(3) 辅助办公设备(文具、打印机、复印机等)。

(二)任务实施步骤

缮制和签发保险单证的流程为缮制保险单、复核保险单、收取保险费、签发保险单证、保险单证的补录、保险单证的清分与归档几个步骤。缮制和签发保险单证流程如图3-7所示。

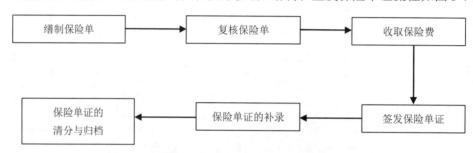

图 3-7　缮制和签发保险单证流程

步骤1：缮制保险单

业务内勤人员接到投保单及其附表后，应根据核保人员的意见，进行保险制单。

保险单证原则上由计算机出单，如果无计算机设备，必须由手工出单的，则应得到上级单位的书面同意。

计算机制单将投保单有关内容输入到保险单对应栏目内，在保险单"被保险人"和"厂牌型号"栏内登录统一规定的代码。录入完毕，检查无误后，打印出保险单。

保险单及其附表缮制完毕后，制单人应将其连同投保单一起送复核人员复核。

注意事项如下。

(1) 双方协商并在投保单上注明的特别约定内容应完整地载明到保险单对应的栏目内，如果核保有新的意见，则应根据核保意见进行修改。

(2) 无论是主车还是挂车一起投保，还是挂车单独投保，挂车都必须出具具有独立保险单号的保险单。当主车与挂车一起投保时，可参照多车承保方式处理，给予统一的合同号。

(3) 特约条款和附加条款应在保险单正本背面印上或加贴，加贴的条款应加盖骑缝章。

步骤2：复核保险单

复核人员接到保险单，应审查各种单证是否齐全，内容是否完整、符合要求，字迹是否清楚，计算是否正确，并与凭证相对照，力求无差错。复核无误后，加盖公章及负责人、复核员签名，然后对外发送。

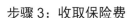

步骤3：收取保险费

收费员经复核保险单无误后，向投保人核收保险费，并在保险单"会计"处和保险费收据"收款人"处签章，在保险费收据上加盖财务专用章。只有被保险人按照约定缴纳了保险费，该保险单才能产生效力。

步骤4：签发保险单证

汽车保险合同实行一车一单(保险单)和一车一证(保险证)制度。投保人缴纳保险费后，业务人员必须在保险单上注明公司名称、详细地址、邮政编码及联系电话，加盖保险公司业务专用章。根据保险单填写"汽车保险证"并加盖业务专用章。险种一栏填写总险种代码，电话应填写公司报案电话，所填内容不得涂改。

签发单证时，交由被保险人收执保存的单证有保险单证正本、保险费收据(保户留存联)、汽车保险证。对已经同时投保车辆损失险、第三者责任险、车上人员责任险、不计免赔特约险的投保人，还要签发事故伤员抢救费用担保卡，并做好登记。

步骤5：保险单证的补录

手工出具的汽车各种形式的保险单证，必须在出单后的第十个工作日内，按照所填内容录入到保险公司的计算机车险业务数据库中。单证补录必须由专人完成，由专人审核，业务内勤和经办人不能自行补录。

步骤6：保险单证的清分与归档

对投保单及其附表、保险单及其附表、保险费收据、保险证，应由业务人员清理归类。各类附表要贴在投保单的背面，需要加盖骑缝章。清分时，应按照以下送达的部门清分。
(1) 财务部门留有的单证：保险费收据(会计留存联)、保险单副本。
(2) 业务部门留存的单证：保险单副本、投保单及其附表、保险费收据(业务留存联)。留存业务部门的单证，应由专人保管并及时整理、装订、归档。

任务4　办理批改和续保

任务描述

为了规避车身被划痕的风险，张明决定增加投保"车身划痕损失险"，向保险公司提出对原投保进行批改的申请。公司批单接待员袁璐接到张明的批改申请，需要办理保单的批改，那么，袁璐应该怎么办理保单的批改手续呢？如果张明来年还在该公司投保，该保险公司的展业人员又如何为张明办理续保呢？

任务分析

批改是在保险单签发以后，在保险合同有效期限内，如保险事项发生变更，经保险双方当事人同意办理变更合同内容的手续。续保是保险期满后，投保人在同一保险人处重新办理汽车保险事宜，汽车保险业务中有相当大的比例是续保业务。在本项任务中通过学习批改和续保的相关知识，熟练地处理批改和续保业务。

相关知识

一、批改

(一)批改的概念

批改是指在保险单签发以后，在保险合同有效期限内，如保险事项发生变更，经保险双方当事人同意办理变更合同内容的手续。

(二)批改的内容

我国《机动车辆保险条款》规定："在保险合同有效期内，保险车辆转卖、转让、赠送、变更用途或增加危险程度，被保险人应当事先书面通知保险人并申请办理批改。"同时，一般汽车保险单上也注明"本保险单所载事项如有变更，被保险人应立即向该公司办理批改手续，否则，如有任何意外事故发生，该公司不负赔偿责任"的字样，以提醒被保险人注意。

机动车辆保险批改的主要内容如下。

(1) 保险人变更。
(2) 被保险人变更。
(3) 保险车辆变更使用性质、增减危险程度。
(4) 增、减投保车辆。
(5) 增、减或变更约定驾驶人员。
(6) 调整保险金额或责任限额。
(7) 保险责任变更。
(8) 保险期限变更。
(9) 变更其他事项。

(三)批改的规则

批改应遵守以下规则。

(1) 投保人申请批改保单信息时应提交带有投保人签字(签章)的批改申请书，且该批改申请书内容要合法、合规，批改的事项不与保险合同条款冲突；视不同的批改类型，客户需提供报废证明、报停证明、过户证明、行驶证、单位证明、协议、身份证、上年保单等。

(2) 批单必须在保单有效期内进行批改，不允许倒签单或对已到期保单进行批改。倒签单的判定标准：批改生效日期早于批改录入日期。

(3) 严禁违规进行保费批退。

(4) 严禁无理由进行保单批改。

(5) 不可进行更换保险标的批改，如同时或先后人为批改发动机号、车架号、牌照号。

(6) 减少保险责任时计算退费的日期应自批改生效日开始。

(7) 批文应与所作的批改相对应，不可在批文中任意增加与批改内容无关的描述。

(8) 办理分保业务，批改涉及保费变更的信息应上报两核中心及再保部、计财部。

(9) 下列情况下需验车后批改。
① 保险期限内增加保险责任的业务；
② 保险期限内增加保额和赔偿限额的业务；
③ 需倒签单的业务；
④ 其他核保员要求进行验车的业务。

(四)批改的方式

根据我国《保险法》的规定，保险单的批改有两种方式。
(1) 在原保险合同上进行批改。
(2) 另外出具批单附贴在原保险单正本、副本上并加盖骑缝章，使其成为保险合同的一部分。在实际工作中大都采用出具批单的方式。

(五)关于批单

1. 批单的概念

在保险单证签发后，对保险合同内容进行修改、补充或增删所进行的一系列作业称为批改，经批改所签发的一种书面证明称为批单。

2. 批单填写的要求

(1) 保险单号码。登录原保险单号码。
(2) 批单号码。以年度按顺序连贯编号，系统自动生成。
(3) 被保险人。填写被保险人的称谓，应与原保单相符。
(4) 批文。批文按规定的格式填写，批改险种、保费计算公式等按照公司规定执行。
(5) 批单采取统一和标准的格式。

3. 商业车险批单分类

商业批单分为增减型、内容型和合同型三种类型，见表3-18。

表3-18 商业车险批单类型

序号	增减型	内容型	合同型
1	增加主险	变更被保险人信息	注销保单
2	减少主险	变更车主信息	退保
3	增加主险保额	变更车辆信息	
4	减少主险保额	变更特别约定	
5	增加附加险	过户及转籍	
6	减少附加险		
7	增加附加险保额		
8	减少附加险保额		
9	延长保鲜期限		

续表

序　号	增减型	内容型	合同型
10	缩短保险期限		
11	修改不计免赔险		
12	修改驾驶人信息		
13	修改扩展条款		
14	修改费率调整系数		

4. 批单使用说明

(1) 增减型。增加车辆损失险、盗抢险及相关附加险的，必须安排验车，并在验车单上注明验车人、验车时间和标的情况，留存验车照片和验车资料，根据验车结果确定是否同意客户的加保申请。对于 6 年及以上车辆加保盗抢险、自燃险时，必须合理确定车辆的保险金额。

投保人申请减少险种或要求退保的，应首先确认没有减少险种的未立案出险案件，然后按照条款要求退还未到期保险费。

① 增加或减少主险：在保险合同有效期内，投保人提出书面申请，要求增加或减少基本险，适用该类批单。

② 增加或减少附加险：在保险合同有效期内，投保人提出书面申请，要求增加或减少附加险，适用该类批单。

③ 增加或减少主险保额：在保险合同有效期内，投保人提出书面申请，要求增加或减少基本险保险金额，适用该类批单。

④ 增加或减少附加险保额：在保险合同有效期内，投保人提出书面申请，要求增加或减少附加险保险金额，适用该类批单。

⑤ 延长或缩短保险期限：在保险合同有效期内，投保人提出书面申请，要求延长或缩短保险期限的，适用该类批单。保险期限不足 1 年的保单可延长保险期限，延长时间原则上不超过 6 个月，超过 6 个月的按续保业务出具新的保单。延长后的保险期限不得超过 1 年。

⑥ 修改不计免赔险：在保险合同有效期内，投保人提出书面申请，要求投保或取消某险别不计免赔的，适用该类批单。

⑦ 修改驾驶人信息：在保险合同有效期内，投保人提出书面申请，要求修改驾驶人信息的，适用该类批单。修改驾驶人信息，须复印驾驶证留存归档；涉及保费变化的要按照费率规章的要求重新计算保费；涉及免赔率变化的要告知投保人。

⑧ 修改扩展条款：对于经投保人书面申请需要变更教练责任扩展条款、特种车损失责任扩展条款和出入境责任扩展条款的适用该类批单。

(2) 内容型。

① 在保险合同有效期内，投保人提出书面申请，要求变更被保险人、车辆所有人、车辆信息和特别约定的使用内容型批单。

② 如果变更被保险人、车辆所有人后，车辆的使用性质也发生了改变，应退保原保单，按照变更后的车辆使用性质选择相应条款重新出具保单。

③ 原则上不得对车辆型号进行批改。

④ 禁止用变更特别约定的方式批改应该用增减型或合同型批单变更的项目。

⑤ 在保险合同有效期内，车辆所有权发生变更的，去车管所办理过户手续后，客户申请变更被保险人、号牌号码、行驶证车主等信息的适用过户及转籍批单。办理过户手续时，原被保险人需填写批单申请书并签字(盖章)，提供原保单正本、过户登记证书、原被保险人身份证复印件、现被保险人身份证复印件。涉及使用性质变更的，需退保重新出具保单。

(3) 合同型。保险责任开始之前尚未实收确认需解除保险合同的使用注销批单，保险责任开始后及已经实收确认的保单需要解除保险合同的使用退保批单，退保批单需按照条款要求收取退保手续费或短期保险费。合同类批单必须收回保单、发票正本(对退保批单，投保人已经将发票入账的可不要求提供)和保险卡(或保险标志)。投保人确实遗失上述单证的，需签署"单证遗失声明"。

5. 批单使用的基本要求

(1) 各机构必须使用公司制定的统一样式批改申请书(样本参见本章附件)，批单申请书由投保人填写批改内容，并且由投保人签字(个人)或盖章(单位)同意。

(2) 批单生效日期原则上不得早于批单录入日期。

(3) 批单必须明确批改原因、变更内容及项目、相应约定和生效日期。

(4) 批改申请书、单证收回情况、验车照片、相关证明材料按照档案管理的规定由基层营业机构留存，二级、三级核保人逐级核实，并在核保意见中注明"已核实批改申请和××证明"字样。上级核保人认为有必要时，可要求传真证明或发送扫描件进行核实。

(5) 严禁出险后通过批单变更扩大理赔范围的行为。

(6) 应该使用增减型、合同型批单的批改，不得使用内容型批单。

(7) 严禁通过批改承保控制承保的业务。

(8) 退保、注销批单，需在批单的情况说明中注明单证收回情况。

(9) 退保或减少险种的批改，核实没有相应险种的未解决赔案后，方可进行系统批改操作。

(10) 在保险期间内，无充分证据不得对车架号和发动机号两项都作批改变更。

(11) 车辆更换但要求保留号牌的，不得在原保单上批改，应退保原车辆保单，出具新保单承保。

(12) 商业车险涉及车辆使用性质发生变更的，必须将原保单退保，按照变更后的性质选择相应条款重新出具保单，不得通过批改被保险人、车主和其他批单方式批改。

(13) 通过批单增加车损险，如属于不足额投保，或减少车损险保额的，必须在批单情况说明中注明"车损险不足额投保，出险后按照保险金额与投保时新车购置价的比例计算赔付"。

(14) 车辆报停，原则上不允许通过批单顺延保险期限，应当作退保处理，待车辆重新启用后按照承保实务重新出单。

(15) 过户批单应核实保单是否已实收确认，没有实收确认的不得给予过户批改。

(16) 需要增加保费的批单在投保人缴纳保费后方可出具批单。

附：中国太平洋财产保险股份有限公司车险批改申请书

机动车辆险业务批改申请书

中国太平洋财产保险股份有限公司××分公司：

本投保人或被保险人名称＿＿＿＿＿＿＿＿＿＿，证件类型＿＿＿＿＿，证件号码＿＿＿＿＿＿＿＿＿＿，申请在保单号＿＿＿＿＿＿＿＿＿＿项下投保的车牌号码的车辆，因＿＿＿＿＿＿＿＿＿＿＿＿＿原因，向贵司申请办理保险合同内容批改，具体申请批改内容如下。

一、批改事项：(请在需变更的项目前的□打√)

□被保险人信息变更：保险车辆转卖、转让、赠送他人
□保险车辆变更使用性质　　　　　□保险车辆信息变更
□调整保险金额或责任限额　　　　□加保或减保部分险种
□保单退保　　　　　　　　　　　□变更其他内容

二、批改内容

三、受托人信息确认：(如投保人或被保险人委托他人办理保险批改的，请如实填写委托事项)

受托人姓名：＿＿＿＿＿＿＿　　　联系电话：＿＿＿＿＿＿＿＿＿
受托人证件类型：＿＿＿＿＿＿＿　证件号码：＿＿＿＿＿＿＿＿＿

受托人必须持有委托人授予的委托书、委托人相关证件方可代委托人办理相关批改。受托人在办理委托事项时的所有行为，视同受委托人亲为，由此产生的全部后果，受委托人均予以承认。

四、注意事项

本投保人或被保险人对合同条款内容及赋予的权利和义务已知悉，并对本次保险批改申请书及办理批改委托书可能引发的经济纠纷和法律后果充分了解且无异议，请贵司给予批改。

投保人或被保险人：＿＿＿＿＿＿＿(签章)　　联系电话：＿＿＿＿＿＿

受委托人：＿＿＿＿＿＿＿(签章)

申请批改日期：＿＿＿＿年＿＿月＿＿日

以下栏目由保险公司人员填写：

机动车辆保险批改申请受理审批表

验车及单证情况	复核情况	出单中心意见
经办人签字： 日期：	复核人签字： 日期：	审批人签字： 日期：

二、续保

(一)续保的概念

汽车保险的期限一般为一年,保险期满后,投保人在同一保险人处重新办理汽车保险的事宜称为续保。

续保是一项保险合同双方"双赢"的活动。对投保人来说,通过及时续保,一方面可以从保险人那里得到连续不断的、可靠的保险保障与服务。另一方面,作为公司的老客户,可以在保险费率方面享受续保优惠;对保险人来说,老客户的及时续保,可以稳定业务量,同时还能利用与投保人建立起来的关系,减少许多展业工作量与费用。保险公司一般都将续保率与业绩考核挂钩。

(二)保户需要提供的单据

在办理续保时,保户应提供下列单据。
(1) 提供上一年度的机动车辆保险单;
(2) 保险车辆的经交通管理部门核发并检验合格的行驶证和车牌号;
(3) 所需的保险费,保险金额和保险费须重新确定。

(三)无赔款优待规定

(1) 在上一保险期内未发生过任何一个险别的赔款、并按期续保的可以享受。
(2) 被保险人只能享受所续险种的无赔款优待,并以投保金(限)额对应的应交保费为基础计算无赔款优待。
(3) 无赔款优待按车辆计算,在同一保险单内未出险的车辆续保时均可享受。
(4) 无论机动车辆连续几年无事故,无赔款优待标准一律按10%计算。

注:对提前续保或已续保后,被保险人又要求增加续保险别但未发生过任何赔款的,仍可按条款规定给予无赔款优待。

(5) 下列情况不能享受无赔款优待。
① 上一保险期限不足一年。
② 在上一年保险期内,发生过赔案(包括未决的赔案),除非被保险人申明放弃赔款请求。
③ 在上一年保险期内保险车辆发生所有权转移却未办理批改的。
④ 保险单期满后已脱保的。
(6) 如果被保险人在续保时享受了无赔款优待,但事后发现在上一保险期内发生过赔案或期满后补报赔案,保险人应出具批单追回或再次支付赔款时扣除已享受的无赔款优待金额。
(7) 从其他保险公司(含本系统其他分支公司)转来续保的车辆,无赔款优待应根据投保人提供转保车辆上年度的无赔款有效证明。

任务实施

(一)任务实施环境

(1) 汽车保险仿真模拟实训室。
(2) 汽车承保系统保单批改平台。
(3) 辅助办公设备(文具、打印机、复印机等)。

(二)任务实施步骤

1. 批改业务实施步骤

汽车保险批改业务操作一般为：被保险人填写批改申请书，由保险公司进行审核，审核通过，加减保费，出具批单并盖章，批改生效，如图 3-8 所示。

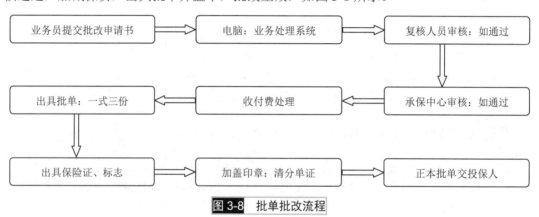

图 3-8　批单批改流程

2. 续保业务实施步骤

保险公司在车辆保险临近期满前，根据情况需要，以电话、信函、上门等方式向被保险人(投保人)发出续保通知，督促按时办理续保手续，如图 3-9 所示。

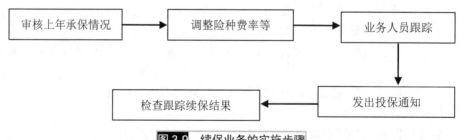

图 3-9　续保业务的实施步骤

步骤 1：保险公司专门负责续保的人员在车险到期前，对上年承保情况进行审核，对客户进行筛选，优质客户进行跟踪续保，不良客户则放弃续保。

步骤 2：根据被保险车辆的出险和赔款记录，核定是否享受无赔款优待，调整保险费率和重新计算保险费用。

学习情境 3　汽车保险承保

步骤 3：打印续保清单，交业务人员进行跟踪。
步骤 4：业务人员以电话、短信、邮件等方式向被保险人发出续保通知。
步骤 5：检查业务人员跟踪续保的情况，作为业务人员业绩考核的指标。

学习总结

　　汽车承保指保险人在投保人提出投保请求时，经审核其投保内容认为符合承保条件，同意接受其投保申请，并按照有保险条款承担保险责任的过程。主要包括保险展业、保险核保、接受业务、缮制与出具保单等基本工作。

　　保险展业是保险公司向客户提供保险商品服务，进行市场营销的过程。保险展业人员应该掌握汽车专业知识，营销知识，国家的法律、法规以及相关的政策，熟悉本地区的保险对象的基本情况，通过多种方式进行保险宣传，同时还要准确地掌握投保人的保险需求，为投保人设计满足需要的投保方案，并指导投保人正确填写投保单。

　　核保是汽车保险承保的重要环节之一，其本质是对可保风险的判断与选择，是承保条件与风险状况适应或匹配的过程。核保工作按照承保权限由公司逐级审核，最高审核级别为总公司。日常核保工作一般分为出单点复核、承保中心核保。出单点复核是由保险展业人员在展业过程中掌握好核保政策，对投保单进行初步审核，执行验车承保，初审后录入投保信息，复核后提交承保中心核保。承保中心的核保工作原则上采取本级核保和上级核保两级核保体制。核保的程序一般包括审核投保单、查验车辆和有关证件、核定保险费率、计算保险费、核保等步骤。核保的方式主要有标准业务核保和非标准业务核保、事先核保和事后核保、集中核保和远程核保。

　　核保人员根据保险标的性质做出正常承保、优惠承保、有条件的承保和拒绝承保决策。对于拒绝承保的保险标的，要及时向投保人发出拒保通知。对于接受承保的业务，核保人将核保单、核保意见一并转入业务内勤，据此缮制保险单证。

　　缮制保单是在接受业务后填写保险单和保险凭证的程序。保险单或保险凭证是订立保险合同、载明保险合同双方当事人权利和义务的书面凭证，是被保险人向保险人索赔的主要依据。因此，缮制保险单证工作质量的优劣，往往直接影响机动车辆保险合同的顺利履行。填写保险单的要求是单证相符、保险合同要素明确、数字准确、复核签章、手续齐备。

　　经复核保险单无误后，向投保人核收保险费，签发保险单证。对于手工出具的汽车各种形式的保险单证，必须在出单后的第十个工作日内，按照所填内容录入到保险公司的计算机车险业务数据库中。对各类保险单证应由业务人员清理归类。

　　当保险期满时，可根据投保人的意愿，为投保人办理续保手续。在保险合同有效期限内，如保险事项发生变更，需要办理批改手续。如果在保险合同没完全履行时，经投保人向被保险人申请，保险人同意，可办理退保手续。

学习拓展

汽车保险新概念：按里程付费

与传统汽车保险按时间定价不同，"按里程付费"(Pay As You Drive，PAYD)是按被保险车辆的行驶里程数进行定价，行驶里程越短车主所需缴纳保费也越少。作为一种成本节约型、环境友好型的汽车保险创新产品，PAYD 在欧美国家日趋流行，不仅受到消费者的青睐，还引起环保组织、政府部门的日益关注。

一、背景

PAYD 起源并流行于欧美国家。一方面，最近几十年来，受人口因素影响，欧美国家汽车保有量增长非常缓慢，汽车保险市场趋于饱和。以德国为例，根据壳牌(SHELL)研究预测，德国汽车保有量将从 2008 年的 4 500 万辆增加到 2030 年的 4 900 万辆，年增长率仅为 0.3%。与此同时，车险保费收入出现下滑。按照欧洲保险和再保险联合会(CEA)2006—2007 年年报，尽管承保车辆有所增加，2006 年欧洲汽车保险业同比仍负增长 1%。这主要归因于汽车保险市场竞争日趋激烈，车险费率呈下降趋势，2006 年，德国和英国的车险总体费率同比分别下降了 3.6% 和 1.2%。为了应对市场竞争，许多保险公司积极创新产品和服务，努力寻求降低风险成本和提高客户忠诚度的有效途径。

近几十年来，受温室气体排放影响，全球变暖趋势日益明显，全球气象灾害无论是发生频率还是损害程度总体均在不断升级，对保险业的威胁也与日俱增。面对气候变化的挑战，除利用新型风险转移手段(ART)、再保险等"被动型"财务性风险管理措施之外，一些保险公司特别是大型国际保险集团开始采取更加积极主动的应对策略，包括通过提供激励引导客户参与"节能减排"。

二、PAYD 的利与弊

PAYD 能够更加客观地反映每一客户的实际风险，保险费率对于客户而言更加公平合理，而对于保险公司来说则意味着承担较小的"逆选择"风险，且能提高客户的忠诚度。与传统保险的保费预付制不同，PAYD 采用的是后付制方式(或者预付制与后付制相结合)，即在保险期限(例如一个季度或半年)结束后根据被保险人车辆的实际行驶情况测算当期的保费，因而客户对保费支出具有较大的自主权和控制权。当然，客户投保 PAYD 后能否节约保费以及节约多少保费则取决于自身的实际驾车情况。为了减少保费支出，许多客户将会尽可能地减少驾驶里程，这不仅有利于节能减排，同时还有利于降低交通事故风险，从而实现社会效益。美国著名智库之一布鲁金斯学会(Brookings Institution)研究预计，如果所有的车主均按里程数支付保费而不是采取一次性付款方式的话，全美国每年的汽车驾驶量将会下降 8%，可以减少汽车驾驶事故造成的经济损失约合 500 亿～600 亿美元，每年可以减少 2% 的二氧化碳排放量和 4% 的石油消耗量。

从各国实践情况看，PAYD 运行中存在的问题主要有两个：一是客户的隐私权问题。对于投保 PAYD 的客户，其日常驾驶行为将受到保险公司的密切监控，很多客户认为自身的隐私权受到威胁。二是初始成本高的问题。PAYD 依赖于车载远程通信设备的使用以及数据的加工处理。这笔费用无论是由客户还是由保险公司来承担都是一笔不小的开支，从短期来看可能会削弱 PAYD 的成本节约优势。

三、PAYD 的技术实现

大部分 PAYD 保险都是基于与车载通信系统相同的核心技术：GPS 定位和移动通信。客户在投保 PAYD 后，保险公司在其车辆上安装一个车载远程通信设备，用于记录车辆行驶过程中传输的 GPS 数据。保险公司利用专门软件或通过第三方运营商根据不同的参数对 GPS 数据进行分析。这些参数包括实际行驶里程数、行驶道路类型(高速公路或乡村道路，主干道或市中心道路)、行驶区域类型(城市或乡村)、行驶的时间段(周末或工作日，是否高峰时间)、平均速度等。通过将 GPS 数据与按照参数建立的数据库进行比对，可以确定被保险车辆的驾驶信息，再根据预先设定的定价模型，可以测算出客户须缴纳的实际保费。

四、PAYD 的开拓者——美国前进保险公司

早在 1998 年，美国的前进保险公司(Progressive) 就开始在休斯敦试验一款基于使用情况(Usage-based)的汽车保险产品"Autograph"，并于 1999 年将试点范围扩大到整个得克萨斯州。由前进保险公司开发并拥有专利的这一全新定价方法利用 GPS 和数字蜂窝技术记录和收集数据。前进保险公司根据被保险车辆的行驶总里程、每天行驶的时间段和行驶地点向客户收费，这一方法使得客户可以通过减少驾驶时间(特别是交通堵塞期间)节约保费。然而，由于投保人数相对较少，且初始投入成本高，2000 年 3 月，前进保险公司停止销售新的 PAYD 保单，仅继续为现存保单提供服务。2001 年 5 月，该公司中止了整个 PAYD 项目。尽管如此，前进保险公司仍未放弃 PAYD 的理念。

2004 年，该公司推出了第二代基于汽车使用情况的保险产品"TripSense"，主要在明尼苏达、密歇根和俄勒冈州推广；2008 年，又升级为新一代产品"MyRate"。目前，MyRate 已经在美国 16 个州推广，参保人数正不断增加。与之前的产品不同，MyRate 未使用 GPS，仅采集与车辆使用情况相关的信息，而不对驾驶人身份进行识别，另外也不记录行驶地点数据。在定价方面，除了传统费率因子(违章和索赔历史、人口统计学特征、车型等) 之外，用于厘定 MyRate 费率的新型因素包括驾驶方式(紧急制动和加速次数)、行驶里程和驾驶时间段等，保险公司将所有这些因素进行整合，最终确定车主的实际保费。投保 MyRate 的车主在第一个保险期间可以享受费率折扣。对于投保人而言，最终是否能够节省保费开支主要取决于自身的驾驶状况。以康涅狄格州为例，表现良好的车主最高可获得 30% 的费率折扣，而那些经常"猛加速、急刹车"的车主则可能面临高达 9%的费率上浮。在前进保险公司阿拉巴马州分支机构 2008 年的费率手册中，该公司将车主划分为 400 多个"保险群组"，每个车主视驾驶习惯被归入其中的一个，而只有进入前 75 个"保险群组"的车主才能享受保费折扣。车主能通过网络自主查询详细的个人行驶记录，可以看到将来预计的保费折扣。当实际保费可能增加时，车主可以选择退出 MyRate，转为普通标准保单。

五、PAYD 在全球的实践概况

目前，PAYD 已在欧洲、北美、亚洲、中东和非洲许多国家推广，然而离获得巨大成功还有较大差距。事实上，很多 PAYD 实验都非常短暂，或者长期局限于特定消费者群体。PAYD 市场一直处于"缝隙市场"的境地。

意大利是全球 PAYD 市场的领跑者。该国美达电器集团(Meta System)旗下的 Octo Telematics 公司目前为约 80 万的客户提供 PAYD 服务。Octo 成功的秘诀在于与菲亚特(Fiat) 和玛涅蒂玛瑞利集团(Magneti Marell)的良好合作。Octo 在其中扮演着中间人的角色，采集

和加工来自菲亚特车载信息系统 BLUE & ME 的汽车使用情况数据，并将加工后的数据提供给各保险公司。意大利 PAYD 实践成功的另一个关键在于充分利用赃车追踪服务，大部分客户对于在其车上安装赃车追踪系统从而得到保费折扣的做法都能够接受，因而当把驾驶里程监控也纳入赃车追踪系统时很多人也不排斥。

在法国、德国和西班牙，数据隐私问题成为制约 PAYD 市场发展的一个重要因素。这些国家的车主对日常驾驶被监控感到很不舒服，因而许多车主排斥 PAYD。PAYD 发展的另一个制约因素来自消费者的困惑，他们关注 PAYD 所带来的不确定性，很多消费者不知道自己每个月的保费会是多少，这些都需要保险公司采取措施加以克服。

六、结语

我国的汽车保险业务分为法定的交通事故责任强制保险(简称"交强险")和商业车险两部分。其中，交强险执行全国统一的条款和基础费率表，因此定价方式基本无创新的空间。自监管部门废除统颁条款以后，各保险公司拥有自主的产品开发权限，然而商业车险市场发展至今，产品同质化现象仍非常严重，市场竞争主要停留在打折方面。目前，各公司商业车险产品主要参考行业协会制定的《机动车商业保险行业基本条款》(A、B、C 三款)，其中三个条款均将"平均行驶里程"列为费率调整系数之一，但在实践中却几乎未曾被采用过，更不用说赋予行驶里程显著的权重。

另外，目前还没有一家保险公司在市场推出按里程定价的车险产品。有必要强调的是，鼓励保险公司开发和提供 PAYD 定价方式的车险产品，并不是说这一方式就好于现行的车险定价方式，其重要意义在于给消费者提供了一种全新的选择，有利于提高车险市场的效率。

(资料来源：《上海保险》2010 年 09 期)

学习评价

理论评价

一、选择题

1. 下列属于保险车辆中驾驶员因素影响保险费率的是( )。
   A. 年龄　　　　　B. 肇事记录　　　　C. 是否续保　　　　D. 职业
2. 制订车辆保险方案的基本原则是( )。
   A. 充分保障　　　B. 经济实用　　　　C. 如实告知　　　　D. 准确迅速
3. 从车费率模式影响费率的因素主要考虑( )。
   A. 车辆的种类　　B. 车辆的用途　　　C. 车辆的行驶区域　D. 车龄
4. 从人费率模式影响费率的因素主要考虑( )。
   A. 驾驶员的年龄　　　　　　　　　　B. 驾驶员的职业
   C. 驾驶员的性别　　　　　　　　　　D. 驾驶员的驾龄
5. 汽车保险核保人员的等级有( )。
   A. 一级核保　　　B. 二级核保　　　　C. 三级核保　　　　D. 四级核保

二、简答题

1. 什么是承保，承保工作是如何运行的，包括哪些工作节点？
2. 什么是核保，核保的本质是什么？
3. 在查验车辆过程中，查验的主要内容是什么？
4. 各级核保人员的权限是什么？
5. 承保决策有哪几种，其适用条件分别是什么？
6. 在哪些情况下可以享受无赔偿优待？
7. 什么情况下汽车保险单需要批改？

技能评价

一、案例分析

1. 某企业车队参加本地中国人民保险公司的车辆保险，该车队车辆及投保情况：
(1) 5座国产小客车一辆按新车购置价投保18万元。
(2) 新5座进口小客车一辆按新车购置价投保30万元。
(3) 使用4年的10座国产客车一辆，驾驶记录良好，未出现过理赔，按新车购置价投保30万元。
(4) 使用4年的10座进口客车一辆，驾驶记录良好，未出现过理赔，按新车购置价投保40万元。
(5) 使用6年的22座国产客车一辆，驾驶记录良好，连续两年未出现过理赔，按新车购置价投保30万元。
(6) 使用6年的22座进口客车一辆，驾驶记录良好，连续两年未出现过理赔，按新车购置价投保60万元。

所有车辆均足额投保车辆损失险；都选择第三者责任险20万元的赔偿限额；全车盗抢按照实际价值确定，折旧年限以15年计算，年折旧率为6%；车上责任险以全部人员投保，每座赔偿限额1万元。考虑到政府用车的实际情况，不指定驾驶员；车辆行驶区域为中国境内。

试分别计算：车辆损失险、第三者责任险、全车盗抢险、车上责任险、风挡玻璃单独破碎险、不计免赔特约险的保费；该车队应缴纳上述保险费的总和是多少？(第三者责任险，责任限额20万元，标准保费为：6座以下1 314元，6~10座1 531元，20座以上1 713元)

2. 保险公司明知车辆未年检，仍接受其投保，发生交通事故后以此为借口拒绝理赔。

2011年9月10日，刘某在湘乡市某财保公司(以下简称保险公司)为其轻型普通货车购买交强险和商业第三者责任险，保险期限为2011年9月11日零时至2012年9月10日24时止。商业第三者责任险约定，投保车辆在"未在规定时间内年检或年检未通过"的情况下发生意外事故，保险公司不予理赔。然而投保时，保险公司明知刘某的货车未取得年检合格标志仍为他办理了保险业务。

2012年3月2日，刘某驾驶货车在运输货物途中，与迎面而来的摩托车发生碰撞，造成摩托车司机重伤、两车损坏。事故发生后，保险公司只为刘某预付了8万元费用，便对刘某的要求不再搭理，并以刘某货车未过年检为由拒绝后续费用的赔付，刘某一气之下将保险公司告上法庭。

2012年10月31日，湘乡市人民法院判决湘乡市某财保公司支付刘某代为垫付的医疗费等各项损失共计103 545.8元。

问题：保险公司为什么败诉？请分析说明理由。

3. 2009年10月，张先生从二手车市场买了一辆成色好、价格合理的小客车作为自己上下班的交通工具。在交易过程中，对保险有所了解的张先生问原车主吴先生是否有保险。吴先生告诉张先生，"咱自己家用的车，不仅爱惜，保险也上齐了，一并送给您了！"张先生接过保单一看，还真是，交强险、车损险、第三者责任险、盗抢险、不计免赔特约险都上全了，心里倍感踏实。两个人很快办完了交易手续，张先生开着爱车高高兴兴上路了。

两个月后的一天早上，张先生起床一看，爱车没了，这下可急坏了张先生，忙拨打110报警，警察赶到现场，一边耐心细致地做着笔录，一边开导张先生："您上保险了吗？如果上了，您赶紧向保险公司报案，可以减少损失。"张先生立刻找出保险单，直奔保险公司而去。保险公司的理赔人员热情地接待了张先生，问明了事故经过。当保险公司理赔人员查验相关手续时，发现张先生提供的保险单上被保险人还是吴先生，而车辆已经过户到了张先生的名下。保险公司的理赔人员向张先生又进一步核实了这一情况后，带有十分遗憾的态度向张先生说："张先生，非常抱歉，您提供的保险合同已经失效了。"张先生闻听此言，犹如晴天霹雳："不可能，我的保险还有半年才到期呢？怎么会失效呢？"保险公司的理赔人员，耐心地向张先生解释道："车辆发生转让后，应该立即向保险公司申请办理批改手续，如果没有办理，保险合同就失效了。合同失效了，保险公司对您丢车的损失就无法赔付了。"

问题：保险公司的做法合理吗？请分析说明理由。

二、实操训练

实训项目： 个性化汽车保险方案的设计。

实训目标：

(1) 培养学生"客户为中心"的服务理念，从客户的实际需要出发，根据客户的保险需求，进行保险险种的优化组合，设计客户满意的保险方案。

(2) 培养学生恪守诚信的职业道德。

(3) 培养学生沟通能力、判断能力和应变能力。

(4) 培养学生的文字表达和语言表达能力。

实训内容： 根据投保人的保险需求，量身定做一套保险方案。

实训组织：

(1) 全班分成若干组(每组5～6人为宜)，每组指定专人负责。

(2) 在教师的指导下，利用业余时间，深入到保险公司、汽车4S店，针对投保人的实际情况自行设计汽车保险方案。

成果与检测：

(1) 每组提交一份保险需求调查报告。

(2) 每组提交一份汽车保险方案。

(3) 依据提交的成果和学习态度进行综合评估。

实训评估：

评估等级 评估指标	好 (80~100 分)	一般 (60~80 分)	差 (<60 分)
实训准备(10 分)			
运用知识(20 分)			
保险需求调查报告(20 分)			
保险方案质量(20 分)			
学习态度(30 分)			

评估标准：

评估等级 评估指标	好	一般	差
实践准备 (10 分)	能够通过各种渠道(尤其是互联网)对调查的内容进行精心准备	能够事先对调查的内容进行准备，但是不够充分	无准备
运用知识 (20 分)	能够熟练、自如地运用所学的知识分析客户的保险需求	基本能运用所学知识分析客户的保险需求，分析不到位	不能运用所学知识分析客户保险需求
保险需求调查报告 (20 分)	能够合理设计问卷进行调查，对收回的调查结果能够进行正确的分析和准确的判断	能设计调查问卷进行调查，并对数据进行分析	能设计调查问卷，但是问题不能完全反映投保人的保险需求，直接影响后续的分析和判断
保险方案质量 (30 分)	保险方案设计合理，能够以客户保险需求为中心，使投保人的风险在最大范围内得以保障	保险方案设计基本能够满足投保人的保险需求，使投保人的风险基本得以保障	保险方案没有体现投保人的保险需求
学习态度 (30 分)	热情高，干劲足，态度认真，能够出色完成任务	有一定的热情，基本能够完成任务	敷衍了事，不能完成任务

学习情境 4　汽车保险理赔

情境导入

2013年10月26日上午9时，保险公司接报案员刘明接到张明电话报案，张明驾车在北京海淀区永泰中路行驶过程中，为了避让横穿马路的行人，紧急制动，并左打转向盘，车辆冲出马路，撞上了路边的隔离带，导致车辆损坏。调度员王妮安排查勘人员李宏进行现场查勘，并要求其在12h内完成该查勘任务。李宏接到公司调度安排，与张明先生取得电话联系后，立即赶往事故现场进行查勘。李宏在现场进行了调查取证，勘查结果是：张明在驾驶车辆左转弯处未遵守减速要求，车速过快导致事故发生，张明负主要责任。在事故中一行人因避让，导致脚踝扭伤并有轻微擦伤，张明在事故中出现微伤，防护栏出现一定程度的损坏变形。李宏将查勘信息和相关资料上传到车险理赔估损系统，立案员冯嘉根据获得的信息和资料，进行了立案。

定损员王强在与张明先生取得电话联系后，双方约定在北京运华汽车销售服务有限公司对事故车辆进行定损。经过对事故车辆的检测，汽车左前侧受损严重，前保险杠、左前门、前照灯、前风窗玻璃出现严重撞损，其他部位出现不均匀划痕。根据维修项目及工时确定车辆损失费用为9 000元。另外支付了伤者医疗费300元，按照公共财产赔偿标准，赔偿公共护栏500元，支付事故当天的施救费600元。核损员赵云根据保险公司内部核价核损相关标准和要求对该案件的车辆维修项目、维修工时、配件报价等定损结果进行审核确认。理算员贺兰根据保险公司承保的险种和责任范围，以及交通事故认定责任比例，计算各项赔款数额，车险赔款4 500元，第三者责任险赔款510元，车上人员责任险赔款300元。保险公司核赔员万鹏进行了核赔，核赔后，结案员李璐办理了结案，张明获得了保险公司的赔款。

以上是一个典型的理赔情境，即张明驾车发生交通事故，向保险公司报案索赔，保险公司接受报案、调度、现场查勘、立案、定损、核损、赔款理算、核赔结案。在本学习情境中，以交通事故为主要事故类型，保险公司业务人员要学习在理赔的各个环节如何开展工作。

业务流程

汽车保险理赔是指保险人在保险标的发生风险事故后，对被保险人提出的索赔请求进行处理的行为。目前我国各个保险公司在理赔流程上并没有严格固定的标准，但是其基本工作流程基本是一致的。某保险公司的汽车保险理赔整体流程如图4-1所示。

当车辆发生交通事故，驾驶员应在第一时间拨打有关管理机关报案电话进行报案(道路交通事故应拨打122进行报警，小区或者非道路交通事故，应拨打管辖派出所或物业电话)，同时向保险公司进行报案(以太平洋财险为例，应拨打95500进行报案，详细向接案人员进行事故经过的复述，保险公司根据事故情况决定是否安排现场查勘或者救援服务)，将事故车辆放到指定的定损维修单位，定损员首先要确认是否属于保险责任，如果属于保险责任，确认损失项目，确定维修价格，就可以对事故车辆进行维修，然后向保险公司提交索赔手续。

如果涉及人员伤亡及第三方财产损失的事故，则应先向122进行报案，然后向保险公司报案。尽快将伤者送到就近的二类以上医院进行救治(区级医院)(以太保产险为例，保险公司会提供医疗核损电话，派专人对人伤情况进行跟踪服务，告知驾驶员所涉及人伤案件需办理的理赔手续，可以随时拨打医疗核损电话进行询问。如同时涉及车辆损失，请参照车辆损失处理办法)。所有事情处理完毕后，被保险人持索赔材料向保险公司进行索赔。

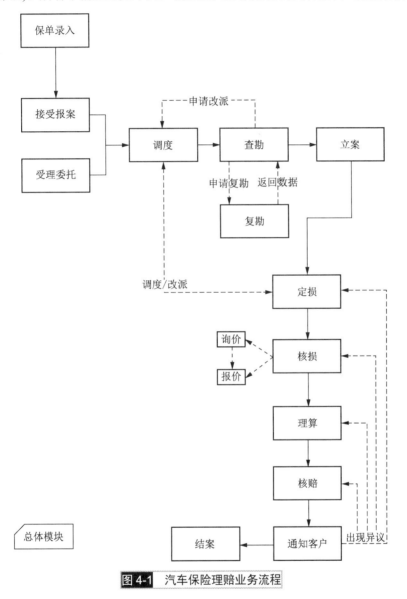

图 4-1 汽车保险理赔业务流程

职业能力要求

岗位 1：接报案

【工作内容】

(1) 接到报案，根据报案人提供的信息，查询保单，并完成主要信息的核对。

(2) 详细询问事故信息，并同步录入系统。
(3) 确认立案，生成赔案编号。
(4) 打印并清分《报案登记表》。
(5) 赔案立案后，对需要查勘的案件，及时通知调度人员调度派工。

【职业能力要求】

(1) 能够根据案情判断是否属于责任范围。
(2) 熟悉车险理赔系统，正确录入报案信息。
(3) 具有良好的服务意识，热情地为客户服务。

岗位2：查勘

【工作内容】

(1) 接受车险查勘工作，根据客户需求安排救援。
(2) 为客户提供索赔指引服务，指导客户填写索赔申请书，告知客户理赔所需单证，并初步审核保险责任。
(3) 查勘现场及事故损失情况，初步确定事故责任，为最终赔偿责任、赔偿项目及金额的确定提供资料；按要求收集理赔资料。

【职业能力要求】

(1) 能够对车辆事故现场进行勘验，熟悉交通法规，判断交通事故责任。
(2) 联系事故相关人员及时赶赴事故现场进行查勘。
(3) 协助客户进行现场施救。
(4) 收集事故相关的报案人信息、驾驶员信息，查验出险车辆信息，核实出险经过；对事故现场、标的损失情况进行拍照；重大案件、出险原因复杂案件绘制现场查勘草图。
(5) 重大案件、复杂或可疑案件应做好当事人询问笔录。
(6) 能够初步判断保险责任，并估计事故损失情况，缮制《查勘记录》。指导客户填写《索赔申请书》。查勘结束后，通知下一理赔环节(调度或定损)进行后续处理。

岗位3：定损

【工作内容】

根据汽车构造原理，通过科学、系统的专业化检查、测试与勘测手段，对汽车碰撞与事故现场进行综合分析，运用车辆定损资料与维修数据，对车辆碰撞修复进行科学系统的定损定价。

【职业能力要求】

(1) 能够正确查阅查勘记录、承保情况、历史出险记录。
(2) 能够确定受损机动车和其他财产的损失情况，并对损失项目进行拍照。
(3) 能够与客户协商确定修理方案，包括确定修理项目和换件项目。

(4) 能够对需要询价、报价的零部件向报价岗询价、报价。
(5) 能够确定修理工时费。
(6) 能够与保险事故有关各方协商修理费。
(7) 能够引导客户选择保险公司合作修理厂进行事故车辆维修，对修复车辆进行复检和损余回收，确认施救费用。

岗位4：核损

【工作内容】

(1) 复核定损人员定损项目、金额及其责任认定。
(2) 对超权限案件进行上报。

【职业能力要求】

(1) 能够运用车险理赔系统对定损岗或报价岗提交的案件进行同步核损，实现理赔管控高时效、管控手段前端化。
(2) 能够检查查勘定损员是否按查勘定损规范完成现场查勘、定损，查勘定损资料是否上传完全。
(3) 能够通过审核承保情况、报案情况、查勘情况、历史出险记录等信息，审核事故是否属于保险责任，案件是否存在虚假成分。
(4) 对可疑案件督促查勘员进行现场查勘或复勘。
(5) 能够审核定损结果的合理性、准确性。对不合理、不准确的部分进行核损修改，并要求定损员按核损结果重新核定损失。

岗位5：赔款理算

【工作内容】

(1) 审核被保险人提供材料的有效性和准确性。
(2) 根据保险条款的规定，对基本险、附加险、施救费用等分别计算赔款金额，并将核定计算结果及时通知被保险人。
(3) 完成理算报告，在系统中生成并打印赔款计算书。

【职业能力要求】

(1) 能够审核理赔材料，对保险责任、索赔材料的真实合理性进行初审，有疑问的材料提出复审意见。
(2) 对立案定损录入数据有误的案件提出修改意见，对可疑赔案，提出处理意见后交调查岗审核。
(3) 对资料齐全的赔案进行理算，并保证数据的准确性和完整性。

学习目标

【知识目标】

(1) 熟悉报案记录的相关内容。
(2) 熟悉事故现场的分类。
(3) 掌握查勘的基本流程和方法。
(4) 熟悉车辆定损的基本原则和方法。
(5) 了解车辆损失项目的确定方法。
(6) 掌握定损的流程和工作标准。
(7) 熟悉核损的主要工作内容。
(8) 理解赔款理算的工作流程。
(9) 理解核赔的工作岗位内容。
(10) 掌握理赔单证的分类。
(11) 熟悉常见理赔单证的填写要求。

【能力目标】

(1) 能初步完成接报案的工作。
(2) 能初步完成接报案的单据填写。
(3) 能完成事故现场查勘的准备工作。
(4) 能执行一般事故现场的查勘流程。
(5) 能熟练使用数码相机完成查勘照片的处理。
(6) 能收集交通事故现场各方面的证据。
(7) 能完成定损涉及的单据。
(8) 能初步执行一个简单的车辆定损过程。
(9) 能初步对车辆定损结果进行复核。
(10) 能初步执行一般案件的赔款理算。
(11) 能初步执行一般案件的核赔工作。
(12) 能初步完成常见理赔单证的填写。

学习任务

任务1 受理报案和调度派工

任务描述

2013年10月26日上午9时,张明驾车在北京海淀区永泰中路行驶过程中,为了避让横穿马路的行人,紧急制动,并左打转向盘,车辆冲出马路,撞上了路边的隔离带,导致车辆损坏。张明打电话给保险公司报案。保险公司应该如何开展接报案和调度工作呢？

任务分析

接报案是整个理赔流程的第一个环节，客户车辆发生交通事故后会通过不同的方式向保险公司进行报案，保险公司受理报案后，要进行调度派工。接报案工作和调度派工工作一般由保险公司接报案员和调度员完成。在本任务中，接报案人员要知道接报案工作的内容、接报案工作礼仪规范，能够进行报案受理工作。调度员要知道调度工作的内容，能够完成调度派工工作。

相关知识

一、被保险人(客户)报案与保险人受理报案

被保险人应在保险事故发生后 48h 内通知保险人。故意或者因重大过失未及时通知，致使保险事故的性质、原因、损失程度等难以确定的，保险人对无法确定的部分，不承担赔偿责任，但保险人通过其他途径已经及时知道或者应当及时知道保险事故发生的除外。

各保险公司一般都有服务专线，它是接受报案的中心，所有报案由服务专线归口受理。保险人接到报案后应及时受理，并尽快进行查勘。保险人接到报案后 48h 内未进行查勘且未给予受理意见，造成财产损失无法确定的，以被保险人提供的财产损毁照片、损失清单、事故证明和修理发票作为赔付理算依据。

二、被保险人(客户)的报案方式

被保险人(客户)出险报案时可采取多种方式报案。

(1) 上门报案。申请人直接到保险公司报案。

(2) 电话(传真)报案。客户因故无法上门报案的，可以通过电话、传真等现代化通信工具向保险公司报案，并索取报案号。

(3) 客户网络报案。随着我国互联网的发展，大多数保险公司都开展了网络报案的业务，被保险人可以在交通事故发生后通过网络的方式登录保险公司的主页，进行报案处理。

(4) 其他报案方式。如业务员转达报案，随着业务员服务理念的不断提升，在客户发生保险事故后，业务员可以在慰问客户时了解客户出险情况，在得到客户认可后向公司转达报案。

报案时须填写出险通知书，出险通知的内容一般包括被保险人的姓名、地址、保险单号码、出险的时间、地点、原因、受损人身的部位以及联系地址和联系方式等。

三、受理报案的工作内容

保险汽车出险后，被保险人一般是先以口头或电话等方式向保险人报案，然后再补交书面出险通知。在接受报案后，接受报案的工作人员应主要做以下工作。

(一)报案登记

理赔人员在接到报案时，应详细询问报案人信息，及时将有关报案信息输入计算机。

如：保险标的(包括车辆名称、牌照号码)、保单号码、报案人姓名(特别应登记清楚驾车人姓名,以备以后理赔核查)、报案日期出险时间、出险地点、出险原因等。除此之外,还必须将报案人的姓名、工作单位及详细住址和联系电话登记清楚,以备以后理赔联系之用。

(二)查抄单底

接报案人员在报案登记完毕之后,应根据保单号码及时进行计算机抄单。根据抄单,接待报案人员应首先确定所报事故是否属于保险责任范围,若不在保险责任范围或有以下情况,保险公司无赔偿的,在向保户解释清楚的情况下,可拒绝受理。以下三种情况不在保险责任范围。

(1) 机动车辆出险日期不在保单承保的有效期限之内。
(2) 所发生的危险事故不在保单保险责任范围或投保险种内。
(3) 危险事故发生的结果并不构成要求理赔的条件。

对于在危险事故刚刚发生或危险尚未得到控制的紧急情况,出险地点又在本地(或距离较近),为了及时掌握出险现场的实际情况和督促被保险人及时进行施救保护,抄单及现场查勘工作可同步进行,但现场查勘以后要及时核对抄单,以防盲目处理。

(三)现场查勘安排处理

接报案人员(或称理赔内勤)根据抄单底单确认所报事故属保险责任范围之内后,应及时向部门负责人(或带班负责人)汇报,由部门负责人(或带班负责人)根据事故情况,及时安排查勘定损人员赶赴现场查勘定损,并告知应备资料及注意事项。对于案情比较复杂、损失较大的案件或一时难以确认是否属于保险责任范围内的疑难案件应及时向部门负责人或分管领导汇报。对于重大和超过核赔权限的案件,应及时向管辖分公司或总公司报告,经查勘后,以书面形式上报管辖分公司或总公司。

对于异地事故,接待报案人应及时向部门负责人汇报,由部门负责人确定是否派人赴现场查勘或委托兄弟分公司代查勘。对需外地兄弟分公司代查勘的,应填制"委托代理机动车辆险赔案函"一式二份,一份自留附案卷内,一份连同抄单寄发(或传真)委托公司。在填制"委托代理机动车辆险赔案函"时应注明委托事宜及要求(如:事故估损限额等),并注明受委托单位电话号码、联系人姓名,以备相互联系。

对于代理外地兄弟保险公司查勘的出险案件,应登记"代理查勘"登记簿,以便备查。

(四)编号立案

经查抄底单并复核后,凡属可以受理的案件,理赔内勤应及时登录"机动车辆赔款案件登记簿"并编号立案,编号应按报案时间的先后。同时,应向被保险人签发"索取单证通知",注明理赔所需要的单证及内容,并要求被保险人及时填写"机动车辆险出险通知书",此通知书作为被保险人索赔的正式依据。编号立案后,理赔内勤应将"报案登记表"、保险单副本抄件以及其他有关记录、单证、报告等文件归入案袋(或案夹)内,妥善保管,以便查勘定损完毕后,连同定损单一并转入理赔内勤,待被保险人事故处理完毕,交齐索赔所需单证后转入赔案制作环节。

四、受理报案的服务礼仪规范

(一)电话受理报案的服务礼仪规范

(1) 三声铃响以内接听电话。

(2) 根据客户需求提供相关服务,如果不能及时解答的问题则可以引导客户向有关部门咨询。

(3) 当客户报上自己的姓名时,必须复述一遍:"是××先生/女士吧?"确认无误。以防现在的通话被切断,必须询问对方电话号码。

(4) 视事故情况进行报案记录,如单方事故按商业险受理记录报案信息;双方事故按商业险和交强险受理报案,记录报案信息。

(5) 尚未向交警报案的(包括客户不想报案的情况)接报案人员要告知其报案。

(6) 遇到不确认的字词请客户确认。如被保险人姓"徐",接报案人员应说:是双人徐吗?

(7) 如果报案人并非被保险人,则要问清其和被保险人的关系与联络方式。

(二)保险公司窗口接报案的礼仪规范

1. 服务态度标准

(1) 迎接客户,主动热情。

① 当客户走近柜台时应礼貌热情,主动招呼,微笑迎接,目视客户并向客户问好。

② 当客户在柜台前徘徊犹豫时,要主动热情询问,并留意客户手中的凭证,得到客户的确切答复后再作具体引导。

③ 当忙于手中的内部工作,未及时发现客户时,首先要向客户道歉,然后本着"先外后内"的原则,立即停下手中的工作,为客户办理业务。

④ 当经常惠顾的客户来到柜台前时,要主动以姓氏称呼客户,并要向客户问好。

⑤ 当多位客户几乎同时到达营业窗口时,要对先到和后到的客户都打招呼,并先向后到的客户做解释,再询问先到的客户办理什么业务,然后按先后顺序办理业务(此条适用于未配备叫号机的网点)。

⑥ 当柜台前有客户正在办理业务,同时又有新的客户进入视线,应用目光或点头示意客户,并主动用"你好,请稍等一下"等语言安抚客户。

⑦ 对临下班前来办理业务的客户,要不拒、不躁,认真受理。

(2) 仔细聆听,弄清意图。

① 办理业务要准确了解客户的用意,并得到客户确认。当客户表达不清楚时,应委婉地请求客户重复表达意图。

② 客户犹豫不决时,应主动介绍业务品种和办理程序。

③ 准确了解客户的意图后,应迅速进行业务处理。

(3) 解答咨询,耐心细致。

① 解答客户咨询,态度要耐心诚恳,语言要通俗易懂,表达要清晰准确。

② 遇到自己不熟悉的问题时，不能推诿、搪塞，要主动向同事请教，或立即咨询相关部门，然后答复客户。

(4) 业务办完，礼貌道别。

① 办完业务，交给客户钱、单时，动作要轻，不扔不摔；提醒客户核对、收好。

② 客户临走时，应礼貌道别，欢迎再来。

(5) 客户失误，委婉提醒。

① 发现客户走错柜台时，应礼貌地为客户指明办理的柜台；客户要求办理本机构暂未开办的业务时，应先向客户致歉，并介绍客户到开办此项业务的机构办理。

② 看到有客户插队时，应委婉地规劝客户按先后顺序排队；看到前面的客户已办理完业务离开，而下一位客户仍站在等候处时，应热情地引导客户上前办理。

2. 服务形象标准

(1) 窗口人员上岗必须规范佩戴或摆放统一的服务牌，根据业务需要设立业务咨询员的须佩戴明显标志。

(2) 统一着装，符合服饰礼仪、仪容礼仪、交谈礼仪、举止行为礼仪要求。

3. 服务纪律标准

(1) 遵守法纪，保守秘密。不准违反国家法律、法规及有关保险金融规章制度；要保守客户秘密，维护客户权益。

(2) 对外服务，准时满点。严格按照对外公示的时间营业，未经批准不得中途或提前停止营业；对停止营业后前来办理业务的客户，应做好解释工作。

(3) 中断服务，及时明示。营业期间，柜员因故离柜，中断服务，必须摆放"暂停服务"桌牌，向客户明示，并引导客户到其他柜台办理业务，以防客户在无人柜台前等待。

(4) 听取意见，虚心谦和。接受客户批评和听取意见时，要表示感谢，不要争辩；自己解决不了的，请示领导解答处理；在工作中受到委屈时，要顾全大局，谦和礼让，求得理解，不准与客户争吵。

(5) 主动归还客户遗失的物品。发现客户遗失物品，应主动当面归还；若不能当面归还的，应妥善保管，并积极与客户联系，将物品归还客户。

(6) 办理业务，客户优先。窗口服务应坚持"先外后内、先急后缓"的原则，办理业务时如有电话打来，必须办完业务后再接电话，缩短客户等候时间；如果有特殊情况，则必须先接电话的，须征得客户的同意。

五、调度派工

调度员接到系统上传的报案信息后，第一时间确认保险标的的方位，并根据案情介绍程度，合理委派相关的查勘员赶赴标的现场进行查勘事务。同时，根据自己对报案信息及保险车辆历史出险信息的了解、判断，告知查勘员赶赴现场需要核实的重点项目。

(一)调度派工类型

调度派工根据派工对象的不同可以分为不同的类型。

1. 按调查级别分类

调度可分为一级调度与二级调度。一级调度是调度人员将案件直接派工给本公司查勘人员处理。大部分保险公司的查勘工作都是由自己的查勘人员进行处理。二级调度就是调度人员将案件派给委托的公估公司，由公估公司再次派工给其查勘人员处理。

2. 按损失的类型分类

不同损失类型的案件需要不同专业背景的查勘人员进行处理，调度人员应根据案件损失情况进行派工。车损查勘员仅对车损进行查勘；物损查勘员仅对事故相关的财产损失进行查勘；人伤查勘员仅对事故造成的人员伤亡情况进行查勘跟踪。

3. 按查勘地点分类

按照查勘地点可分为定点定损点和一般查勘人员查勘。定点定损点是保险公司在快速服务中心内安排驻点查勘定损人员。当保险事故符合快速处理要求时，保险公司的报案受理人员推荐保险车辆到离事故地点最近的快速处理中心进行查勘定损，调度人员需将案件调度给定点定损点的查勘人员。一般查勘人员查勘是案件需要现场查勘，或者案件不符合快速处理要求，调度人员将案件调度给现场查勘人员或定损人员。

(二)调度派工的工作内容

1. 调度勘查员

确认委托后呼叫中心工作人员根据案件调度工作原则就近调派查勘员。告知所需查勘案件的全部已知信息(包括委托单位名称及联系方式、委托内容、委托权限、查勘标的、出险经过、客户姓名和电话、公估费金额等)。

2. 调度处理

调度中心调派的查勘员不能接案时，协调其他辖区部门接案并告知案件信息，告知调度中心登记，即时协调其他人员接案。

3. 派工回访

在调度派工后与被保险保户联系，确认查勘员是否与其取得联系并预定查勘时间。

任务实施

(一)任务实施环境

(1) 汽车保险仿真实训室。

(2) 车险理赔估损模拟教学系统报案、调度平台。

(3) 辅助性设备(复印机、打印机、文具等)。

(二)任务实施步骤

1. 受理报案的工作流程

受理报案的工作流程如图 4-2 所示。

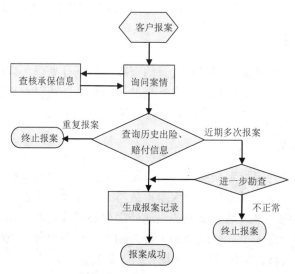

图 4-2 受理报案的工作流程

步骤 1：询问案情

(1) 报案信息：报案人姓名、报案人联系电话、报案人手机；联系人姓名、联系人电话、联系人手机号码；报案日期、报案时间、出险日期、出险时间、出险原因等。

(2) 出险信息：出险地点、本车责任、是否交强险责任、事故经过、事故涉及损失等。

其中，事故涉及的损失按"本车车损"、"本车车上财产损失"、"本车车上人员伤亡"、"第三者车辆损失"、"第三者人员伤亡"、"第三者车上财产损失"、"第三者其他财产损失"、"其他"的分类方式进行询问。涉及挂车交强险和商业第三者责任险赔付的案件，注意做好挂车报案信息和涉及损失的记录。

(3) 保险车辆的有关信息：保单号码、被保险人名称、号牌号码、牌照底色和厂牌型号等。确认报案人提供的保单信息与此次报案系统带出的保单信息是否一致。涉及主车和挂车事故的案件，请同时了解挂车有关信息。

(4) 第三方车辆信息及驾驶人员信息：对于涉及第三方车辆的事故，应询问第三方车辆车型、号牌号码、牌照底色以及保险情况(提醒报案人查看第三方车辆是否投保了交强险)等信息。如果第三方车辆也属本公司承保且在事故中负有一定责任的，则一并登记，进行报案互碰关联处理。

(5) 记录事故处理结果。

步骤 2：查核承保信息

根据报案人提供的保单号码、号牌号码、牌照底色、车型、发动机号等关键信息，查询出险车辆的承保情况和批改情况。特别注意承保险别、保险期间以及是否通过可选免赔额特约条款约定了免赔额。涉及挂车的事故注意查询挂车的承保情况。

步骤 3：查询历史出险、赔付信息

查询出险车辆的历史出险、报案信息(包括作为第三者车辆的出险信息)，核实是否存在重复报案。对于同一车辆两次事故出险时间相近的案件，应认真进行核查，并将有关情况通知查勘人员进一步调查。

步骤 4：生成报案记录

根据出险车辆的承保情况生成报案记录。

(1) 出险车辆的交强险和商业机动车保险在一个保单号下承保的，生成一条报案记录。

(2) 出险车辆的交强险和商业机动车保险在多个保单号下承保的，在报案时进行本车多保单关联处理，生成一条报案记录。

步骤 5：告知客户索赔程序及相关注意事项

(1) 发生机动车之间的碰撞事故的，应告知客户先通过交强险进行赔偿处理，超过交强险责任限额的部分，由商业保险进行赔偿。

(2) 如果当事人采取自行协商方式处理交通事故，则应告知双方在事故现场或现场附近等待查勘人员；或在规定时间内共同将车开至指定地点定损。

(3) 对于涉及人员伤亡或事故损失超过交强险责任限额的，应提示报案人立即通知公安交通管理部门。

(4) 对于通过可选免赔额特约条款约定了免赔额的，如果客户估计的损失金额低于约定的绝对免赔额，则应对客户进行如下提示：一是，损失金额低于绝对免赔额的保险人不负责赔偿。二是，索赔后会引起下一保险期间费率的上涨。

如果客户同意放弃索赔，则应在报案处理界面上"处理结果"一栏中注明"因绝对免赔额客户同意放弃索赔"，并在报案系统中将报案记录注销，不进行查勘调度。

(5) 对于超出保险期限，明显不属于保险责任的情况，应向客户明确说明，在报案处理界面上"处理结果"一栏中注明拒赔或不予受理的理由，并在报案系统中将报案记录注销，不进行查勘调度。

2. 调度派工的工作流程

调度派工的工作流程如图 4-3 所示。

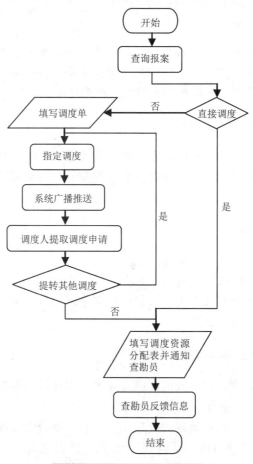

图 4-3 调度派工的工作流程

步骤 1：查找待调度案件。

步骤 2：联系查勘人员。

(1) 调度中心将保险案件查勘信息在系统中分发至查勘员。
(2) 信息发送结束后调度中心负责与查勘员联系，确认其是否与当事人取得联系。
(3) 将案件抄单在第一时间传给案件负责人。

步骤 3：系统派工。在联系查勘人员、派发出查勘任务后，调度员将该案件派工到理赔系统中查勘人员的工号内，便于查勘人员对案件行处理。

任务 2　事故现场查勘与立案

任务描述

保险公司查勘员李宏接到公司调度安排，对张明的报案进行现场查勘。李宏立即赶到事故现场，他应该如何开展工作呢？通过现场勘查后，如何进行事故责任的认定和估算事故损失？立案员冯嘉又如何进行立案呢？又怎样立案呢？

学习情境 4　汽车保险理赔

任务分析

现场查勘是查明交通事故真相的根本措施,是分析事故原因和认定事故责任的基本依据,也为事故损害赔偿提供证据。现场查勘主要完成事故现场的查勘任务并形成立案所需的信息和资料。在完成现场查勘后,进行立案,立案工作主要完成对按照事故现场查勘任务形成的信息和资料进行处理,对事故信息与估损金额进行汇总、核检与录入。本任务以交通事故为例,在预设的或者实际的事故现场,按照查勘和立案的标准流程进行现场操作,学习现场查勘和立案的工作内容和工作方法。

相关知识

一、交通事故及其成因

按照我国相关法律的规定,道路交通事故是指车辆在道路上的行驶途中因过错或者意外造成的人身伤亡或者财产损失的事件。其主要包括以下四个要素:在道路上,车辆与人、车辆与车辆,存在过错或意外,造成人身伤亡和财产损失。交通事故是由于在特定的交通环境影响下,由于人、车、路、环境诸要素配合失调偶然发生的。

二、交通事故现场分类

(一)原始现场

原始现场也称第一现场,是指现场的车辆和遗留下来的一切物体、痕迹,仍保持事故发生后原始状态而没有任何改变和破坏的出险现场,是现场查勘最理想的出险现场。原始现场如图 4-4 所示。

图 4-4　原始现场

(二)变动现场

变动现场也称移动现场,是指由于自然或人为的原因,致使出险现场的原始状态发生改变的事故现场,包括变动现场、伪造现场、逃逸现场。

(三)恢复现场

恢复现场是指事故现场因某种原因撤离后,基于事故分析或复查案件的需要,为再现出险现场的面貌，根据现场查勘记录资料重新布置恢复的现场。

三、交通事故的法律责任

交通事故的法律责任可以分为民事责任、行政责任和刑事责任。

(一)交通事故民事责任

交通事故民事责任是指交通事故当事人及相关人员因交通事故的发生由于民事法律规定所承担的一种法律责任。《道路交通安全法》第七十六条规定："机动车发生交通事故造成人身伤亡、财产损失的，由保险公司在机动车第三者责任强制责任限额范围内予以赔偿；不足的部分，按照下列规定承担赔偿责任。

(1) 机动车之间发生交通事故的，由有过错的一方承担赔偿责任；双方都有过错的，按照各自过错的比例分担责任。

(2) 机动车与非机动车驾驶人、行人之间发生交通事故，非机动车驾驶人、行人没有过错的，由机动车一方承担赔偿责任；有证据证明非机动车驾驶人、行人有过错的，根据过错程度适当减轻机动车一方的赔偿责任；机动车一方没有过错的，承担不超过10%的赔偿责任。交通事故的损失是由非机动车驾驶人、行人故意碰撞机动车造成的，机动车一方不承担赔偿责任。"

因此交通事故中的侵权责任主要是损害赔偿责任。

(二)交通事故行政责任

交通事故行政责任是指在交通事故事件中当事人因违反道路交通安全法律等行政法律法规或者因法律规定应该承担的法律责任。

《道路交通安全法》第八十八条规定："对道路交通安全违法行为的处罚种类包括：警告、罚款、暂扣或者吊销机动车驾驶证、拘留。"

(三)交通事故刑事责任

交通事故刑事责任，是指当事人因其违反道路交通安全法律法规而造成交通事故所必须承受的，由司法机关代表国家所确定的否定性法律后果。

交通肇事罪是交通事故中最常见的一种犯罪。交通肇事罪是指违反交通管理法规，因而发生重大事故，致人重伤、死亡或者使公私财产遭受重大损失的行为。

四、交通事故责任认定

交通事故的责任认定是指公安机关在查明交通事故原因后，根据当事人的违章行为与交通事故之间的因果关系，以及违章行为在交通事故中的作用，对当事人的交通事故责任加以认定的行为。

公安机关交通管理部门应当根据当事人的行为对发生道路交通事故所起的作用以及过错的严重程度，确定当事人的责任。其原则为：因一方当事人的过错导致道路交通事故的，承担全部责任；因两方或者两方以上当事人的过错发生道路交通事故的，根据其行为对事故发生的作用以及过错的严重程度，分别承担主要责任、同等责任和次要责任；各方均无导致道路交通事故的过错，属于交通意外事故的，各方均无责任。一方当事人故意造成道路交通事故的，他方无责任。

五、现场查勘的主要内容

现场查勘是指用科学的方法和现代技术手段，对交通事故现场进行实地验证和查询，将所得的结果完整而准确地记录下来的工作过程。查勘定损人员接案后，应迅速做好查勘准备，尽快赶赴事故现场，会同被保险人及有关部门进行现场查勘工作。现场查勘工作必须由二位以上查勘定损人员参加，尽量查勘第一现场。如果第一现场已经清理，则必须查勘第二现场，调查了解有关情况。现场查勘的主要内容如下。

(1) 查明出险时间。为核实出险时间，应详细了解车辆启程或返回的时间、行驶路线、伤者住院治疗的时间，如果涉及车辆装载货物出险的，还要了解委托运输单位的装卸货物时间等。对接近保险起止时间的案件应特别注意查实，排除道德风险因素。

(2) 查明出险地点。对擅自移动出险地点或谎报出险地点的，要查明原因。

(3) 查明出险车辆情况。查明出险车辆的车型、牌照号码、发动机号码、车架号码、行驶证，并与保险单或批单核对是否相符，查实车辆的使用性质是否与保险单记载的一致。如果是与第三方车辆发生事故，则应查明第三方车辆的基本情况。

(4) 查清驾驶员情况。查清驾驶员姓名、驾驶证号码、准驾车型、初次领证时间等。注意检查驾驶证的有效性，是否为被保险人或其允许的驾驶员等。

(5) 查明事故原因。利用现场查勘技术进行现场查勘，索取证明，收集证据，全面分析。凡是与事故有关的重要情节，都要尽量收集以反映事故全貌。对于所查明的事故原因，应说明是客观因素还是人为因素，是车辆自身因素还是车辆以外因素，是违章行驶还是故意违法行为。当发现是酒后驾车、驾驶证与所驾车型不符等嫌疑时，应立即协同公安交通管理部门获取相应证人证言和检验证明等。对于重大复杂或有疑问的理赔案件，要走访有关现场见证人或知情人，了解事故真相，做出询问记录，载明询问日期和被询问人地址并由被询问人确认签字。对于造成重大损失的保险事故，如果事故原因存在疑点难以断定的，则应要求被保险人、造成事故的驾驶员、受损方对现场查勘记录内容确认并签字。

(6) 施救整理受损财产。现场查勘人员到达事故现场后，如果险情尚未控制，则应立即会同被保险人及其有关部门共同研究，确定施救方案，采取合理的施救措施，以防损失进一步扩大。保险车辆受损后，如果当地的修理价格合理，则应安排就地修理，不得带故障行驶。如果当地修理费用过高需要拖回本地修理的，则应采取防护措施，拖曳牢固，以防再次发生事故。如果无法修复的，则应妥善处理汽车的残值部分。

(7) 核实损失情况。查清受损车辆、承运货物和其他财产的损失情况及人员伤亡情况，查清事故各方所承担的事故责任比例，确定损失程度。同时应核查保险车辆有无重复保险情况，以便理赔计算时分摊赔款。

现场查勘结束后，查勘人员应按照上述内容及要求认真填写现场查勘记录。

机动车辆保险事故现场勘查记录表样本如下。

机动车辆保险事故现场查勘记录

保险单号： 　　　　　　　　　　　　　　　　　　　　　　　报案编号：

出险时间： 年 月 日 时	出险地点： 省 市 县	案件性质(□自赔 □代理)
查勘时间： 年 月 日 时	查勘地点：	是否第一现场：□是 □否

保险车辆	厂牌型号：	发动机号：	号牌底色：
	号牌号码：	车架号（VIN）：	初次登记日期：
	驾驶人姓名：	驾驶证号：	准驾车型：
	初次领证日期： 年 月 日	性别：□男 □女	联系方式：

三者车辆	厂牌型号：	号牌号码：	交强险保单号：
	驾驶人姓名：	驾驶证号：	起保日期：
	初次领证日期： 年 月 日	性别：□男 □女	准驾车型：	联系方式：

事故信息	出险原因	□碰撞 □倾覆 □坠落 □火灾 □爆炸 □自燃 □外界物体坠落、倒塌 □雷击 □暴风 □暴雨 □洪水 □雹灾 □玻璃单独破碎 □其他
	事故类型	□单方肇事 □双方事故 □多方事故 □仅涉及财产损失 □涉及人员伤亡
	事故涉及的第三方车辆数：	第三者伤亡人数：伤 人，亡 人 　车上人员伤亡人数：伤 人，亡 人
	事故处理方式：□交警 □自行协商 □保险公司 □其他（　　）	是否需要施救：□是 □否
	预计事故责任划分：□全部 □主要 □同等 □次要 □无责	核定施救费金额：

查勘信息	被保险机动车出险时的使用性质	□家庭自用 □营业 □非营业
	被保险机动车驾驶人是否具有有效驾驶证	□是 □否
	被保险机动车驾驶人准驾车型与实际驾驶车辆是否相符	□是 □否
	被保险机动车驾驶人是否为酒后或醉酒驾车	□是 □否
	被保险机动发生事故时的肇事人是否为合同约定的驾驶人	□是 □否
	驾驶专用机械车、特种车及营业性客车的人员是否有相应的有效操作证、资格证	□是 □否
	出险地点是否发生在合同约定的行驶区域以外	□是 □否
	是否存在其他条款规定的责任免除或增加免赔率的情形（如存在应进一步说明）：	□是 □否
	查勘意见（事故经过、施救过程、查勘情况简单描述和初步责任判断）：	
	案件处理等级： 　理算顺序： 　询问笔录 张，现场草图 张，事故照片 张	

责任判断及损失估计	涉及险种	□交通事故责任强制保险□商业车损险□商业三者险□车上人员责任险□自燃损失险□盗抢险 □玻璃单独破碎险□车上货物责任险□其他（　　　）
	立案建议	交强险： □立案 □不立案 □待确定（原因：　　　）
		商业保险： □立案 □不立案 □待确定（原因：　　　）
	事故估损金额	总计： 　　　□本车损失： 　　　□第三者车辆损失：
		□本车车上人员伤亡： 　□第三者人员伤亡： 　□本车车上财产损失：
		□第三者车上财产损失： 　□第三者其他财产损失： 　□其他：

查勘人员签字： 　　　　　　　　　　　　　　　　被保险人（当事人）签字：

六、现场查勘的方法和准则

现场查勘可按照中国人保财产保险公司"654321"的方法和准则执行，具体内容如下。

(一) 6个方面："车、证、人、路、货、行"

1. 车

查验事故车辆是否属于承保的标的。

(1) 车辆类型、型号。主要通过比照行驶证正本上记载的车辆类型、型号与保单承保的车辆类型、型号是否相同，以便查验出险车辆是否为保险公司允许承保的车辆类型。

(2) 汽车的结构及配置。查验汽车的款式、内外颜色、方向盘左右形式、采用燃料的种类、变速器的形式、倒车镜及门窗的运动方式、驱动方式、冷媒的品种等是否符合该车的出厂规定或登记档案。这些都是为一些冷僻车型的定损做准备的。

(3) 汽车使用年限。弄清出险车辆的使用年限，对于界定事故车辆的合法性十分必要。目前我们国家的汽车报废标准，执行的是1997年颁布2001年进行了修改的《汽车报废标准》。关于各类汽车的使用年限，大致是按照"8年、10年、15年"三个标准来界定的：8年使用期——载货车(含越野)、带拖挂的汽车、矿山车、出租车；10年使用期——非营运的乘用车；15年使用期——其他各类车辆。

(4) 是否属于合法改装。汽车自行改装，有可能破坏了原有的性能，影响了行车的安全。严格说来，改装内容偏多，或者改装部位涉及行车安全的汽车，已经不再具有原承保车辆的合法意义了。

几乎所有的机动车辆保险条款都规定，在保险期限内，保险车辆改装、加装，导致保险车辆危险程度增加的，应当及时书面通知保险人。否则，因保险车辆危险程度增加而发生的保险事故，保险人不承担赔偿责任。常见非法改装形式有：增加货车栏板高度；加大货车轮胎；增加钢板弹簧的片数或厚度；增加车厢长度；开天窗；乘用车安装行李架；仿古婚车。

(5) 使用性质。现场查勘时，应该查验出险车辆的实际使用性质与保险单载明的使用性质是否一致。两种常见的使用性质与保单不符的情况如下。

① 营运货车按非营运货车投保。这种投保方式可以节省保费。查勘时，可以从车辆的状况、车辆的行驶里程等辨别它是否属于营运车辆。

② 非营运乘用车从事营业性客运。这种投保方式可以节省保费。查勘时，可通过调查取证驾驶员与被保险人、乘客与驾驶员的关系，以及保险车辆行驶线程(常为车站、码头、高校门口、商贸城门口)等方式来获取从事营业性客运的依据。

车主对被保险人确定的高风险的汽车使用性质有异议时，查勘人员可以通过行驶证和机动车登记证上的相关信息来确认。

2. 证

(1) 驾驶证。查勘时，需要验明驾驶证的真伪，确定是否是合格的驾驶员；确定是否被为保险人允许的驾驶员；确定是否是保单约定的驾驶员。如果怀疑驾驶证的真实性，则可以通过姓名和证号查阅、检验驾驶证的真伪。

(2) 行驶证。查勘人员要对以下问题予以高度重视：行驶证自身的真伪；行驶证副页上检验合格章的真伪，即行驶证的有效期；行驶证车主与保险单登记的是否相同，如果不相同则再了解行驶证车主与被保险人的关系，是否具备保险利益；如果行驶证车主与保险单不符，且是否有批改单或行驶证车主与保险单不符且无批改单，则询问是否经保险人同意；如果行驶证车主与保险单不符且无批改单，也未经保险人同意，则一般可认为被保险人对标的车已不具备保险利益。

3. 人

车辆出险后，查勘人员要尽快确定：谁是真正的驾车人？驾车人是否为合格驾驶员？驾车人是否为车主允许的驾驶员？驾驶员所驾车型是否为准驾车型？驾车人是否为保单约定的驾驶员？驾车人是否为酒后或服用违禁药物后驾车？

4. 路

如果事故发生地为高速公路，则询问驾车人是否已具备上高速公路行驶的资格？发生事故时，车辆是否在免责路况行驶？(如：晴天将车开进水坑，造成损失的行为)

5. 货

无论是乘用车，还是商用车，都存在违规装载的现象。大客车的追尾，货车的倾覆，多数是因为违规装载所造成的。这就要求查勘人员在接到报案之后，应该尽快到达事发现场，通过对大客车现场乘客的清点，对货车货物装载情况的查验，以及每件货物重量的估算，查看运单或货单上的货物重量记载等方式以确定是否超载。

6. 行

发生事故时，驾驶员是否有违章行车的行为？(涉及责任比率)

(二) 5 字法取证："问、闻、看、思、摄"

查勘的过程，实际上是一个损失原因、损失情况调查取证的过程。可以采用"问、闻、看、思、摄"五个基本方法。

1. 问

查勘人员到达事发现场以后，可以向当事人和目击者询问一系列的相关情况。

(1) 出险时间。应该仔细核对公安部门的证明与当事人的陈述时间是否一致。对于有疑问的细节，要详细了解车辆的启程时间、返回时间、行驶路线、伤者住院治疗时间、运单情况等。如果发现两者时间确实不一致，则要及时去公安部门核实或者向当地群众了解。

(2) 出险地点。确定出险地点的目的是确定车辆是否超出了保单所列明的行驶区域(如：教练车)，是否属于在责任免除地(如：营业性修理场所、收费停车场等)发生的损失。

(3) 出险原因。根据保险事故的一般界定，造成损失的原因必须是"近因"。一般情况下，应该依据公安、消防部门的证明来认定出险原因。

(4) 出险经过。叙述出险经过与原因时，原则上要求驾驶员本人填写(驾驶员本人不能填写的，要求被保险人或相关当事人填写)，并将其填写的出险经过与公安交通部门的事故证明(如责任认定书)进行对比，两者应基本一致。如果出现不一致，原则上应以公安部门的证明为依据。

(5) 财产损失情况。财产损失包括以下四个方面：保险车辆车损情况；保险车辆车上损失；第三者车损情况；第三者物损。

(6) 人员伤亡情况。查勘人员伤亡情况时，首先要明确本车伤亡人员的相关信息：姓名、性别、年龄、与被保险人之间的关系、与驾驶员之间的关系，受伤人员的受伤程度。其次要明确对方车上伤亡人员的相关信息：姓名、性别、年龄、受伤人员的受伤程度。这些信息将为医疗核损人员查勘、核损时提供有力的原始依据。

(7) 施救费用。某些案例的施救费用可能极高，如：在山区行驶的车辆翻入山沟后的施救费用；私家车自驾游被困森林，人逃出，车被困，重返森林的施救费用。查勘人员应该在施救结束后及时了解这笔费用实际发生的额度。

2. 闻

现实生活中，许多车祸是因为驾驶员酒后驾驶造成的。在一些特定的时间(如每天尤其是节假日的 13 点至 16 点、20 点至 23 点)，对一些特定的驾驶群体(如青壮年的男性驾驶员、经营人员)，出险后应考虑是否存在酒后驾车的问题，设法与公安人员一起取证。

3. 看

查勘人员到事故现场后，要仔细观察车辆及周围情况，弄清事故发生的直接原因。

(1) 观察驾乘人员。是否存在神色慌张，似乎想掩盖某些事实的迹象？是否存在报案所称的驾驶员并非实际驾车人的可能？

(2) 观察情况。保险车辆所在的路段，是否可以造成已经发生了损失的事故？该路段是否存在不允许保险车辆通行的规定？

(3) 观察受损车辆。车辆状况是否符合正常行驶的要求？有无可能属于报废后重新启用的车辆？车辆所在位置是否在事故发生后被人为挪动过？

4. 思

查勘人员对于自己所听到、嗅到、观察到的各种现象，要进行认真的分析，通过各种现象的相互佐证，运用自己的专业知识，分析出眼前事故的真实原因。例如：如果是车辆运动中发生的碰撞，要重点考虑碰撞的部位，轿车制动时前头下沉，后尾高翘，接触点与常态时有所不同，有可能只是使前大灯碰坏，而保险杠却没有受到损伤。新车发生的保险事故，车主故意行为的可能性不大。上午 11 点之前发生的保险事故，酒后驾驶的可能性不大；而 13 点至 17 点或 20 点至 23 点发生的车祸，有可能涉及酒后驾车。

5. 摄

为了如实反映事故现场的真实情况，需要保留相应的证据，以备定损研究和事后核查之用。现场拍摄的照片既是赔款案件的第一手资料,又是查勘报告的旁证材料。

(1) 摄影方式:一般现场摄影包括方位摄影、中心摄影、细目摄影和宣传摄影四种方式。

① 方位摄影是指根据事故车辆为中心的周围环境,采用不同的方式拍摄现场的位置、全貌以反映事故现场轮廓的摄影。当拍摄事故现场的全貌时,一般采用此种摄影。

② 中心摄影是指根据事故接触点为中心,拍摄事故接触的各部位及其相关部位,以反映与事故相关的重要物体特点、状态和痕迹特点。当拍摄现场的中心地段时,宜采用中心摄影方式。

③ 细目摄影,当需要拍摄事故现场的各种痕迹、物证,以反映其大小、形状、特征时,需要采用细目摄影。细目摄影的部位包括:事故车辆和其他物体接触部分的表面痕迹,用以反映事故原因;物体痕迹,如事故车辆的制动拖印痕迹、伤亡人员的血迹、机械故障的损坏痕迹等;事故车辆的牌号、厂牌型号等;事故的损失、伤亡与物资的损坏等。

④ 宣传摄影。通过宣传摄影,运用技巧突出反映某一侧面,如车辆损伤、伤亡者以及事故责任者等。

(2) 摄影方法:一般现场摄影包括相向拍摄、十字交叉拍摄、连续拍摄和比例拍摄四种方法。

① 相向拍摄法,即从两个相对的方向对现场中心部分进行拍摄,以较为清楚地反映现场中心情况。

② 十字交叉拍摄法,即从四个不同的地点对现场中心部分进行交叉拍摄,以准确反映现场中心情况。

③ 连续拍摄法,是将现场分段进行拍摄,然后将分段照片拼接为完整的照片的方法。此种拍摄方法适合于事故现场面积较大,一张照片难以包括全貌的情况。

④ 比例拍摄法,是将尺子或其他参照物放在被损物体旁边进行摄影。常常在痕迹、物证以及碎片、微小物摄影的情况下采用此法,以便根据照片确定被摄物体的实际大小和尺寸。

(3) 摄影要求。

① 拍摄第一现场的全景照片、痕迹照片、物证照片和特写照片;

② 拍摄能反映车牌号码与损失部分的全景照片;

③ 拍摄能反映车辆局部损失的特写照片;

④ 拍摄内容与交通事故查勘笔录的有关记载相一致;

⑤ 拍摄内容应当客观、真实、全面地反映被摄对象,不得有艺术夸张;

⑥ 拍摄痕迹时,应当在被摄物体一侧同一平面放置比例尺(比例标尺的长度一般为50cm,当痕迹、物体面积的长度大于 50cm 时,可用卷尺作为比例标尺);

⑦ 采用数码照相机和光学照相机两种拍摄机(数码照相机拍摄的照片便于计算机管理,便于网上传输,成像快,缺点是易被修改、伪造,光学照相机正好相反);

⑧ 照片档案应该有拍摄地点、摄影人、摄影时间、照片标示、文字说明等内容,分类时一般应按照现场环境照片、痕迹勘验照片、车辆检验照片、肇事者照片的顺序编排。

(三)4 个基本问题：保险车辆、保险责任、谁的责任、损失金额

(1) 是否属于保险车辆。现场查勘时，可以通过查验汽车的号牌和车架号来确定出险车辆是否属于保险标的。

(2) 是否属于保险责任。有一些客观发生的车险，尽管车主也为自己的爱车投了保险，但或因投保的险种不符，或因不属于保险责任而不在理赔之列。

(3) 谁的责任。保险公司所承保的车辆，驾驶员是否负有责任？是全责还是部分责任？

(4) 损失金额。损失金额包括施救费用、财产损失、人员伤亡损失等。

(四)3 项技能：调查取证、现场图绘制、现场查勘报告填写

1. 调查取证技能

调查取证技能主要包括：出险时间、出险地点、出险原因、保险车辆驾驶员情况、出险经过与原因、处理机关、财产损失情况、人员伤亡情况、施救情况。

2. 现场图绘制技能

现场图绘制的要求：全面、形象地表现交通事故现场客观情况。案情简明的交通事故，可力求制图简便；现场图需要做到客观、准确、清晰、形象，图栏各项内容填写齐备，数据完整，尺寸准确，标注清楚。用绘图笔或翠水笔绘制、书写，事故现场图各类图形应按实际方向绘制，线宽度在 0.25～2.0mm 选择。在同一图中同类图形符号的图线应基本一致；制现场图的图形符号应符合《道路交通事故现场图形符号》标准(GB 1797—89)的规定。《道路交通事故现场图形符号》标准中未作规定的，可按实际情况绘制，但应在说明栏中注明。

3. 现场查勘报告填写

根据现场查勘情况，填写《机动车辆理赔现场查勘记录》。

(五)2 个顺序：由表及里、由前往后

查勘人员在登记汽车零部件的损坏情况时，应该按照顺序进行，以免重复登记或遗漏登记损坏了的汽车零部件。

(1) 由表及里：对于造成损坏的汽车零部件，登记时首先按照"由表及里"的方法进行，先登记外表可看得见的，再逐一向内展开登记。

(2) 由前往后：在贯彻"由表及里"登记方法的同时，为了避免遗漏，还要"由前往后"、"自左至右"进行登记。这样一来，一般不会遗漏、重复登记。

(六)1 个目标：有利于车主、修理厂、保险公司

在对车损现场进行查勘、定损时，应该考虑到一个总体目标：兼顾到车主、汽车维修厂、保险公司三方面的利益，大家和谐相处，最终有利于保险公司和汽车社会的发展壮大。

七、立案

(一)立案的职能

(1) 对查勘发起的立案任务进行处理(交强/商业险)。
(2) 录入、调整立案估损金额信息。
(3) 输入记载信息代码。
(4) 发起追偿任务。

(二)立案的主要准备工作

(1) 接收查勘资料,包括查勘记录及附页、查勘照片、询问笔录,以及驾驶证、行驶证照片、复印件等。确保立案人员充分掌握查勘信息。
(2) 查阅出险车辆的承保信息。
(3) 查阅出险车辆的历史赔案信息。

(三)立案处理

1. 判断保险责任

结合承保情况和查勘情况,分别判断事故是否属于机动车交通事故责任强制保险或商业机动车保险的保险责任,对是否立案提出建议。

2. 立案录入估损信息

立案录入信息应区分交强险、商业车损险、商业三者险和车上人员责任险等险别,分别录入或调整估损金额。

(1) 立案基本信息:损失分类可以选择"全损"、"非全损"、"玻璃独碎"和"盗抢",赔案类别、出险区域、商业险赔偿责任、交强险赔偿、出险标志和出险原因都为可选项。立案处理人员可以根据实际情况进行录入。

(2) 估损项:分为涉案车辆、财产损失、人员伤亡三部分。可以单击打开"车辆资料"选框查看具体损失。

(3) 险别估损信息:车险理赔系统中要求录入的"估损金额"指赔案涉及保险财产/责任的损失金额,"估计赔款"指考虑事故责任比例、免赔和保险金额/责任限额等综合情况后保险公司应赔付的金额。

(四)立案处理时限

一般情况下应于查勘结束后 24 小时内立案。最晚于接报案后 3 天内,进行立案或注销处理;查勘所涉及的单证可在立案同时或之后收集。

任务实施

(一)任务实施环境

(1) 车辆出险现场如图 4-5 所示。

图 4-5 车辆出险现场

(2) 查勘资料和工具。主要是相关单证(出险报案表、保单抄件、索赔申请书、报案记录、现场查勘记录、索赔须知、询问笔录、事故车辆损失确认书)和查勘用工具(数码相机、卷尺等),如图 4-6 所示。

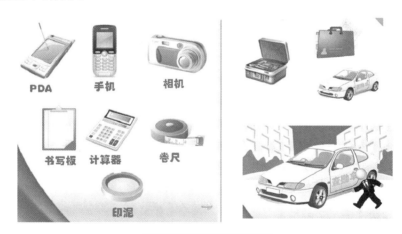

图 4-6 查勘资料和工具

(3) 车险理赔估损模拟教学系统查勘、立案平台。

(二)任务实施步骤

1. 事故现场查勘流程

事故现场查勘流程如图 4-7 所示。

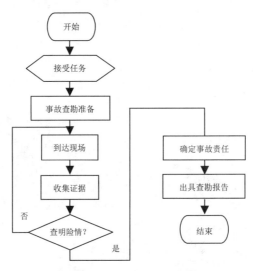

图 4-7　事故现场查勘流程

步骤 1：接受调度

接到查勘通知后，服从调度，联系事故相关人员及时赶赴事故现场进行查勘。

步骤 2：查勘前的准备

(1) 查阅抄单。主要关注保险期限、承保的险种、保险金额、责任限额等内容。

(2) 阅读报案记录。重点关注被保险人名称、保险车辆车牌号、出险时间、地点、原因、处理机关、损失概要、被保险人、驾驶员及当事人联系电话。

(3) 查询涉案车辆历史出险记录。查询涉案车辆历史出险记录，有利于查勘时对可能存在道德风险和重复索赔的案件进行重点跟踪。重点对报案间距较短的历史信息进行查阅，了解历史损失情况和当时照片反映的车况车貌，为查勘提供参照；查阅涉案车辆近期注销或拒赔案件信息，严防虚假案件。

(4) 携带查勘资料及工具。为了有利于准确有效地查勘，查勘人员出发前应该携带必要的相关资料和查勘工具。主要包括资料部分(出险报案表、保单抄件、索赔申请书、报案记录、现场查勘记录、索赔须知、询问笔录、事故车辆损失确认书等)和工具部分(笔记本电脑、数码相机、手电筒、卷尺、砂纸、笔、记录本等)。

步骤 3：到达现场，了解情况

查勘定损人员到达事故现场，应将查勘车辆停在事故车附近安全地带并打开危险警告灯，在距客户 3 米远处以标准话术进行问候、自我介绍，出示工作牌。

1) 了解肇事驾驶人、报案人的情况

(1) 查验肇事驾驶人和报案人的身份，核实报案人、驾驶人与被保险人的关系。

(2) 注意驾驶人员是否存在饮酒、醉酒、吸食或注射毒品、被药物麻醉后使用保险车辆情况，是否存在临时找他人顶替真实驾驶人员的情况。

(3) 驾驶证是否有效，一般指：驾驶证正页上有效日期是否过期；驾驶的车辆是否与准驾车型相符；驾驶人员是否是被保险人或其允许的驾驶人；驾驶人员是否为保险合同中约定的驾驶人；特种车驾驶人是否具备国家有关部门核发的有效操作证；营业性客车的驾驶人是否具有国家有关行政管理部门核发的有效资格证书。

2) 了解出险车辆情况

(1) 确认保险标的车辆信息。查验事故车辆的保险情况、号牌号码、牌照底色、发动机号、VIN码/车架号、车型、车辆颜色等信息，并与保险单、证(批单)以及行驶证所载内容进行核对，确认是否是承保标的。

(2) 查验保险车辆的行驶证。查验行驶证是否有效，一般指：行驶证副页是否正常年检；行驶证车主与投保人、被保险人不同的，车辆是否已经过户；已经过户的，是否经保险人同意并通过批单对被保险人进行批改。

(3) 查验第三方车辆信息。涉及第三方车辆的，应查验并记录第三方车辆的号牌号码、车型，以及第三方车辆的交强险保单号、驾驶人姓名、联系方式等信息。

(4) 查验保险车辆的使用性质。车辆出险时使用性质与保单载明的是否相符(两种常见的使用性质与保单不符的情况：①营运货车按非营运货车投保；②非营运乘用车从事营业性客运)；是否运载危险品；车辆结构有无改装或加装；是否有车辆标准配置以外的新增设备(详见交通管理部门《机动车登记规定》)。

3) 了解查明出险经过

(1) 核实出险时间。对出险时间是否在保险有效期限内进行判断，对接近保险起讫期出险的案件，应特别慎重，认真查实。对出险时间和报案时间进行比对，是否超过48小时。了解车辆启程或返回的时间、行驶路线、委托运输单位的装卸货物时间、伤者住院治疗的时间等，以核实出险时间。

(2) 核实出险地点。查验：出险地点与保险单约定的行驶区域范围是否相符；是否是营业性修理场所；是否擅自移动现场或谎报出险地点。

(3) 查明出险原因。结合车辆的损失状况，对报案人所陈述的出险经过的合理性、可能性进行分析判断，积极索取证明、收集证据；注意驾驶人员是否存在醉酒或服用违禁药物后驾驶机动车的情况(特别是节假日午后或夜间发生的严重交通事故)；是否存在超载情况(主要是涉及大货车的追尾或倾覆事故，需要对货物装载情况进行清点)；是否存在故意行为(一般是老旧车型利用保险事故更换部分失灵配件或者已经索赔未修理车辆通过故意事故重复索赔)；对于报案中心专线提示出险时间接近的案件，须认真核查两起报案中事故车辆的损失部位、损失痕迹、事故现场、修理情况等，确定是否属于重复索赔。

(4) 查明事故发生的真实性，严防虚假报案。发生碰撞的，要观察第一碰撞点的痕迹，是否符合报案人所称的与碰撞物碰撞后所留痕迹，比如因碰撞物的不同，碰撞点往往会残留一定的灰屑、砖屑、土屑、油漆等；发生运动中碰撞的，要重点考虑碰撞部位，比如追尾事故因后车在碰撞时紧急制动会导致车头下沉，受损部位往往在保险杠以上更为严重；要对路面痕迹进行仔细观察，保险车辆紧急制动时会在路面留有轮胎摩擦的痕迹，有助于判断车辆发生碰撞前的行驶轨迹。

(5) 对存在疑点的案件，应对事故真实性和出险经过进一步调查，可查找当事人和目击者进行调查取证，并作询问笔录。

(6) 如被保险人未按条款规定协助保险人勘验事故各方车辆，证明事故原因，应在查勘记录中注明。

步骤 4：收集现场证据

现场的各种证据是分析交通事故过程和原因以及判断交通事故责任最为客观的依据。收集现场各种证据是现场查勘工作的核心内容，可以通过各种查勘技术、方法收集证据，通过这些证据可以推断事故的成因、确定保险责任。

事故现场的证据一般有以下几种。

(1) 现场道路、地形地貌的勘察；

(2) 现场路面上的痕迹、物证；

(3) 肇事车辆和伤亡人员身体的现场位置；

(4) 现场碰撞物如车辆、人畜、外界物体等的碰撞部位的形状、面积、受损程度，从这些细节可推断出碰撞的受力大小、速度、方向等；

(5) 现场第三方人证，应详细询问其对发生事故前后所见的情况并记录。

步骤 5：进行现场摄影

(1) 拍摄事故现场和损失标的。第一现场查勘的，应有反映事故现场全貌的全景照片，反映受损车辆号牌号码，车辆、财产损失部位、损失程度的近景照片；非第一现场查勘的，事故照片应重点反映受损车辆号牌号码，车辆、财产损失部位、损失程度的近景照片。对车辆牌照脱离车体、临时牌照或无牌照的车辆、全损车、火烧车及损失重大案件，要求对车架号、发动机号进行清晰地拍照，如图 4-8 所示。

事故现场　　公交车后杠损坏　　夏利损坏部位　　事故现场　　追尾部位

左前部损坏　　夏利局部损坏严重　　夏利追尾公交车　　事故现场　　现场查勘

图 4-8　事故现场及损失标的照片

(2) 拍摄相关证件及资料。包括：保险车辆的行驶证(客运车辆准运证)、驾驶人的驾驶证(驾驶客运车辆驾驶人准驾证、特种车辆驾驶人操作资格证)，交警责任认定书、自行协商协议书、其他相关证明。查勘人员应将此环节相关证件、资料尽可能地拍照，照片汇总到车险理赔系统后，有利于核损、核赔环节从系统中进行审核，如图 4-9 所示。

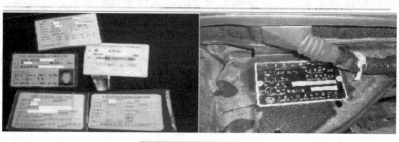

图 4-9　相关证件照片

步骤6：判断保险责任

(1) 对事故是否属于保险责任进行初步判断。结合承保情况和查勘情况，分别判断事故是否属于机动车交通事故责任强制保险或商业机动车保险的保险责任，对是否立案提出建议。对不属于保险责任或存在条款列明的责任免除的、加扣免赔情形的，应收集好相关证据，并在查勘记录中注明。暂时不能对保险责任进行判断的，应在查勘记录中写明理由。

(2) 初步判断责任划分情况。交警部门介入事故处理的，依据交警部门的认定；当事人根据《交通事故处理程序规定》和当地有关交通事故处理法规自行协商处理交通事故的，应协助事故双方协商确定事故责任并填写《协议书》(对当事人自行协商处理的交通事故，如发现责任划分明显与实际情况不符，缩小或扩大责任的，应要求被保险人重新协商或由交警出具交通事故认定书)。

步骤7：填写相关单证

在现场的查勘中，有些单证必须填写，主要有索赔申请书、赔款协议书、索赔须知等。机动车保险索赔申请书样本如下。

机动车辆保险索赔申请书

报案编号： (保险公司填写)					
重要提示：请您如实填写以下内容，任何虚假陈述、欺诈行为，均可能成为保险人拒绝赔偿的依据。					
商业险保单号码(承保公司)：					
交强险保单号码(承保公司)：					
被保险人：		被保险人电话：			(必填项)
被保险人地址：		邮编：			
号牌号码：		厂牌型号：			
出险时间： 年 月 日 时 分			出险地点：		
报案人：		报案时间：		是否第一现场报案： □是 □否	
驾驶员：		驾驶证号：			
联系人：			联系电话：		
其他事故方交强险投保及损失信息					
号牌号码	厂牌型号	被保险人	交强险保单号	承保公司	损失金额 定损公司
被保险人领取赔款信息					
开户名：		开户银行：		账号：	
出险原因及事故经过：					

报案人签字：
年 月 日

你公司已将有关索赔的注意事项对我进行了告知。按照保险合同的约定，向你公司提出索赔申请。

本被保险人(索赔人)声明：以上所填写的内容和向你公司提交的索赔材料真实、准确、完整、可靠，没有任何虚假和隐瞒情况。如有虚假陈述、欺诈行为，愿意承担由此产生的所有法律责任。

索赔人/被保险人(法人)签章：
年 月 日

特别告知：
1. 本索赔申请书是被保险人就所投保险种向保险人提出索赔的书面凭证。
2. 保险人受理报案、现场查勘、估损核损、参与诉讼、进行抗辩、向被保险人提供专业建议等行为，均不构成保险人对赔偿责任的承认。
3. 为充分保障您的权益，根据保险法相关规定，我司已书面告知您在索赔时需向保险公司提供的有关证明和材料(详见《机动车辆保险索赔须知》)。

步骤 8：指导报案人进行后续处理

1) 告知赔偿顺序

(1) 发生机动车之间的碰撞事故的，应告知客户先通过交强险进行赔偿处理，超过交强险责任限额的部分，由商业保险进行赔偿。

(2) 交强险未在本保险公司承保的，应指导客户向交强险承保公司报案，由交强险承保公司对第三者损失先行定损。

(3) 符合交强险"互碰自赔"处理条件的，应向客户告知互碰处理后续流程。

2) 向报案人提供《机动车辆保险索赔须知》和《机动车辆保险索赔申请书》

(1) 在《索赔须知》中完整勾选被保险人索赔时需要提供的单证，双方确认签字后交被保险人或报案人。

(2) 指导报案人填写《索赔申请书》，告知报案人交被保险人签名或盖章后，在提交索赔单证时一并向保险人提供。

3) 告知客户后续理赔流程

(1) 查勘时不能当场定损的，查勘人员应与被保险人或其代理人约定定损的时间、地点；对于事故车辆损失较重，需拆检后方能定损的案件，应安排车辆到拆检定损点集中拆检定损。

(2) 向客户推荐公司特色理赔方案，引导客户选择快速、便捷的"一站式"后续服务。

(3) 对于明显不属于保险责任或者存在条款列明除外责任的，应耐心向客户解释，争取客户同意注销案件。

步骤 9：完成查勘记录

(1) 根据查勘内容填写《查勘记录》，并争取报案人签字确认。查勘员应尽量详细填写《查勘记录》，以保证入机时查勘资料的完整性。

(2) 重大、复杂或有疑点的案件，应在询问有关当事人、证明人后，在《机动车辆保险车辆事故现场查勘询问笔录》中记录，并由被询问人签字确认。

(3) 重大、出险原因较为复杂的赔案应绘制《机动车保险车辆事故现场查勘草图》。现场草图要反映出事故车方位、道路情况及外界影响因素。

(4) 对 VIP 客户案件或小额赔案制定优先处理流程的，应在查勘记录中注明案件处理等级。

2. 立案的主要流程

立案的主要流程如图 4-10 所示。
步骤 1：进行立案准备。
步骤 2：立案录入估损信息。
步骤 3：完成立案。

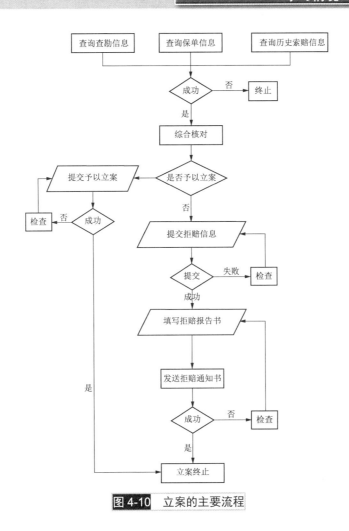

图 4-10 立案的主要流程

任务 3　定损与核损

任务描述

查勘人员李宏通过对事故现场的调查取证，查勘结果是：张明在驾驶车辆左转弯处未遵守减速要求，车速过快导致事故发生，张明负主要责任。在事故中一行人因避让，导致脚踝扭伤并有轻微擦伤，张明在事故中出现微伤，防护栏出现一定程度的损坏变形。经过对事故车辆的检测，汽车左前侧受损严重，前保险杠、左前门、前照灯、前风窗玻璃出现严重撞损，其他部位出现不均匀划痕。那么，定损员王强如何根据这些情况进行定损？王强定损后，核损员赵云又应该如何对定损项目复核呢？

任务分析

根据保险合同的规定和现场查勘的实际损失记录，在尊重客观事实的基础上，确定保险责任，然后开展事故定损工作。本任务仍以两车相撞发生交通事故为例，在设定的环境中，从保险公司定损员和核损员的角度学习如何对事故车辆进行定损和核损。

相关知识

一、交通事故中的损失项目

(一)车辆损失

车辆损失是指在交通事故中事故车辆的直接损失,就机动车本身而言,其因交通事故损坏所产生的直接损失就是修车费。

(二)人员伤亡

人员伤亡是指交通事故中由于人员伤亡所造成的经济损失,包括医疗费和其他费用。医疗费用主要包括医药费、诊疗费、住院费、住院伙食补助、后续治疗费、整容费、必要的营养费用等。其他费用主要指死亡伤残费用、包括丧葬费、死亡赔偿金、交通费、住宿费、误工费、被扶养人生活费、残疾赔偿金、残疾辅助器具费、护理费、被保险人依照法院判决或者调解承担的精神损害抚慰金等。

(三)其他财产损失

其他财产损失是指除车辆损失和人员伤亡以外的其他财产损失。

(四)施救费用

施救费用是指发生保险事故时,被保险人为防止和减少被保险车辆的损失所支付的必要的、合理的施救费用。施救费用必须是直接的、必要的、合理的,是按照国家有关政策规定,为施救行为付出的费用。

二、车辆损失的确定

(一)车辆定损的原则

(1) 修理范围仅限于本次事故中所造成的车辆损失。
(2) 能修理的零部件,尽量修复,不要随意更换新的零部件。
(3) 能局部修复的不能扩大到整体修理。
(4) 能更换零部件的坚决不能更换总成件。
(5) 根据修复工艺难易程度,参照当地工时费水平,准确确定工时费用。
(6) 准确掌握汽车零配件价格。

(二)车辆损失确定内容

1. 核对事故车辆相关信息

核对事故车辆的厂牌、型号、VIN 码、牌照号、车架号(要求拓印/拍摄车架号)、发动机号、吨位或座位等是否同《机动车行驶证》、保险单上的内容完全一致。以临时牌照号投保的车辆要查核临时牌照号的有效期限、行驶的规定路线。

2. 检验确定损失

(1) 根据现场查勘情况，认真检查事故车辆，确定受损部位、损失项目、损失程度，本着以修复为主的原则确定换件项目、维修项目，并进行登记。

(2) 对投保新车出厂时车辆标准配置以外新增设备进行区分，并分别确定损失项目和金额。

(3) 损失严重的，应当将车辆解体后进行损失项目确认，对估损金额超过本级处理权限的，应当及时报上级主管部门安排协助定损。

(4) 对无法一次确定损失的，应当根据具体情况安排再次定损。

(5) 在维修方案、维修换件项目等方面与修理厂存在分歧的，应当在修理过程中安排复勘，出厂前安排验车，对损失进行重新认定。

3. 拍摄车辆损失照片

车辆损失照片应有呈45°且反映车辆号牌及受损财产部位和程度的近景照片(如图4-11所示)。拍照时应当对照维修换件清单上的项目逐一拍摄(如图4-12所示)，如损失点难以在照片上反映清楚，可以在损失部位做标记或用笔、杆件等做参照物进行拍摄。对玻璃单独破裂事故的定损，照片必须有反映车牌号的整车照片、玻璃损坏整体照片、局部照片，照片上能反映定损时间。

图4-11 事故车整车照片

图4-12 事故车受损部位照片

4. 出具损失情况确认书

根据当地汽车零配件价格和工时费标准确定换件零配件价格和维修、换件工时费，出具"机动车辆保险车辆损失情况确认书"(含零部件更换项目清单和修理项目清单)。对规定需要询报价的事故车辆，按规定进行询价。"机动车辆保险车辆损失情况确认书"一式两份，经被保险人签字确认，保险人、被保险人各执一份。

机动车辆保险车辆损失情况确认书如下。

机动车辆保险车辆损失情况确认书

报案编号： 　　　　　　　　　　　　　　　　　　　　受损车辆：　□标的车　□三者车

	名称	厂牌型号	车牌号码
被保险人			
第 三 者			

出险地点：　　　　　　　　　　　　　　　　出险时间：　　　年　　月　　日

修理项目	金额	序号	更换项目	数量	报价金额	核定金额
		1				
		2				
		3				
		4				
		5				
		6				
		7				
		8				
		9				
		10				
		11				
		12				
		13				
		14				
		15				
		16				

（修理项目、更换项目增多时，请续用附页。）　　　　材料残值合计：¥_____

修理费合计：¥_____　　材料费　报价合计：¥_____　　核价合计：¥_____

　　经四方协商，完全同意按以上核定的价格修理，工料费总计=修理费+核价合计-残值=
人民币_____佰_____拾_____万_____仟_____佰_____拾_____元_____角_____分（¥_____）

　　按专业维修厂价格定损的，需提供专业维修厂的维修发票，否则我公司将按市场价格重新核定配件价格和维修费用。
　　本损失情况确认书仅代表我公司对损失情况的确认，并不作为最终的赔付承诺。

修理厂盖章：	被保险人签字（盖章）：	第三者签字（盖章）：	定损员签字：
年　月　日	年　月　日	年　月　日	年　月　日

共　页　第　页

(三)车辆碰撞损伤的鉴定

1. 基本的汽车碰撞损伤鉴定步骤

(1) 了解车身结构的类型。

(2) 以目测确定碰撞部位。

(3) 以目测确定碰撞的方向及碰撞力大小,并检查可能造成的损伤。

(4) 确定损伤是否限制在车身范围内,是否还包含功能部件或零配件(如车轮、悬架、发动机及附件等)。

(5) 沿碰撞路线系统检查部件的损伤,一直检查到没有任何损伤痕迹的位置。例如立柱的损伤可以通过检查车门的配合状况来确定。

(6) 测量汽车的主要零部件,通过比较维修手册上车身尺寸图表的标定尺寸和实际尺寸来检查车身是否产生变形量。

(7) 用适当的工具或仪器检查悬架和整个车身的损伤情况。

2. 碰撞对不同车身结构汽车的影响

非承载式车身遭受碰撞后,可能是车架损伤,也可能是车身损伤,或车架车身都损伤。车架车身都损伤时可通过更换车架来实现车轮定位及主要总成定位,然而,承载式车身受碰撞后通常都会造成车身结构件的损伤。通常非承载式车身的修理只需满足形状要求,而承载式车身的修理既要满足形状要求,更要满足车轮定位及主要总成定位的要求。所以碰撞对不同车身结构的汽车影响不同,从而造成修理工艺和方法的不同,最终造成修理费用的差距。

(四)车辆部件的换修标准

在车辆定损中,确定受损配件的换修是非常重要的环节,正确地确定受损配件的换修,拟订恰当的维修方案,在保证汽车修理质量的前提下,"用最小的成本完成受损部位修复"是定损人员应该掌握的重要技能。

1. 汽车的基本结构

从车辆定损的角度来看汽车的结构,如图4-13所示。

汽车碰撞中常损零件有承载式车身结构钣金件、车身覆盖钣金件、塑料件、机械件及电器件等,定损人员应该掌握这些常损零件的换修标准。

2. 承载式车身结构钣金件修换标准

根据美国汽车撞伤修理业协会经过大量研究,损伤结构件换修的原则是:"弯曲变形就修,折曲变形就换。"

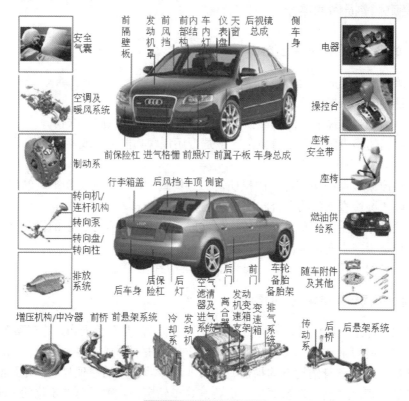

图 4-13　汽车定损结构

(1) 零件发生弯曲变形的特点。

① 损伤部位与非损伤部位的过渡平滑、连续。

② 通过拉拔矫正可使它恢复到事故前的形状，而不会留下永久的塑性变形。

(2) 折曲变形的特点。

① 折曲变形剧烈，曲率半径小于 3mm，通常在很短的长度上弯曲可达 90°以上。

② 修复后，零件上仍有明显的裂纹或开裂，或者出现永久变形带，不经调温加热处理不能恢复到事故前的形状。

(3) 承载式车身结构件换修标准。

① 金属构件变形中度以下(变形面积占配件总面积 30%)，无撕裂、死褶，应修复不能更换。

② 车架仅前后端中度以下变形，无撕裂或硬死弯，纵梁仅前端变形，无撕裂或硬死弯，应校正不能更换。

③ 车壳(驾驶室壳)只有在达到前部(或后部)及一侧严重变形破损，且前主柱(或后主柱)也严重变形的程度以上时才能更换。

3. 塑料件换修标准

塑料件在汽车上应用较多，塑料件换修应掌握以下标准。

(1) 对于燃油箱及要求严格的安全结构件，必须考虑更换；

(2) 整体破碎应以更换为主；
(3) 价值较低、更换方便的零件应以更换为主；
(4) 应力集中部位应以更换为主；
(5) 基础零件，并且尺寸较大，受损以划痕、撕裂、擦伤或穿孔，拆装麻烦、更换成本高或无现货供应，这些零件应以修理为主；
(6) 表面无漆面的，不能使用氰基丙烯酸酯黏结法修理的，且表面光洁度要求较高的塑料零件，由于修理处会留下明显的痕迹，一般应考虑更换。

4. 机械类零件换修标准

机械配件损坏出现下列情况，原则上必须更换。
(1) 超过配合尺寸，通过加工也无法达到装配要求。
(2) 变形通过矫正无法保证使用性能和安全技术要求。
(3) 断裂无法焊接或焊接后无法保证使用性能和安全技术要求。
(4) 当汽车悬挂系统受到损伤时，汽车悬挂系统中的任何零件是不允许用校正的方法进行修理的。但当车轮定位不合格时，不能轻易更换，应判断是否为事故前的车轮定位问题，方法是检查轮胎的磨损是否均匀，再检查车身定位尺寸，逐一更换悬挂的部件并进行检测，直至确认损伤部件为止。
(5) 汽车铸造基础件受到损伤。发动机缸体、变速器、主减速器和差速器的壳体往往用球墨铸铁或铝合金铸造，出现裂纹时一般给予更换。受冲击载荷时，常常会造成固定支脚的断裂，一般是进行焊接修理。

5. 电器件换修标准

(1) 除安全气囊电子元件、控制单元外，其他电子元件、控制单元受损必须有明显被撞击痕迹和因碰撞所致变形、损伤、烧蚀才必须更换。应区分是电器本身损坏，还是保护装置损坏。只有确定是电器本身损坏，才能更换。
(2) 散热器与冷凝器整体变形时，可进行校正。管路只有 1～2 处泄漏时应进行修补。只有 3 处以上泄漏或破损严重、折曲变形时才进行更换处理。

(五)维修费用的确定

事故车辆的维修费用主要由三部分构成：修理工时费、材料费和其他费用。
(1) 工时费：工时费=定额工时×工时单价。
其中：
① 定额工时是指实际维修作业项目核定的结算工时数。
② 工时单价是指在生产过程中，单位小时的收费标准。
(2) 材料费：材料费=外购配件费(配件、漆料、油料等)+自制配件费+辅助材料费。
其中：
① 外购配件费按实际购进的价格结算。漆料、油料费按实际消耗量计算，其价格按实际进价结算。

② 自制配件费按实际制造成本结算。

③ 辅助材料费是指在维修过程中使用的辅助材料的费用,但是,在计价标准中已经包含的辅助材料不得再次收取。

(3) 其他费用:其他费用=外加工费+材料管理费。

其中:

① 外加工费是指在汽车维修过程中,实际发生在厂外加工的费用。

② 材料管理费是指在材料的采购过程中发生的采购、装卸、运输、保管、损耗等费用,其收取的标准是:一般按单件配件购进价格或根据购置地点的距离远近进行确定。如单件配件购进价格在1 000元以下(含1 000元),可按实际进价的15%结算;单件配件购进价格在1 000元以上,可按实际进价的10%结算。对配件购置地点距离较近的,可按实际进价的9%结算;购置地点距离较远的,可按实际进价的18%结算。

(六)车辆定损的注意事项

1. 注意鉴别维修范围

(1) 区分事故损失和机械损失的界限:对于车辆损失,保险公司只承担条款载明的保险责任所导致事故损失的经济赔偿。凡因刹车失灵、机械故障、轮胎爆炸以及零部件的锈蚀、朽旧、老化、变形、断裂等所造成的损失,不负赔偿责任。若由于这些原因而构成碰撞、倾覆、爆炸等保险责任的,对机械故障部分不予赔偿,其他事故损失可以赔偿。

(2) 区分新旧碰撞损失的界限:属于本次事故碰撞部位,一般会有脱落的漆皮痕迹和新的金属剐痕;非本次事故的碰撞处往往会有油污和锈迹。

2. 注意追加修理项目和费用

事故车辆解体后发现尚有因本次事故造成的损失而未被确认的项目,需要增加修理的,由被保险人或修理单位填写"保险车辆增加修理项目申请单",经定损人员核实并逐级审批后,出具"机动车辆保险车辆损失情况确认书",最后经被保险人同意并签字后方可追加修理项目和费用。

3. 注意处理未定损先修车情况

事故车辆未经保险公司和被保险人共同查勘定损而自行送修的,保险人有权重新核定修理费用或拒绝赔偿。在重新核定时,应当对照查勘记录,逐项核对修理项目和费用,剔除其扩大修理和其他不合理的项目和费用。

4. 注意残值处理

残值处理是指保险公司根据保险合同履行了赔偿并取得对于受损标的的所有权后,对于这些受损标的的处理。在通常情况下,对于残值的处理均采用协商作价归还被保险人的做法,并在保险赔款中予以扣除。如协商不成,也可以将已经赔偿的受损物资收回。这些受损物资可以委托有关部门进行拍卖处理,处理所得款项应当冲减赔款。一时无法处理的,则应当交保险公司的损余物资管理部门收回。

5. 不得强制派修

保险车辆或第三者事故车辆在确定损失金额后,可以推荐被保险人到指定的协作修理厂维修,但不能强制送修。如被保险人自选修理厂,而与修理厂在修理方案、价格上产生分歧,要求保险公司给予支持时,定损人员可以给予被保险人在技术与价格咨询方面的帮助。

6. 协作修理厂的管理

保险公司认定协作修理厂时应当采取公开招标的方式,依据汽车维修行业管理规定、修理厂的资质信誉、厂房设备情况、管理人员与技术人员的素质以及与保险公司业务合作情况和协助保险公司开展车险增值服务、开展车辆救援的能力等方面进行综合评定。对已认定的修理厂,要与其签署合作协议,并采取临时抽查和定期检查的办法对协作修理厂进行考核,考核不合格的,应终止与其的合作关系。

三、人员伤亡费用的确定

《最高人民法院关于审理人身损害赔偿案件适用法律若干问题的解释》第十七条第一款规定:"受害人遭受人身损害,因就医治疗支出的各项费用以及因误工减少的收入,包括医疗费、误工费、护理费、交通费、住宿费、住院伙食补助费、必要的营养费,赔偿义务人应当予以赔偿。"第十七条第二款规定:"受害人因伤致残的,其因增加生活上需要所支出的必要费用以及因丧失劳动能力导致的收入损失,包括残疾赔偿金、残疾辅助器具费、被扶养人生活费,以及因康复护理、继续治疗实际发生的必要的康复费、护理费、后续治疗费,赔偿义务人也应当予以赔偿。"第十七条第三款规定:"受害人死亡的,赔偿义务人除应当根据抢救治疗情况赔偿本条第一款规定的相关费用外,还应当赔偿丧葬费、被扶养人生活费、死亡补偿费以及受害人亲属办理丧葬事宜支出的交通费、住宿费和误工损失等其他合理费用。"

(一)人员伤亡费用的赔偿标准

(1) 医疗费。医疗费根据医疗机构出具的医药费、住院费等收款凭证,结合病历和诊断证明等相关证据确定。赔偿义务人对治疗的必要性和合理性有异议的,应承担相应的举证责任。医疗费的赔偿数额,按照一审法庭辩论终结前实际发生的数额确定。器官功能恢复训练所必要的康复费、适当的整容费以及其他后续治疗费,赔偿权利人可以待实际发生后另行起诉。但根据医疗证明或者鉴定结论确定必然发生的费用,可以与已经发生的医疗费一并予以赔偿。

(2) 误工费。误工费根据受害人的误工时间和收入状况确定。误工时间根据受害人接受治疗的医疗机构出具的证明确定。受害人因伤致残持续误工的,误工时间可以计算至定残日前 1 天。受害人有固定收入的,误工费按照实际减少的收入计算。受害人无固定收入的,按照其最近 3 年的平均收入计算;受害人不能举证证明其最近 3 年的平均收入状况的,可以参照受诉人民法院所在地相同或者相近行业上一年度职工的平均工资计算。

(3) 护理费。护理费根据护理人员的收入状况和护理人数、护理期限确定。护理人员有收入的，参照误工费的规定计算；护理人员没有收入或者雇用护工的，参照当地护工从事同等级别护理的劳务报酬标准计算。护理人员原则上为 1 人，但医疗机构或者鉴定机构有明确意见的，可以参照确定护理人员人数。护理期限应当计算至受害人恢复生活自理能力时止。受害人因残疾不能恢复生活自理能力的，可以根据其年龄、健康状况等因素确定合理的护理期限，但最长不超过 20 年。受害人定残后的护理，应当根据其护理依赖程度并结合配制残疾辅助器具的情况确定护理级别。

(4) 交通费。交通费根据受害人及其必要的陪护人员因就医或者转院治疗实际发生的费用计算。交通费应当以正式票据为凭，有关凭据应当与就医地点、时间、人数、次数相符合。

(5) 住院伙食补助费。住院伙食补助费可以参照当地国家机关一般工作人员的出差伙食补助标准予以确定。受害人确有必要到外地治疗，由于客观原因不能住院，受害人本人及其陪护人员实际发生的住宿费和伙食费，其合理部分应予赔偿。

(6) 营养费。营养费根据受害人伤残情况参照医疗机构的意见确定。

(7) 残疾赔偿金。残疾赔偿金根据受害人丧失劳动能力程度或者伤残等级，按照受诉人民法院所在地上一年度城镇居民人均可支配收入或者农村居民人均纯收入标准，自定残之日起按 20 年计算。但 60 周岁以上的，年龄每增加 1 岁减少 1 年；75 周岁以上的，按 5 年计算。受害人因伤致残但实际收入没有减少，或者伤残等级较轻但造成职业妨害严重影响其劳动就业的，可以对残疾赔偿金作相应调整。

(8) 残疾辅助器具费。残疾辅助器具费按照普通适用器具的合理费用标准计算。伤情有特殊需要的，可以参照辅助器具配制机构的意见确定相应的合理费用标准。辅助器具的更换周期和赔偿期限参照配制机构的意见确定。

(9) 丧葬费。丧葬费按照受诉人民法院所在地上一年度职工月平均工资标准，以 6 个月总额计算。

(10) 被扶养人生活费。被扶养人生活费根据扶养人丧失劳动能力程度，按照受诉人民法院所在地上一年度城镇居民人均消费性支出和农村居民人均年生活消费支出标准计算。被扶养人为未成年人的，计算至 18 周岁；被扶养人无劳动能力又无其他生活来源的，计算 20 年。但 60 周岁以上的，年龄每增加 1 岁减少 1 年；75 周岁以上的，按 5 年计算。

(11) 死亡赔偿金。死亡赔偿金按照受诉人民法院所在地上一年度城镇居民人均可支配收入或者农村居民人均纯收入标准，按 20 年计算。但 60 周岁以上的，年龄每增加 1 岁减少 1 年；75 周岁以上的，按 5 年计算。

(12) 精神损害抚慰金。受害人或者死者的近亲属遭受精神损害，赔偿权利人向人民法院请求赔偿精神损害抚慰金的，适用《最高人民法院关于确定民事侵权精神损害赔偿责任若干问题的解释》予以确定。机动车交通事故责任强制保险在死亡伤残责任限额内，原则上最后赔付精神损害抚慰金。

(二)确定人员伤亡费用的注意事项

(1) 事故发生后，涉及人员伤亡的，由接报案人员通知医疗跟踪人员进行医疗跟踪，了解伤者受伤和治疗的情况、各类检查和用药情况及伤残鉴定情况。

(2) 伤者需要转院或赴外地治疗的，须由所在医院出具证明并经事故处理部门同意方可负责。伤残鉴定费需经过保险人同意，方可赔偿。

(3) 定损人员应当及时审核被保险人提供的有关单证，对不属于保险责任范围内的损失和不合理的费用，如精神损失补偿费、请客送礼费等应当予以剔除，并在人员伤亡费用清单上"保险人的意见"栏内注明剔除项目及金额。

四、其他财产损失的确定

保险事故导致的财产损失，除了车辆本身的损失外，还可能会造成第三者的财产损失和车上货物的损失。

第三者财产损失赔偿责任是基于被保险人的侵权行为产生的，应当根据《中华人民共和国民法通则》的有关规定按照被损害财产的实际损失予以赔偿。确定的方式可以采用与被害人协商，协商不成可以采用仲裁或者诉讼的方式。

对于车上承运货物的损失，应当会同被保险人和有关人员对受损的货物进行逐项清理，以确定损失数量、损失程度和损失金额。在损失金额的确定方面应当坚持从保险利益原则出发，注意掌握在出险当时的标的，或者已经实现的价值，确保体现补偿原则。

在进行第三者车上货物损失确定过程中，实际定损费用往往与第三者向被保险人索要的赔偿费用有一定的差距。保险公司定损人员应当向被保险人解释清楚，即保险公司只对直接损失费用进行赔偿，超出部分应由被保险人与第三者进行协商处理。

五、施救费用的确定

(一)施救费用的界定

(1) 施救费用是指当保险标的遭遇保险责任范围内的灾害事故时，被保险人或其代理人、雇佣人员等采取必要、合理的措施进行施救，以防止损失的进一步扩大而支出的费用。

(2) 必要、合理的费用是指施救行为支出的费用是直接的、必要的，并符合国家有关政策规定。

(二)施救费用的确定

(1) 被保险人使用他人(非专业消防单位)的消防设备，施救保险车辆所消耗的费用及设备损失可以赔偿。

(2) 保险车辆出险后，雇用吊车和其他车辆进行抢救的费用，以及将事故车辆拖运到修理厂的运输费用，按当地物价部门颁布的收费标准予以赔偿。

(3) 在抢救过程中，因抢救而损坏他人的财产，如果应由被保险人承担赔偿责任的，可酌情予以赔偿。但在抢救时，抢救人员个人物品的丢失不予赔偿。

(4) 抢救车辆在拖运受损保险车辆途中发生意外事故造成的损失和费用支出，如果该抢救车辆是被保险人自己或他人义务派来抢救的，应予赔偿；如果该抢救车辆是有偿的，则不予赔偿。

(5) 保险车辆出险后，被保险人赶赴肇事现场处理所支出的费用，不予负责。

(6) 保险公司只对保险车辆的救护费用负责。保险车辆发生保险事故后，涉及两车以上应当按责分摊施救费用。受损保险车辆与其所装货物(或其拖带其他保险公司承保的挂车)同时被施救,其救货(或救护其他保险公司承保的挂车)的费用应予剔除。如果它们之间的施救费用分不清楚,则应按保险车辆与货物(其他保险公司承保的挂车)的实际价值进行比例分摊赔偿。

(7) 保险车辆为进口车或特种车,在发生保险责任范围内的事故后,当地确实不能修理的,经保险公司同意去外地修理的移送费,可予负责。但护送车辆者的工资和差旅费,不予负责。

(8) 施救、保护费用与修理费用应分别理算。当施救、保护费用与修理费用相加,估计已达到或超过保险车辆的实际价值时,则可推定全损予以赔偿。

(9) 车损险的施救费用是一个单独的保险金额,但第三者责任险的施救费用则不是一个单独的责任限额。第三者责任险的施救费用与第三者损失金额相加不得超过第三者责任险的责任限额。

(10) 施救费应根据事故责任、相对应险种的有关规定扣减相应的免赔率。

六、核损

(一)核损的概念

核损是指核损人员对保险责任认定,对事故中涉及的车辆损失、人员伤亡费用、其他财产损失、施救费用和残值的确定金额的合理性进行复核的过程。核损能够提高定损金额的准确性、标准性和统一性。

(二)核损的内容

1. 对是否构成保险责任的复核

确定损失对象是否属于保险标的,事故原因是否构成保险责任,是否构成责任免除。

2. 车辆损失的复核

(1) 对提交的定损资料进行审核。

审核定损工作是否按规定的要求完成,如"机动车辆保险车辆损失情况确认书"是否缮制规范,是否按照要求逐项列明维修、换件项目及其工时和价格,是否按要求拍摄损失照片,损失照片是否清晰、完整地反映"机动车辆保险车辆损失情况确认书"上列明的损失有关情况。如发现有不合格项目,应当及时通知定损人员重新提供清晰完整的定损资料。

(2) 损失项目和金额核定。

对照损失照片和"机动车辆保险车辆损失情况确认书"审核换件项目及价格是否合理,维修项目及维修工时费是否合理,对不合理的部分提出剔除或修改意见。

3. 人员伤亡费用的复核

伤人案件的核损工作应当由具有临床经验的专业医生承担。核损自接到查勘人员或接报案人员提交的资料后,应当对案件的整个过程,从住院、治疗到出院进行全程跟踪。在治疗期间，应当根据具体情况对伤者进行探访或探视，了解伤者及康复情况，并做详细记录。人员伤亡费用的复核主要涉及以下单证。

(1) 机动车辆保险人员伤亡费用清单；
(2) 机动车辆保险伤残人员费用管理表；
(3) 机动车辆保险赔案票据粘贴用纸；
(4) 误工证明及收入情况证明；
(5) 法律文书(事故责任认定书、调解书、裁定书、裁决书、判决书等)；
(6) 伤残、死亡证明；
(7) 其他费用清单；
(8) 机动车辆保险权益转让书；
(9) 机动车辆保险赔案流转时限卡。

4．其他财产损失的复核

对其他财产损失项目、数量、损失单价及维修方案的合理性和造价进行审核。

5．施救费用的复核

重点复核保险车辆出险后，雇用吊车和其他车辆进行抢救的费用，以及将保险车辆拖运到修理厂的运输费用是否符合当地物价部门颁布的收费标准；是否已将非承保财产的施救费用剔除；施救费用应当根据事故责任、相对应险种的有关规定扣减相应的免赔率。

6．残值的复核

采用协商作价归还被保险人残值的，重点复核残值作价金额。

(三)核损的注意事项

(1) 车辆核损只能修改换件、修理、辅料的核损单价，不能修改定损价格。定损员需要参照核损价格对定损价格进行重新修改。
(2) 如果在车辆定损时，某些换件打上了回收标志，则在核损通过时，系统会自动发起一条损余回收任务。

任务实施

(一)任务实施环境

(1) 汽车维修企业或汽车4S店。
(2) 车险理赔估损模拟教学系统定损平台。
(3) 查勘资料和相关单证。

(二)任务实施步骤

1．定损工作流程

定损的工作流程如图4-14所示。

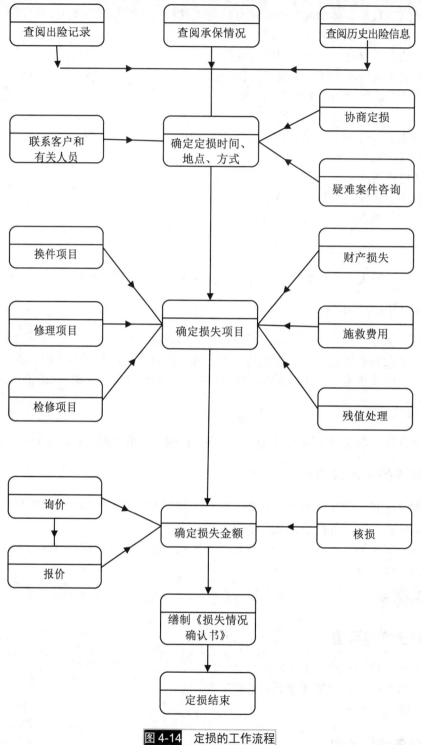

图 4-14 定损的工作流程

步骤 1：查阅承保记录

(1) 查阅查勘记录，了解事故损失情况和查勘员查勘意见，对非本次事故的损失不予确定。

(2) 查看保险车辆承保情况，确定损失所对应的险别和赔付限额。定损时属于未承保险别的损失项应不予赔付(常见新增设备损失、发动机进水损失)，且定损金额不应超过各险别的最高赔付限额。

(3) 查阅涉案车辆出险记录，避免重复索赔(常见的情况是已经另案定损但未修理又发生事故，历史案件中定损更换的零件只是修理未更换)。

步骤2：确定定损时间、地点和方式

与客户联系协商确定修理方案，包括确定修理项目和换件项目。修理项目需列明项目工时费，换件项目需明确零件价格，零件价格需通过询价、报价程序确定。坚持修复为主的原则，如客户要求将应修零部件改为更换时，超出部分的费用应由其自行承担，并在《机动车保险车辆损失情况确认书》中注明。

步骤3：确定车辆损失项目

(1) 修理范围仅限于本次事故中所造成的车辆损失；能修理的零部件，尽量修复，不要随意更换新的零部件；能局部修复的不能扩大到整体修理；能更换零部件的坚决不能更换总成件；根据修复工艺难易程度，参照当地工时费用水平，准确确定工时费用；准确掌握汽车零配件价格。

(2) 确定保险车辆和第三者车辆损失项目。注意在定损项目中剔除保险车辆标准配置以外的新增设备损失(未承保新增设备损失险)；区分事故损失与机械损失的区别(比如机械故障机械本身的损失、轮胎自爆轮胎的损失、锈蚀零部件的损失)；剔除保险条款中的除外责任所对应的损失(比如发动机进水造成发动机的损失)；对照历史案件信息，剔除本次损失中重复索赔的项目。

(3) 确定财产损失和施救费用。

(4) 残值的处理。残值折归被保险人的，应合理作价，并在定损金额中扣除；公司回收残值的，按照损余物资处理规定做好登记、移交工作。对于可修可换的零部件定损为更换的，尤其是一些价值较高的零部件，为防止道德风险，应要求回收残值。

步骤4：确定损失金额

(1) 对更换零部件进行询价、报价，属上级公司规定的报价车型和询价范围的，向上级公司询价。不属上级公司报价范围的，根据当地报价规定，核定配件价格。上级公司对于询价金额低于或等于上级公司报价金额的进行核准操作；对于询价金额高于上级公司报价金额的，应逐项报价。

(2) 确定工时费。工时费的定价应以当地修理行业的平均价格为基础，并适当考虑修理厂的资质，与被保险人协商确定。一般轻微事故中，可按维修项目分项定价；对重大事故的定损，应采取工时费包干的办法与修理厂进行谈判，一般应先谈妥工时费再拆解事故车辆，避免给谈判不成变更修理厂时带来被动。

(3) 对超权限案件提交核损岗进行核损。核损未获通过的，按核损员要求对定损项目进行重新确定。

步骤5：出具《损失情况确认书》

核损通过后，可根据换件项目、修理项目的有关内容，与被保险人签订《机动车保险车辆损失情况确认书》(含零部件更换项目清单和修理项目清单)。《机动车保险车辆损失情况确认书》一式两份，经被保险人签字确认，保险人、被保险人各执一份。

2. 核损工作流程

核损的工作流程如图4-15所示。

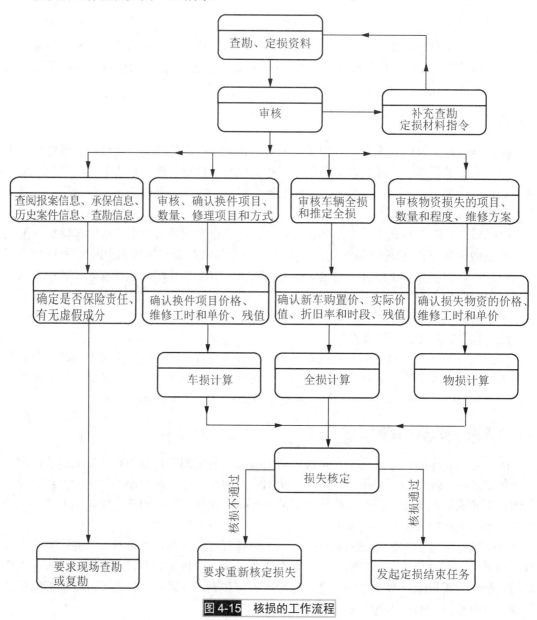

图 4-15　核损的工作流程

步骤1：对是否属于保险责任的复核

综合承保、报案、查勘、历史出险记录等环节的信息，判断事故是否属于保险责任，案件是否存在虚假成分。

(1) 查看保单承保险别，审核事故损失是否能对应相应的承保险别，损失金额是否超过了对应险别的最高赔付限额(比如划痕险限额)。

(2) 查看保险期限，对临近保险起期或止期的保险事故应提高警惕，要对查勘情况进行重点审核。

(3) 核对被保险人与行驶证车主是否相符，不相符的是否已经过户，已经过户的是否变更被保险人的批单。

(4) 检查驾驶证、行驶证是否有效。

(5) 检查事故现场照片是否符合拍摄规范(有无带车牌号的整车照片、拍摄能不能反映事故发生的全貌等)，照片日期是否可疑(照片日期在报案时间之前的可能是虚假案件)。

(6) 通过事故现场照片、查勘记录分析事故成因，判断是否存在虚假成分。需要现场复勘的，可联系查勘人员进行恢复现场复勘。

(7) 对历史出险信息进行查阅，检查是否存在重复索赔的情况。

步骤2：对车辆定损结果的复核

1) 审查定损员上传的初(估)定损清单及事故照片的完整性

如上传资料不能完整反映事故损失的各项内容，或照片不能完整反映事故损失部位和事故全貌，应通知定损员补充相关资料。

2) 换件项目的复核

(1) 剔除应予修复的换件项目(修复费用超过更换费用的除外)。

(2) 剔除非本次事故造成的损失项目。

(3) 剔除历史信息中已经定损更换但修理时未更换的重复索赔损失项目。

(4) 剔除可更换零部件的总成件。根据市场零部件的供应状况，对于能更换零配件的，不更换部件；能更换部件的，不更换总成件。

(5) 剔除保险车辆标准配置外新增加设备的换件项目(加保新增设备损失险除外)。

(6) 剔除保险责任免除部分的换件项目。如车胎爆裂引起的保险事故中所爆车胎，发动机进水后导致的发动机损坏，自燃仅造成电器、线路、供油系统的损失等。

(7) 剔除超标准用量的油料、辅料、防冻液、冷媒等。如需更换汽车空调系统部件的，冷媒未漏失，可回收重复使用处理等。

3) 车辆零配件价格的复核

(1) 车辆零配件价格的复核应该以定损系统本地化价格为依据，并在一定范围内上下浮动。已经经过报价的，以报价金额为准。

(2) 对于保单有特别约定的，按照约定处理。如专修厂价格、国产或进口玻璃价格等。

(3) 残值归被保险人的，对残值作价金额进行复核。

4) 维修项目和方式的复核
(1) 应严格区分事故损失和非事故损失的界限。剔除非本次事故产生的修理项目。
(2) 应正确掌握维修工艺流程，剔除不必要的维修、拆装项目。
5) 维修工时和单价的复核
(1) 对照事故照片及修理件的数量、损坏程度，剔除超额工时部分。
(2) 以当地的行业维修工时标准为最高上限，参照出险地当时的工时市场单价，剔除超额单价部分。

任务4 赔款理算

任务描述

张明投保了交强险、车辆损失险(280 000元)、商业三者险(150 000元)、全车盗抢险、车上人员责任险(每座10 000元，1名驾驶员和4位乘客，共5个座位)、玻璃单独破碎险、车身划痕损失险。经过交通事故责任认定，张明对事故负主要责任。事故造成车辆损失9 000元，财产损失500元，医疗费300元，施救费600元。在本次事故中张明可以获得投保公司多少赔付？那么，保险公司理算员贺兰如何计算赔款数额呢？

任务分析

赔款理算环节是整个理赔过程的检查和初审环节，通过该环节可进一步检查索赔材料的真实合理性，并可对有疑问的材料提出复审意见，是确保公平公正理赔的关键环节。在本项任务中要学习赔款计算，能够根据保险事故及其比例，计算赔款，缮制赔款计算书。

相关知识

一、赔款理算的概念

赔款理算是理算人员根据被保险人提供的经审核无误的有关费用单证，根据保险条款、事故证明等确定保险责任及赔偿比例，计算汽车保险赔款，缮制赔款计算书。

二、交强险赔款理算

(一)交强险赔偿的原则

交强险赔偿的原则是由交强险先进行赔付，不足的部分再由商业车险来补充。

(二)交强险赔款计算

交强险的赔偿项目有：受害人的死亡伤残费用、受害人医疗费用和受害人的财产损失。交强险的总赔款为各分项目的赔款总和。即：

总赔款=各分项损失赔款之和
=死亡伤残费用赔款+医疗费用赔款+财产损失赔款

各个分项目的赔偿金额不得超过其赔款限额，赔款限额如表 4-1 所示。

表 4-1　交强险赔偿限额

赔偿项目	赔偿限额/元	
	被保险人有责	被保险人无责
死亡伤残费用	110 000	110 000
医疗费用	10 000	1000
财产损失	2000	100

(1) 当保险事故涉及多个受害人时，则：

某一受害人分项损失的赔偿金额=交强险分项赔偿限额×[事故中某一受害人的分项核定损失承担金额 /(各受害人分项核定损失承担金额之和)]

(2) 当保险事故涉及多辆肇事机动车时，则：

某分项核定损失承担金额=该分项损失金额×[适用的交强险该分项赔偿限额/(各致害方交强险该分项赔偿限额之和)]

例题：A 车肇事造成甲、乙两个行人受伤，甲的医疗费用是 7 500 元，乙的医疗费用是 5000 元。A 车交强险应赔付甲、乙的医疗费各是多少？

由于 A 车肇事造成行人受伤，被保险人有责，因此交强险医疗费用赔偿限额是 10 000 元。

A 车应赔偿的医疗费应为：7 500+5 000=12 500 元，大于交强险医疗费用赔付金额。

根据交强险赔偿原则，交强险先行赔偿甲、乙两人医疗费用共计 10 000 元，其他部分由商业险进行赔偿。

因此，甲获得交强险赔款=10 000×7 500/(7 500+5 000)=6 000(元)

乙获得交强险赔款=10 000×5 000/(7 500+5 000)=4 000(元)

三、车辆损失险赔款理算

(一)投保时按保险车辆的新车购置价格确定保险金额

1. 全部损失赔款的计算

保险车辆发生全部损失包括实际全损和推定全损两种。实际全损是指在保险事故中车辆发生整体损毁；推定全损是指在保险事故中车辆受损严重失去修复价值，或事故后的施救费用与修理费用之和超过车辆价值的，即推定车辆全损。

(1) 保险金额高于保险事故发生时保险车辆的实际价值。

赔款=(实际价值-残值-交强险赔偿金额)×事故责任比例×(1-免赔率之和)

① "保险事故发生时车辆的实际损失"(简称"实际价值")按保险事故发生时同种类型车辆市场新车购置价(含车辆购置附加费(税))减去该车已使用年限折旧后确定。每满 1 年扣除 1 年折旧，不足 1 年的部分不计折。实际价值有可能低于投保时保险车辆的实际价值。

② "免赔率之和"是指依据保险车辆驾驶人在事故中所负事故责任比例而由其自负的免赔率、违反安全装载规定而需要加扣的免赔率、同一保险年度内多次出险每次加扣的免赔率、非约定驾驶人驾驶保险车辆肇事后需要加扣的免赔率之和。

③ 在确定"事故责任比例"时，如果由于公安机关交通管理部门判定的事故责任与实际"赔偿比例"不一致时，经过核赔人员认真审核，认为此种判定符合实际情况、判定合理，此处的"事故责任比例"可以用"赔偿比例"代替。事故责任比例如表 4-2 所示。

表 4-2 事故责任比例

交通事故责任类型	事故责任比例/%
被保险机动车方负全部责任	100
被保险机动车方负主要责任	70
被保险机动车方负同等责任	50
被保险机动车方负次要责任	30
被保险机动车方无责任	0

(2) 保险金额等于或低于实际价值。

赔款=(保险金额-残值-交强险赔偿金额)×事故责任比例×(1-免赔率之和)

如果保险金额低于实际价值，因总残余价值里有一部分是属被保险人自保的，所以残值的计算应为：残值=总残余价值×(保险金额÷实际价值)。

2. 部分损失赔款的计算

赔款=(实际修理费用-残值-交强险对财产损失赔偿金额)×事故责任比例×(1-免赔率之和)

(1) 若赔款大于等于实际价值，则按照实际价值赔付，赔款等于实际价值。

(2) 若赔款小于实际价值，则按照实际计算出的赔款赔付。

3. 施救费赔款计算

施救的财产中，含有本保险合同未保险的财产，应按本保险合同保险财产的实际价值占总施救财产的实际价值比例分摊施救费用。

施救费赔款=[实际施救费用×(保险财产价值÷实际施救财产总价值)-交强险对施救费用赔偿金额]×事故责任比例×(1-免赔率之和)

(二)按照投保时保险车辆的实际价值确定保险金额或协商确定保险金额

1. 全部损失赔款计算

计算方法同"按投保时保险车辆的新车购置价确定保险金额"全部损失的计算方法。

(1) 保险金额高于保险事故发生时保险车辆的实际价值。

赔款=(实际价值残值-交强险赔偿金额)×事故责任比例×(1-免赔率之和)

(2) 保险金额等于或低于实际价值。

赔款=(保险金额-残值-交强险赔偿金额)×事故责任比例×(1-免赔率之和)

如果保险金额低于实际价值，因总残余价值里有一部分是属被保险人自保的，所以残值的计算为：残值=总残余价值×(保险金额÷实际价值)。

2. 部分损失赔款计算

赔款=(实际修理费用-残值)×事故责任比例×(保险金额÷新车购置价)×(1-免赔率之和)
(1) 若赔款大于等于实际价值，则按照实际价值赔付，则赔款等于实际价值。
(2) 若赔款小于实际价值，则按照实际计算出的赔款赔付。

3. 施救费赔款计算

施救费赔款=[实际施救费用×(保险金额÷新车购置价)-交强险对施救费赔偿金额]×事故责任比例×(保险财产价值÷实际施救财产总价值)×(1-免赔率之和)

例题：甲、乙两车发生严重碰撞事故，甲车被推定全损。该车在某保险公司投保，车辆损失保险金额为8万元。出险时车辆实际价值被确定为6.5万元，残值作价3000元。根据交通事故处理机关认定甲方负全责，承担70%的事故损失。

请计算保险公司支付甲车车辆损失险的赔款。

车辆损失险赔款额=(实际价值-残值)×事故责任比例×(1-免赔率之和)
 =(65 000-3000)×70%×(1-15%)=62 000×70%×85%=36 800(元)

四、第三者责任险赔款理算

商业三者险的赔偿金额按照《道路交通安全法》及国家政府机构制定的相关文件、管理规定或条例规定的赔偿范围、项目和标准，以及保险公司保险合同的约定进行确定和计算。

(一)当被保险人按事故责任比例应承担的赔偿金额超过责任限额时赔款的计算

赔款=责任限额×(1-免赔率之和)

(二)当被保险人按事故责任比例应承担的赔偿金额低于责任限额时赔款的计算

赔款=应承担的赔偿金额×(1-免赔率之和)

任何肇事方未投保交强险或交强险保险合同已经失效的，视同其投保了交强险进行计算。

(三)第三者责任险赔款计算应注意的几点

(1) 对不属于保险合同中规定的赔偿项目但被保险人已自行承诺或支付的费用，保险人不予承担。
(2) 法院判决被保险人应当赔偿第三者的金额，但不属于保险合同中规定的赔偿项目，如精神损害抚慰金等保险人不予承担。
(3) 保险人对第三者责任事故赔偿后，对受害第三者的任何赔偿费用的增加不再负责。

例题：2012年8月6日，甲、乙两车相撞，甲、乙两车均投保了车损险以及第三者责任险(限额 5 万元),经交通事故处理机关现场勘查认定,甲车负全责,乙车无责,甲车投保的保险公司经对乙车查勘定损。核定乙车损失 40 000 元,乙车驾驶员住院医疗费 15 000 元,其他费用(护理费、营养费、误工费等)按规定核定 5 000 元。

请计算甲车保险公司应如何赔付甲车第三者责任险的赔偿金额。

由于甲车应承担的赔偿费用为 60 000 元,超过了第三者责任赔偿限额,所以按责任限额计算。

第三者责任险赔款额=责任限额×(1-免赔率之和)
=50 000×(1-20%)=40 000(元)

五、全车盗抢险赔款理算

(一)全部损失赔款计算

1. 保险金额高于保险事故发生时保险车辆的实际价值

赔款=实际价值×(1-免赔率之和)

2. 保险金额低于保险事故发生时保险车辆的实际价值

赔款=保险金额×(1-免赔率之和)

(二)部分损失赔款计算

1. 保险金额高于保险事故发生时保险车辆的实际价值

赔款=实际维修费用×(1-免赔率之和)

2. 保险金额低于保险事故发生时保险车辆的实际价值

赔款=实际维修费用×(保险金额÷新车购置价)×(1-免赔率之和)

六、其他商业险附加险赔款理算

(一)车上人员责任险赔款理算

(1) 当被保险人按事故责任比例应承担的每座车上人员伤亡赔偿金额未超过保险载明的每人责任限额时:

每人赔款=应承担的赔偿金额

(2) 当被保险人按事故责任比例应承担的每座车上人员伤亡赔偿金额超过保险合同载明的每人责任限额时:

每人赔款=责任限额

(3) 车上人员责任险总赔款计算如下:赔偿人数以投保座位数为限,则

车上人员责任险赔款=∑每人赔款

例题:A 车与 B 车相撞,A 车共 5 座,每座均投保了 5 万元的车上人员责任险。A

车上共有2人，驾驶人甲和乘客乙，甲经过抢救后死亡，乙残疾。甲的死亡补偿费为80 000元，抢救费用10 000元，乙的残疾赔偿金为60 000元，医疗费用10 000元，A车在事故中负70%的责任，计算A车车上人员责任险赔偿金额。

(1) 计算A车车上人员甲通过B车交强险得到的赔款。

B车交强险对甲医疗费用赔款=10 000×[10 000/(10 000+10 000)]=5 000元

B车交强险对甲死亡伤残费用赔款=110 000×[80 000/(80 000+60 000)]=62 857.1(元)

甲通过B车交强险得到的赔款=5 000+62 857.1=67 857.1(元)

A车扣除B车交强险已赔付甲赔款后按事故责任比例应承担甲的伤亡赔偿金额：

$$(80\ 000+10\ 000-67\ 857.1)\times 70\%=15\ 500<50\ 000$$

所以，甲得到的车上人员责任险赔款为15 500元。

(2) 计算A车车上人员乙通过B车交强险得到的赔款。

B车交强险对乙医疗费用赔款=100 00×[10 000/(10 000+10 000)]=5 000(元)

B车交强险对乙死亡伤残费用赔款=110 000×[60 000/(80 000+60 000)]=47 142.9(元)

乙通过B车交强险得到的赔款=5000+47 142.9=52 142.9(元)

A车扣除B车交强险已赔付乙赔款后按事故责任比例应承担乙的伤亡赔偿金额：

$$(60\ 000+10\ 000-52\ 142.9)\times 70\%=12\ 500<50\ 000$$

所以，乙得到的车上人员责任险赔款为12 500元。

(3) A车车上人员责任险赔款=15 500+12 500=28 000(元)。

(二)车上货物责任险赔款理算

(1) 当被保险人按事故责任比例应承担的车上货物损失金额未超过保险合同载明的责任限额时：赔款=应承担的赔偿金额×(1-20%)。

(2) 当被保险人按事故责任比例应承担的车上货物损失金额超过保险合同载明的责任限额时：赔款=责任限额×(1-20%)。

(三)玻璃单独破碎险

$$赔款=实际修理费用$$

(四)自燃损失险

1. 全部损失赔款计算

$$赔款=(保险金额-残值)\times(1-20\%)$$

2. 部分损失赔款计算

$$赔款=(实际修理费用-残值)\times(1-20\%)$$

"实际修理费用-残值"不得超过本险种保险金额。

3. 施救费用

赔款=实际施救费用×(保险财产价值÷实际施救财产总价值)×(1-20%)

"实际施救费用×(保险财产价值÷实际施救财产总价值)"以不超过保险金额为限。

(五)车身划痕损失险

在保险金额内按实际损失计算赔偿，并相应批减保险金额。

赔款=实际损失金额×(1-15%)

任务实施

(一)任务实施环境

(1) 汽车保险仿真实训室。
(2) 车险理赔估损教学模拟系统理算平台。
(3) 理算所需要的索赔材料。
(4) 辅助办公设备(文具、打印机、复印机等)。

(二)任务实施步骤

在确定保险事故的各项损失后，被保险人向保险公司进行索赔，向保险公司提供事故相关的各项索赔材料，保险公司理赔员在受理索赔后，计算赔款，缮制赔款计算书，报公司核赔员进行核赔。具体工作流程如图 4-16 所示。

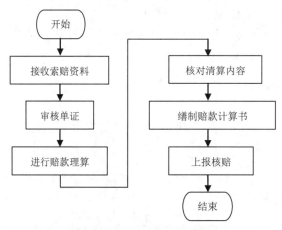

图 4-16 赔款理算工作流程

步骤 1：接受索赔资料

保险理赔人员接待客户，接收车险索赔资料。
1) 单方事故的索赔材料
(1) 行驶本正本和副本复印件。
(2) 肇事司机驾驶证正本副本复印件。

(3) 交通事故处理单原件或单方事故证明。
(4) 报案表(代抄单)。
(5) 损失确认书(定损单)。
(6) 现场查勘报告。
(7) 修理发票。
(8) 修理清单。
(9) 所换旧件需交回保险公司。
(10) 玻璃、划痕险修复后要验车。
2) 双方事故的索赔材料

全责方应提供商务索赔材料。
(1) 行驶本正本和副本复印件。
(2) 肇事司机驾驶证正本副本复印件。
(3) 交通事故处理单原件或机动车交通事故快速处理协议书原件。
(4) 报案表(代抄单)。
(5) 损失确认书(定损单)。
(6) 修理发票。
(7) 修理清单。
(8) 更换旧件。

无责方提供的索赔材料。
(1) 行驶本正本和副本复印件。
(2) 肇事司机驾驶证正本副本复印件。
(3) 交通事故处理单原件或机动车交通事故快速处理协议书原件。
(4) 损失确认书(定损单)。
(5) 修理发票。
(6) 修理清单。
(7) 更换旧件。
(8) 出险期限内交强险保单复印件。

步骤2：审核单证

理赔内勤人员要对接收的索赔材料进行认真审核，审核单证的真实性、合法性和合理性，要重点审核地点、金额、时间、报损单等，保证索赔材料齐全和有效，注意审核请求赔款的人是否有权提出索赔。通过审核索赔资料，判断客户要求赔偿的损失是否在其投保险种的保障范围内，损失金额是否超出相应险种的赔付限额。

步骤3：进行赔款理算

理算人员根据各项损失的情况，确定在何种险种中赔偿，在对应险种下，根据各项损失确认书确定的损失金额、事故责任比例、免赔率、残值扣除等内容计算赔款。按照交强险、车辆损失险、第三者责任险、全车盗抢险以及各种附加险分别计算赔偿金额。

步骤4：核对清算内容

完成各险种的赔款计算后，核对理算内容，主要如下。

(1) 理算单价。

(2) 费用估算。

(3) 折旧，依照条款约定的《折旧率表》执行。

(4) 对于拖车费、停车费、吊装费以及损坏路面、护栏、路标、草坪、绿地、苗木等的赔偿标准，按照财政局、物价局的规定和补偿标准赔偿。

(5) 对于追偿款收入和追偿款支出，在系统结案前，可在该赔案项下缮制机动车保险赔款计算书，直接从此案项下做冲回处理；在系统结案后，通过系统追偿处理功能界面进行处理，从该赔案项下冲回。

步骤5：缮制赔款计算书

在赔款计算核对无误后，可缮制保险赔款计算书，计算书须有理算人、核赔人签章。

在理赔系统中，缮制人员对赔款的理算可以直接在车险理赔估损系统中的理算平台处理，根据案件的损失情况直接录入损失金额、责任比例、各种免赔信息等相关因素，然后系统将自动计算，生成赔款计算书。

步骤6：上报核赔

理算工作完成后，重新整理赔案资料，填写赔案流转表，将赔案资料移交核赔岗。

任务5　核赔与结案

任务描述

保险公司理算员贺兰根据张明提供的索赔资料，以及张明的投保记录、涉案险种和定损金额，进行了赔款数额理算。经过理算，计算出车辆损失险赔款数额为4 500元，第三者责任险赔款额为510元，车上责任险赔款额为300元，并缮制了赔款计算书，提交核赔。核赔员万鹏应该如何进行核赔？张明需要提交哪些资料？结案员李璐应该怎样办理结案手续？

任务分析

核赔为保险理赔中的一个关键环节，是赔案进行赔付前的一道关口，是对整个案件信息的审核，包括案件的真实性、定量的把握性、定价的准确性、审核的严密性、分类的合理性，以及被保险人应尽的义务进行监督。

随着汽车保险信息化和智能化的发展，单证在系统中就可以查到，前面各个环节的审核意见在系统中都可以看到，并且核赔所需要的单证都在前面相关环节已上传到系统中，核赔人员的业务都可以在系统中操作。在本项任务中，要了解核赔的基本内容、赔付结案和拒赔结案的处理方法。

一、核赔工作内容

(一)审核单证

(1) 审核所有索赔单证是否严格按照单证填写规范填写。
(2) 审核确认被保险人按照规定提供的单证、证明及材料是否齐全有效,有无涂改伪造。
(3) 审核各理赔经办人员是否规范填写赔案有关单证并签字,必备单证是否齐全。
(4) 重要信息涂改是否加盖修正章。
(5) 签章是否齐全,赔案单证是否按规定次序摆放。

(二)核定保险责任

(1) 审核被保险人是否具有保险利益。
(2) 出险车辆的厂牌型号、牌照号码、发动机号、车架号与保险单证所载是否相符。
(3) 驾驶人是否为保险合同约定的驾驶人。
(4) 出险原因是否属保险责任。
(5) 赔偿责任是否与承保险别相符。
(6) 出险时间是否在保险期限内。
(7) 事故责任划分是否准确合理。
(8) 赔偿责任是否与承保险别相符。
(9) 有无涉及违反被保险义务或特别约定规定的情况。
(10) 是否涉及代位追偿。

(三)核定事故损失

(1) 车辆损失。车辆定损项目、损失程度是否准确、合理;更换零部件是否按规定进行了询报价、定损项目与报价项目是否一致;换件部分拟赔款金额是否与报价金额相符;残值确定是否合理。
(2) 人员伤亡。根据查勘记录、调查证明和被保险人提供的交警事故责任认定书、事故调解书及伤残证明,依照国家有关道路交通事故处理的法律、法规规定和其他有关规定进行审核。核定伤亡人员数、伤残程度是否与调查情况和证明相符;核定人员伤亡费用是否合理;被抚养人、年龄是否真实,生活费计算是否合理、准确。
(3) 其他财产损失。根据照片和被保险人提供的有关货物、财产的原始发票等有关单证,核定财产损失、损余物资等有关项目和赔款。
(4) 施救费用。根据案情和施救费用的有关规定,核定施救费用有效单证和金额。

(四)审核赔付计算

(1) 责任比例是否应用准确。

(2) 残值是否扣除。
(3) 免赔率使用是否正确。
(4) 各险种赔款计算是否准确。

(五) 审核索赔人

(1) 索赔人应当为被保险人。
(2) 当索赔人非被保险人时，应持有相应的法律证明(法院判决书、死亡证明、失踪证明)或符合法律要求的被保险人委托办理索赔的授权委托书。

(六) 审核支付对象

(1) 根据案件的实际情况，确认赔款支付对象无误。
(2) 原则上赔款只能支付给被保险人或法定受益人。
(3) 被保险人或法定受益人委托办理赔款的，应提供齐全的委托手续。
(4) 某些特定的情况下，收款人可以是交通事故的受害人、医院、法院等。

二、汽车保险赔付结案

在赔案经过分级审批通过后，业务人员应该制作"机动车辆保险领取赔款通知书"，并通知被保险人，同时通知会计部门支付赔款。保户领取赔款后，业务人员按赔案编号输录"机动车辆保险已决赔案登记簿"，同时在"机动车辆保险报案、立案登记簿"备注栏中注明赔案编号、赔案日期，作为续保时是否给付赔款优待处理的依据。

三、汽车保险未决案的处理

未决案是指截至规定的统计时间，已经完成估损、立案、尚未结案的赔款案件，或被保险人尚未领取赔款的案件。

未决赔案的处理原则是定期进行案件跟踪，对可以结案的案件，须敦促被保险人尽快备齐索赔材料，赔偿结案；对尚不能结案的案件，应认真核对、调整估损金额；对超过时限，被保险人不提供手续或找不到被保险人的未决赔案，按照"注销案件"处理。

四、汽车保险拒赔处理

拒赔案件的处理原则如下。
(1) 拒赔案件要严格按照《保险法》、《机动车辆保险条款》的有关规定处理，拒赔要有确凿的证据和充分的理由，慎重决定。
(2) 拒赔前应向被保险人明确说明原因，认真听取意见并向被保险人做好解释工作。
(3) 拒赔案件必须经分公司法律事务岗审查后，报分公司首席核赔人审批。金额较大的必须书面上报总公司审批。

五、汽车保险追偿处理

(一)对于代位追偿的案件的实施原则

(1) 代位追偿必须是发生在保险责任范围内的事故。

(2) 代位追偿是《保险法》和《机动车保险条款》规定的保险人的权利,根据权利义务对等原则,代位追偿的金额应该在保险金额范围之内根据实际情况接受全部或部分权益转让。

(3) 代位追偿工作必须注意诉讼时效。

(二)代位追偿案件的工作程序

代位追偿案件的工作程序是:被保险人向造成损失的第三者提出书面索赔申请——被保险人向保险人提出书面索赔申请、签署"权益转让书"——业务处理中心将赔案资料转业务管理部门——业务管理部门组织进行代位求偿——业务中心整理赔案、归档——财务中心登记、入账。

任务实施

(一)任务实施环境

(1) 汽车保险仿真实训室。
(2) 车险理赔估损模拟教学系统核赔、结案平台。
(3) 核赔案件材料和单据。

(二)任务实施步骤

核赔的工作流程如图 4-17 所示。

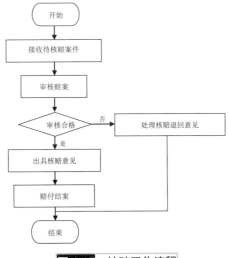

图 4-17 核赔工作流程

步骤 1：接收待核赔案件

在车险理赔估损系统中，进入核赔平台即可查找到待核赔案件，选择待核赔案件即可进入该核赔案件，进行核赔操作。

步骤 2：审核赔案

对汽车保险赔案的审核是通过查看赔案的各种信息以确认案件是否符合赔付要求。主要审核的信息有报案信息、保单信息、图片信息、查勘信息、损失录入信息、核损复勘信息、缮制理赔信息、支付信息。

步骤 3：出具核赔意见

如果案件符合赔付要求，则核赔同意，案件结案进入支付环节；如果案件不符合赔付要求，则核赔不同意，核赔人给出不同意的原因，将案件退回处理。

步骤 4：结案处理

核赔通过，在系统中做结案处理。
结案工作流程如下。
(1) 打印赔款收据。
(2) 清分理赔单据。
① 一联赔款收据交被保险人；
② 一联赔款收据连同一联《机动车保险赔款计算书》送财务部门留存；
③ 一联赔款收据和另一联《机动车保险赔款计算书》连同其他案件单证材料存入赔案案卷。
(3) 结案登记。

学习总结

现在我国对汽车保险行业主要是根据公司自己的系统平台、市场环境及岗位的流动性设定不同的工作标准，其标准就是系统操作流程。由于保险理赔的基本原理和手法与各保险公司的原则是一致的，将车辆保险理赔流程分为"接报案——查勘——立案——定损——核损——理算——核赔——结案"八个工作环节，这个工作流程得到全行业认同。

受理报案：保险公司接到报案，受理报案，在车险理赔估损系统报案平台记录报案信息，调派查勘员到现场判定事故现场痕迹是否相符。现场查勘：查勘员到现场进行调查取证，初步判定是否属于保险责任，并进行估损。立案：按照事故现场查勘任务形成的立案所需的信息和资料进行处理，对事故信息与估损金额进行汇总、核检与录入，进行立案。定损：根据损失部位痕迹及程度进行定损，定损项目包括车辆损失、人员伤亡和财产损失。定损工作要求从业人员具有较强的汽车专业知识。核损：根据查勘、核价给出损失综合定论，是对定损过程的核查和监督，是确保正确合理理赔的关键环节。理算：根据被保险人提供的经审核无误的费用单证，依据保险条款和事故证明来确定保险责任及赔偿比例，从而计算出应赔款金额。核赔：通过以上环节后，提供相关单证(行驶证、驾驶证、索赔申请书、交警证明等)，进行核赔工作，如果证件有效，事故真实，则予以赔付。核赔通过后，进行结案处理，结案一般有三种情况：赔付结案、拒付结案和追偿处理。

学习拓展

快速理赔

自 2008 年 5 月 20 日《沈阳市快速处理道路交通事故办法》试行以来，轻微交通事故的各方当事人可按照快速理赔程序，先撤离现场再协商赔偿事宜，直接到保险公司办理保险理赔，给车主带来便利。据介绍，沈阳市平均每天发生近 300 起交通事故，90%都是没有人员伤亡、财产损失小的交通事故，快速理赔大大简化了事故处理及理赔程序。目前沈阳有 6 个理赔中心，基本覆盖省城市区，事故双方可自行协商选择就近方便的快速理赔中心去办理。

一、快速理赔的适用范围

(1) 每日早 6 时至 20 时发生的。

(2) 在本行政区域内道路上发生的未造成人员伤亡、事故车辆可自行移动的车辆。

(3) 当事各方财产损失均未超过 1 万元的机动车道路交通事故。

二、自行协商，快速撤离

(一)适用的车辆

对于未造成人员伤亡且单方车辆损失在 2 000 元以下，各方当事人对事实及成因无争议，可对现场进行拍照后，迅速撤离现场，将车辆移至不妨碍交通的地点，自行协商或前往"交通事故快速处理理赔中心"处理。

(二)办理理赔的流程

(1) 各方当事人应该向保险公司报案，获得保险公司报案号。

(2) 各方当事人就事故事实及成因协商一致后，填写《当事人自行处理交通事故协议书》(以下简称《协议书》)，如无《协议书》，应在纸上记录事故发生的时间、地点、天气、当事人姓名、机动车驾驶证号、联系方式、机动车种类和号牌、保险凭证号、事故形态、碰撞部位、赔偿责任等内容，共同签字后各持一份。

(3) 各方当事人应在交通事故发生后立即驾事故车辆前往中心的同一网点，由派驻中心网点的交通警察根据当事人所保存的交通事故现场证据认定事故责任，出具事故认定书，由各驻点保险公司的理赔员进行定损理赔。事故当事人由于特殊原因无法在事故发生后 24 小时内到达中心的，应征得保险公司同意，并按约定时间进行处理。

(4) 到达中心完成定责定损前，当事人应保持车辆受损部位的原貌，不得自行修补或扩大损失。

(三)索赔

各方车辆损失均在 2 000 元以下，均投保交强险，依照本办法实行快速处理的道路交通事故，当事人持《协议书》或《交通事故认定书》到中心，按以下方式索赔。

(1) 一方当事人负交通事故全部责任的，由责任方根据保险合同约定向承保其车辆的保险公司索赔。

(2) 各方当事人负共同责任的，各方当事人根据保险合同约定向各自的承保保险公司索赔。

三、撤离现场，等待交警

当满足"快速处理事故现场"的适用范围时(无人员伤亡并且车辆能够自行移动，当事人需要向保险公司索赔的交通事故)，但具有下列情形之一者，各当事人、驾驶人应在报警并向保险公司报案后，在确保安全的原则下，对现场拍照或者标划事故车辆现场位置，将车移至不妨碍交通的地点，等候交通警察处理。

(1) 任何一方车辆损失超过2 000元，但不高于10 000元。

(2) 碰撞建筑物、公共设施及其他设施的。

(3) 双方对事故事实、成因有争议或损害赔偿未达成协议的，以及保险公司接到报案后对事故事实、成因存在疑问的。

(4) 机动车无检验合格标志的。

(5) 机动车无交强险标志、未在本市投保交强险的。

四、不适用快速理赔的情形

有下列情形之一的，不适用快速处理，驾驶人应保护现场，立即报警并向保险公司报案，在现场等候交通警察处理。

(1) 机动车无号牌。

(2) 驾驶人无有效机动车驾驶证的。

(3) 驾驶人饮酒、服用国家管制的精神药品或者麻醉品的。

(4) 造成人员伤亡或者事故车辆不能自行移动的。

(5) 一方逃逸的。

(6) 事故车辆载运爆炸物品、易燃易爆化学物品以及毒害性、放射性、腐蚀性、传染病原体等危险物品的。

(7) 有一方车辆损失超过1万元，且当事人需要向保险公司索赔的。

(8) 每日20:00至次日凌晨6:00期间发生的夜间事故。

五、注意事项

(1) 当事人已真实填写《协议书》并约定共同前往中心的，如一方无故不到中心或者拖延赔偿的，对方当事人可以持《协议书》向人民法院提起民事诉讼。

(2) 对应当自行撤离现场而未撤离并妨碍交通的，公安机关交通管理部门将实施强制撤离；造成交通堵塞的，公安机关交通管理部门将依法对驾驶人处以200元罚款；驾驶人有其他交通违法行为的，依法一并处罚。

(3) 对故意制造或虚构交通事故骗取保险赔款的行为，保险公司不承担赔偿责任，由公安机关依法处理，构成犯罪的，依法追究刑事责任。交通警察及保险公司定损人员在处理事故过程中发现此类行为，应及时移交公安机关。

(4) 当事人到中心办理事故认定和定损理赔的，应当于每日(包括节假日)8时至17时办理。

(5) 发生交通事故的，当事人应尽量本着不妨碍交通的原则进行妥善处理，遇事故车辆撤离现场时，其他车辆应当让行。

学习评价

理论评价

一、选择题

1. 根据《中华人民共和国道路交通安全法》,在道路上发生交通事故,车辆驾驶人应当(   )。
   A. 立即停车,保护现场   B. 将车辆移至不妨碍交通的地点
   C. 报警   D. 查勘车辆损失,立即报警
2. (   )不是车险查勘定损的主要工作内容。
   A. 查看受损车辆并照相   B. 审定是否属于保险责任
   C. 确定损失费   D. 理算支付赔款
3. 通过查验汽车的(   )来确定出险车辆是否为保险标的。
   A. 车身颜色   B. 品牌型号   C. 车牌号及车架号   D. 发动机号
4. 在对车损现场进行查勘、定损时,应该考虑到一个总体目标:大家和谐相处。但不用兼顾到(   )的事故处理的便利或利益。
   A. 交警   B. 车主   C. 汽车修理厂   D. 保险公司
5. 汽车的碰撞事故是一种碰撞现象,从碰撞的物理特性来看,有三种形式,即(   ),非弹性碰撞和塑性碰撞。
   A. 硬性碰撞   B. 弹性碰撞
6. 原始现场是指(   )。
   A. 现场车辆保持事故发生后的原始状态而没有任何改变和破坏的现场
   B. 现场遗留下来的物体、痕迹保持事故发生后原始状态而没有任何改变和破坏的现场
   C. 现场的车辆和遗留下来的一切物体、痕迹,仍保持事故发生后的原始状态而没有任何改变和破坏的现场
7. 不属于查勘前的准备有(   )。
   A. 协助被保险人报交警   B. 查阅抄单
   C. 阅读报案记录   D. 携带查勘资料及工具
8. 对事故车辆的基本定损原则是(   )。
   A. 客户想修哪就修哪   B. 新伤旧伤一块修
   C. 不属保险责任的也可修理   D. 仅限于本次保险事故造成的车辆损失
9. 对受损车辆照整车照时,正确拍照方法是(   )。
   A. 正前方   B. 正后方   C. 45°角且包含受损部位   D. 正侧面
10. 某车挂牌、购置保险半年后,自行加装了真皮座椅、高档音响。后来发生属于保险责任的落水事故,定损时对于自行加装的真皮座椅、高档音响,应该如何处理?(   )
    A. 既然落水属于保险责任,应该予以赔偿
    B. 真皮座椅、高档音响不是原车配置,车主又未曾投保"新增设备险",无须赔偿

C. 真皮座椅、高档音响可以不按实际价值赔偿，但应该按普通座椅和音响损失的价值赔偿

二、简答题

1. 简述汽车保险理赔工作的流程。
2. 现场查勘的主要内容是什么？
3. 什么是交通事故？交通事故的责任如何认定？
4. 如何拍摄现场照片？
5. 简要说明如何确定车辆损失。
6. 核赔的主要工作内容是什么？

技能评价

一、案例分析

1. 某贸易公司将一辆自用的桑塔纳轿车向保险公司投保了车辆损失险和第三者责任险。该车平时由本单位司机王某驾驶，并负责日常的保养和维护。一日，王某的亲戚李某向其借车出去郊游，王某碍于情面，便在未征得单位同意的情况下把车子借给李某，并叮嘱李某一定要注意安全。但是，李某在驾车出行过程中发生了交通事故，将一过路行人撞成重伤，车辆也被交警部门暂扣。王某得知后，知道无法向单位隐瞒，便向领导交代了实情。单位领导急于将车辆从交警部门取回，便急忙派人向保险公司报案，希望保险公司能够对受害者承担赔偿责任，以利于事故快速处理。

   问题：保险公司是否能够给予赔偿？请分析说明理由。

2. 2007年10月份，肖先生驾驶一辆捷达牌轿车，在北京一个十字路口与一辆大货车相撞。大货车损坏不大，可是肖先生的捷达轿车损坏严重，修车需要数万元。交警勘查现场后，认定双方负同等责任。由于大货车司机与肖先生同住一个村，双方都认识，考虑到自己的车还投保了车辆损失险，在交警调解时，肖先生与大货车司机达成调解协议，"各自修车，互不追究"。当肖先生向保险公司申请理赔时，保险公司告诉肖先生，由于双方负同等责任，保险公司只能赔偿肖先生修车费用的50%。

   问题：肖先生为什么只能获得50%的赔偿？请说明理由。

3. 刘某购得一辆夏利轿车自用，并向市保险公司投保了车辆损失险和第三者责任险。投保后一个月，刘某车被盗走。不久，市交通部门通知刘某：他的车被盗后在某县与他人轿车相撞，刘某的车翻下山崖，全部报废(窃贼跳车逃跑)；他人轿车被撞坏，司机受伤。这起交通事故系窃贼驾驶技术不良所致，窃贼应负全部责任。但是窃贼逃跑后一直没有下落。事故发生后，受伤司机要求刘某赔偿经济损失×万元；刘某同时也向保险公司要求赔付轿车全损及第三者损失。保险公司同意对刘某的轿车全损进行赔偿。同时认定：窃贼盗车后，在外地肇事撞坏他人轿车，并致司机受伤，这不属于《机动车辆保险条款》中规定的第三者责任险，保险公司对此不负赔偿责任。

   问题：保险公司为什么不赔，刘某的损失由谁来赔偿？

二、实操训练

实训项目：汽车碰撞事故的现场勘查。

实训目标：

(1) 培养学生事故现场查勘的能力。

(2) 培养学生对事故现场查勘流程的认识。

(3) 培养学生分析能力、判断能力和专业知识应用能力。

(4) 培养学生的文字表达和语言表达能力。

实训内容：

根据现场情况，进行碰撞事故现场勘查。某查勘人员接到客服中心调度，携带必要的查勘设备、单证、资料和救护用具，与客户进行联系，初步了解事故位置和大概情况后驾车前往事故现场。到达事故现场后，与客户进一步沟通并做自我介绍，拍摄现场照片，确认事故的真实性、事故责任及保险责任范畴，对标的车辆、财产、人员的损失和伤亡进行评估，填写查勘报告和工作日志，并让当事人签名确认。在告知客户事故处理程序和索赔流程后，查勘人员离开现场。

实训组织：

(1) 全班分成若干组(每组4~6人为宜)，每组指定专人负责。

(2) 在教师的指导下，走访保险公司、汽车4S店等，收集相关保险查勘的案例，对案例进行分析和模拟。对一具体碰撞事故进行现场查勘(可以是模拟的事故现场)。

成果与检测：

(1) 每人提交有效查勘资料一份，完成《机动车事故保险查勘记录》和《机动车辆保险索赔申请》各一份。

(2) 依据实际完成查勘作业的情况对学生评估打分。

实训评估：

评估指标＼评估等级	好 (80~100分)	一般 (60~80分)	差 (<60分)
实训准备(10分)			
运用知识(30分)			
查勘作业完成(30分)			
学习态度(30分)			

评估标准：

评估指标＼评估等级	好	一般	差
实践准备(10分)	能够通过各种渠道(尤其是互联网)对调查的内容进行精心准备	能够事先对调查的内容进行准备，但是不够充分	无准备

续表

评估等级 评估指标	好	一般	差
运用知识 (30分)	能够熟练、自如地运用所学的知识分析案例	基本能运用所学知识分析案例,但分析不到位	不能运用所学知识分析案例
查勘工作业完成(30分)	填写《机动车事故保险查勘记录》和《机动车辆保险索赔申请》完整合理,所取得资料全面、有效	填写《机动车事故保险查勘记录》和《机动车辆保险索赔申请》基本完成,所取得资料部分有效	填写不完整,取得有效资料很少
学习态度 (30分)	热情高,干劲足,态度认真,能够出色完成任务	有一定的热情,基本能够完成任务	敷衍了事,不能完成任务

学习情境 5　汽车保险和理赔系统操作

情境导入

客户张明先生购买了一辆福特翼虎汽车，主要用于家庭自用。2013年6月25日上午9时，张明先生到某保险公司为新车投保，展业人员江枫接待了他。江枫在了解了张明先生的投保意愿及车辆相关情况后，在车辆保险承保系统承保平台上录入投保人、被保险人、车辆、约定驾驶员、投保险种等投保单相关信息。

2013年6月26日上午9时，保险公司核保员刘蓓接到对张明的投保单进行核保的任务。刘蓓组织相关人员对该业务进行投保单审核、车辆查验、险种核费操作并最终确认。综合审查结果后，在车险承保系统的核保平台上录入审核投保单、查验车辆、保险核费、综合审查等核保相关信息。

2013年6月28日上午9时，保险公司制单员何帆接到一份已经核保通过并需要出具保险单的投保业务。何帆在公司车险承保系统的制单平台上缮制了保险单，将制作好的保险单交复核员李亮进行复核，复核通过后，何帆对该单据进行签发打印。

2013年7月3日下午2时，保险公司批单接待员袁璐接到了张明对保险单号为×××××的车辆保险单进行批改的申请。在与张明沟通后，袁璐在公司车险承保系统的保单批改平台上录入张明的批改申请信息。随后由批单审核员张海在该平台上对此次批改申请进行审核，批改审核通过后，批单出具人员王珂在该平台上进行批单签发打印。

2013年10月26日上午9时，保险公司接报案员刘明，接到客户张明先生电话报案，在确认张明为该公司客户并获知保险单号后，刘明进入公司车险理赔估损系统报案平台，录入出险地点、出险时间、出险原因、联系人信息、事故经过等案件基本信息。

2013年10月26日上午10时，保险公司调度员王妮，从车险理赔估损系统中查询到需要进行查勘调度操作的报案信息，了解该案件信息。王妮对该案件执行查勘调度，将该任务分配给查勘员李宏并要求其在12h内完成该查勘任务。

2013年10月27日上午9时，王妮从车险理赔估损系统中查询到前日李宏查勘的案件已经立案成功并需要进行定损。王妮对该案件执行定损调度，将该任务分配给定损员王强并要求其在24h内完成该定损任务。

2013年10月27日上午11时，保险公司查勘员李宏接到公司调度安排，对张明的报案进行现场查勘。李宏与张明取得电话联系后，立即赶往北京海淀区永泰中路对事故现场进行查勘。完成查勘后，李宏回到公司，在车险理赔估损系统查勘平台上录入查勘信息，并上传查勘资料。

查勘信息上传完毕后，立案员冯嘉根据查勘信息在车险理赔估损系统立案平台上对该案件进行了立案。

2013年10月27日上午9时，保险公司定损员王强接到公司调度安排，对张明的事故车进行损失确定。王强在与张明取得电话联系后，双方约定在当日下午1时在北京运华汽车销售服务有限公司对事故车辆的损坏情况、维修项目及工时进行确定。损失确认工作完成后，王强回到保险公司，在车险理赔估损系统的定损平台上录入了事故车修理项目、更换零配件等信息，并上传了定损照片，利用定损平台对维修工时费进行核定。

2013年10月29日上午9时，保险公司核损员赵云在公司车险理赔估损系统核损平台上查询到公司定损员王强于前日下午 6 时提交的案件定损信息，对该案件进行核价核损，即根据保险公司内部核价核损相关标准和要求对该案件的车辆维修项目、维修工时、配件报价、人员伤亡、财产损失等定损结果进行审核确认。

2013 年 10 月 30 日上午 10 时，保险公司理算员贺兰在公司理赔估损系统理算平台中查询到公司核损员赵云完成的核损信息，对该案件进行赔款金额理算，即根据提供的涉案险种信息选择理算公式，录入涉案数据，获取理算赔款数额。

2013 年 10 月 30 日上午 12 时，保险公司核赔员万鹏在公司理赔估损系统核赔平台中查询到理算员贺兰提交的理算完成案件。万鹏根据提供的事故损失数据，对理算员做出的险种理算公式、理算数据、理算赔款等进行核实，并对其中存在问题的理算信息提出修改建议。

万鹏对该案件核赔通过后，结案员李璐在公司车险理赔估损系统结案平台上，对案件进行结案操作。至此该案件理赔流程转入保险公司财务支付环节，客户张明将会在规定的时间内得到保险公司对其在 2013 年 10 月 26 日上午 9 时发生的车险事故损失给予的保险赔款。

业务流程

车险承保系统操作流程如下。

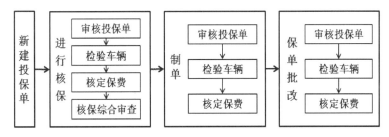

车险理赔估损系统操作流程如下。

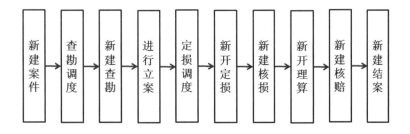

学习目标

【知识目标】

(1) 了解车险承保系统投保平台的基本功能。
(2) 了解车险承保系统核保平台的基本功能。

(3) 了解车险承保系统制单平台的基本功能。

(4) 了解车险承保系统保单批改平台的基本功能。

(5) 了解车险理赔估损系统报案平台的基本功能，掌握接收客户报案信息的方法，客观、详细地记录客户报案信息。

(6) 了解车险理赔估损系统调度平台的基本功能。

(7) 了解车险理赔估损系统查勘、立案平台的基本功能。

(8) 了解车险理赔估损系统定损平台的基本功能。

(9) 了解车险理赔估损系统核损平台的基本功能。

(10) 了解车险理赔估损系统理算平台的基本功能。

(11) 了解车险理赔估损系统核赔、结案平台的基本功能。

【能力目标】

(1) 能够使用车险承保系统新建投保单。

(2) 能够使用车险承保系统进行核保。

(3) 能够使用车险承保系统进行制单。

(4) 能够使用车险理赔估损模拟教学系统进行报案管理。

(5) 能够使用车险理赔估损模拟教学系统进行查勘调度与定损调度。

(6) 能够使用车险理赔估损模拟教学系统进行查勘、立案。

(7) 能够使用车险理赔估损模拟教学系统完成案件损失相关信息录入、配件价格和工时费查询，并上传定损照片等资料。

(8) 能够使用车险理赔估损模拟教学系统进行核损。

(9) 能够使用车险理赔估损模拟教学系统进行赔款理算。

(10) 能够使用车险理赔估损模拟教学系统进行核赔、结案。

学习任务

任务1 汽车保险承保系统操作

任务描述

展业人员接到客户的投保申请，了解投保意愿及车辆情况后，应依据客户真实信息与要求，将有关投保信息录入车险承保系统。保单审核员接到需要进行核保操作的投保业务后，要审核投保单相关信息的正确性，再将投保单相关信息的审核结果录入系统。验车员接到需要进行验车操作的投保业务后，要对投保单投保车辆信息进行检验，再将相关车辆检验信息录入系统。核费员接到需要进行保费核定的投保业务后，要依次对各投保险种保费进行核定，再将核费信息录入系统。综审员接到需要进行核保综合审查操作的投保业务后，要对投保单审核信息、检验车辆信息、核定保费信息进行确认，出示最后的核保结果信息，确认该投保单是否通过核保。出单员接到需要进行制单操作的投保业务后，要制作出保险单，并检查其正确性。复核员接到需要进行复核操作的保险单后，要对保险单进行检验，将相关检验信息录入系统。签单员接到需要进行签发保险单操作的保险单后，要依次对保险单进行签发、打印。

展业人员接到客户的批改申请意向后，应与客户沟通并获取实际批改要求，录入相应的批改申请信息。综审员接到需要进行审核操作的批改申请信息后，要对批改申请信息进行审核，再将相关检验信息录入系统。签单员接到需要进行出具批单操作的申请后，要依次对批单进行出具、打印操作。

任务分析

在汽车保险的承保业务中，按照承保的业务流程，需要经过受理投保、查证验车、核保、缮制和签发保险单证等业务环节，在每个工作环节中，不同岗位的工作人员应该根据岗位工作内容和要求，将信息及时录入承保系统。在本项任务中，学习承保信息系统操作。

任务实施

(一)任务实施准备

1. 操作要求

(1) 录入信息时，必须按照规定的字符格式进行。
(2) 录入信息后进行核对，确保正确无误。

2. 设备器材

(1) 机动车保险承保仿真模拟实训室。
(2) 车险承保系统。

3. 作业准备

(1) 检查实训室电源是否打开。　　　　　　　　　　　　□ 任务完成
(2) 检查局域网是否连通。　　　　　　　　　　　　　　□ 任务完成
(3) 检查计算机是否可以正常运行。　　　　　　　　　　□ 任务完成
(4) 检查车险承保系统是否正常运行。　　　　　　　　　□ 任务完成
(5) 确认是否可以成功登录车险承保系统。　　　　　　　□ 任务完成
(6) 确认投保操作的投保人、被保险人、投保车辆、投保险种等信息。□ 任务完成

(二)任务实施步骤

车险承保系统的操作流程如图 5-1 所示。

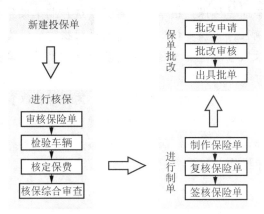

图 5-1　车险承保系统操作流程

步骤1：新建投保单

(1) 打开新建投保单界面。

在系统主界面中单击"投保平台"按钮，系统会自动展开投保平台下的功能菜单，如图 5-2 所示。

图 5-2　投保平台功能菜单

选择功能菜单中的"新建投保单"选项，即可在系统操作界面中显示出一个空白的投保单，如图 5-3 所示。

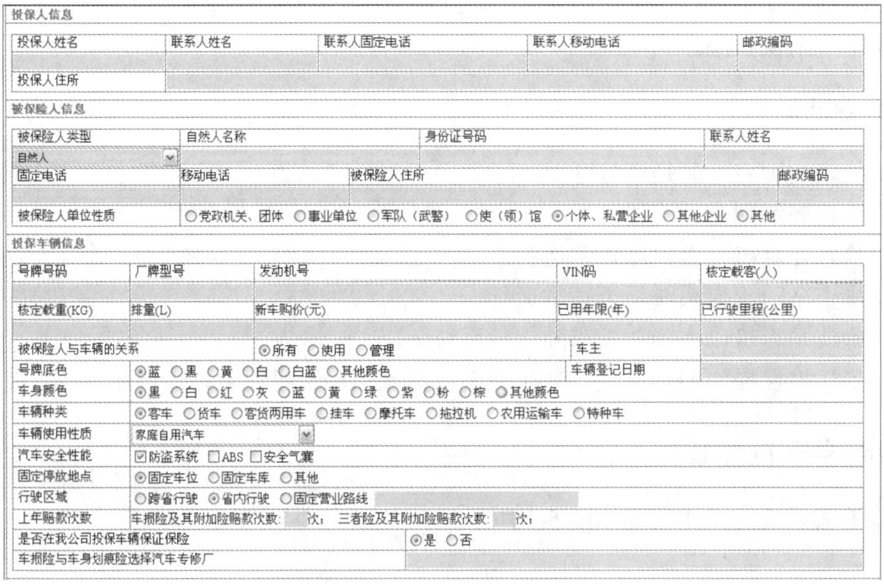

图 5-3　投保单信息录入界面

图 5-3 投保单信息录入界面(续)

(2) 根据投保信息表录入投保单中所需填写的信息,包括投保人信息、被保险人信息、投保车辆信息、约定驾驶员信息、投保险种信息等。

步骤 2:进行核保

1) 审核投保单

(1) 打开审核投保单界面。

在系统主界面中单击"核保平台"按钮,系统会自动展开投保平台下的功能菜单,如图 5-4 所示。

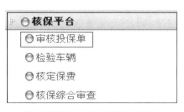

图 5-4 核保平台功能菜单

(2) 选择功能菜单中的"审核投保单"选项,即可打开审核投保单界面,如图 5-5 所示。

(3) 查看投保单。

在打开的审核投保单界面中,单击"查看投保单",打开相应的投保单信息查看界面,如图 5-6 所示。

(4) 录入审核投保单结果,提交审核结果。

对相应投保单信息进行审核后,录入结果如图 5-7 所示。信息录入完毕并检查无误后,即可提交审核信息。

查看投保单 ←单击可查看相应的投保单详细信息	
验单结果：	◉通过 ○失败
投保单信息审核情况： (150字以内)	
投保人信息审核情况： (150字以内)	
投保车辆的行驶证审核情况： (150字以内)	
备注： (150字以内)	
	保单编号：YHVI20100818BJ00001 审核人：jy001

返 回 暂存审核 结束审核

图 5-5 审核投保单界面

查看投保单内容

投保人信息

投保人姓名	联系人姓名	联系人固定电话	联系人移动电话	邮政编码
张明	张明	010-62912345	15801234001	100192
投保人住所	北京市海淀区中关村星星家园			

被保险人信息

被保险人类型	自然人名称	身份证号码		联系人姓名
自然人	张明	110101195808180568		张明
固定电话	移动电话	被保险人住所		邮政编码
010-62912345	15801234001	北京市海淀区中关村星星家园		100192
被保险人单位性质	○党政机关、团体 ◉事业单位 ○军队（武警） ○使（领）馆 ○个体、私营企业 ○其他企业 ○其他			

投保车辆信息

号牌号码	厂牌型号	发动机号	VIN码	核定载客(人)
京N54321	福特翼虎3.0L M1	012345	LGWEF3A517B012345	5
核定载重(KG)	排量(L)	新车购价(元)	已用年限(年)	已行驶里程(公里)
1500.0	3.0	280000.0	0	5.0
被保险人与车辆的关系		◉所有 ○使用 ○管理	车主	张明
号牌底色	◉蓝 ○黑 ○黄 ○白 ○白蓝 ○其他颜色		车辆登记日期	2009-11-25
车身颜色	○黑 ○白 ○红 ◉灰 ○蓝 ○黄 ○绿 ○紫 ○粉 ○棕 ○其他颜色			
车辆种类	◉客车 ○货车 ○客货两用车 ○挂车 ○摩托车 ○拖拉机 ○农用运输车 ○特种车			
车辆使用性质	家庭自用汽车			
汽车安全性能	☑防盗系统 ☑ABS ☑安全气囊			
固定停放地点	◉固定车位 ○固定车库 ○其他			
行驶区域	◉跨省行驶 ○省内行驶 ○固定营业路线			
上年赔款次数	车损险及其附加险赔款次数：0 次；三者险及其附加险赔款次数：0 次；			
是否在我公司投保车辆保证保险			○是 ◉否	
车损险与车身划痕险选择汽车专修厂			4S店北京北方福瑞（运华）汽车销售服务有限公司	

图 5-6 查看投保单详细信息

学习情境 5　汽车保险和理赔系统操作

约定驾驶员信息

姓名	驾驶证号	初次领证日期	准驾车型	主/从属性
张明	110101195808180568	2007-08-01	C1 小型汽车C2,C3	主

投保险种

强制保险

险种名称	投保车辆总类	车辆明细分类	保险费
交强险	家庭自用车	家庭自用车6座以下	950

商业险种

险种名称	保险金额/责任限额	投保费	备注 可查看对应的投保费计算数据	计算公式
机动车损失险	280000	4123.0		查看公式
第三者责任险	150000	1060.0		查看公式
车上人员责任险（驾驶员）	1*10000	41.0		查看公式
车上人员责任险（乘客）	4*10000	104.0		查看公式
玻璃单独破碎险（国产玻璃）		532.0		查看公式
盗抢险	280000	1604.0		查看公式
自燃损失险	280000	896.0		查看公式

业务信息

车辆验证情况	业务员姓名	代理人名称	上年度是否在本公司承保	处理时间
○已验车　⊙未验车	江枫	江枫	○是　○否	2009-11-28 12:20:44
业务来源	⊙直接业务　○个人代理　○专业代理　○兼业代理　○经纪人　○网上/电话业务			

综合信息

投保车辆上年交通违章情况	轻微违章次数：0 次；严重违章次数：0 次；
投保主险名称	商业保险A款
保险费合计	8360.0　元
保险期间	2013-6-25　零时起至　2014-6-24　二十四时止
特别约定	
争议解决方式	⊙诉讼　○提交仲裁委员会仲裁
处理状态	投保结束 ← 当前投保单的状态
保险单编号	YHVI20100818BJ00001　处理人 jy001　处理时间 2013-6-25 9:17:49

[返回]

图 5-6　查看投保单详细信息(续)

查看投保单

验单结果：	⊙通过　○失败
投保单信息审核情况：(150字以内)	无误
投保人信息审核情况：(150字以内)	无误
投保车辆的行驶证审核情况：(150字以内)	无误
备注：(150字以内)	

保单编号：YHVI20100818BJ00001　审核人：jy001

[返回] [暂存审核] [结束审核]

图 5-7　投保单信息审核结果

2) 检验车辆

(1) 进入检验车辆界面。在检验车辆搜索界面中录入相应的检索信息(如：保单编号、被保人名称等)，搜索可进行验车操作的投保单信息列表，打开相应的检验车辆界面，如图 5-8 所示。

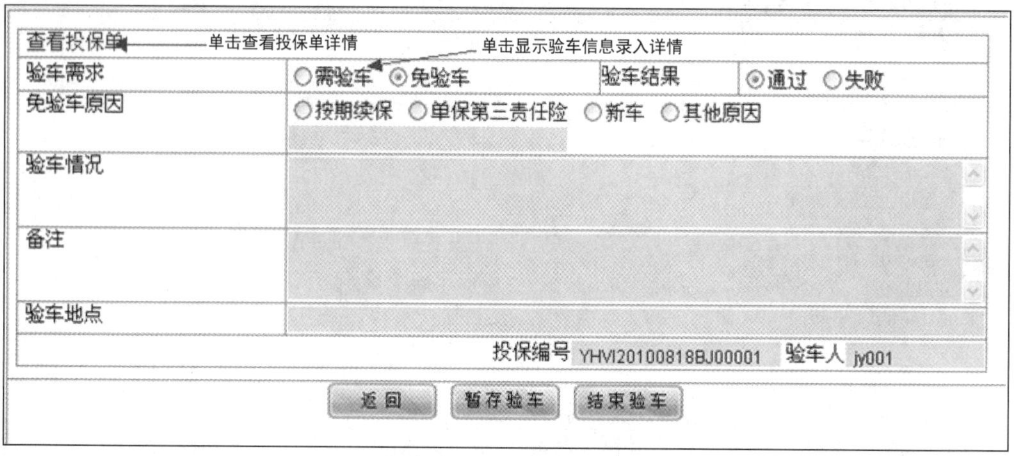

图 5-8 检验车辆界面

(2) 查看投保单，录入验车结果。

① 在打开的检验车辆界面中，单击"查看投保单"，打开相应的投保单信息查看界面，如图 5-6 所示。

② 依据投保车辆的实际检验信息，录入检验结果，如图 5-9 所示。

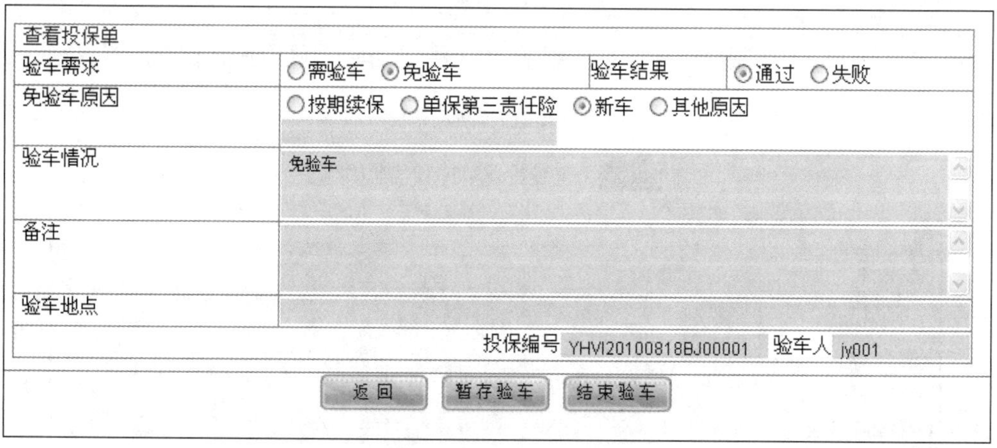

图 5-9 检验车辆结果

提示：如果所检验的车辆需要验车，则可在验车需求中选中"需验车"单选按钮，打开验车详单，录入"号牌号码"、"机动车照片"、"车架号拓印模"、"车辆检验项目"等信息，如图 5-10 所示。

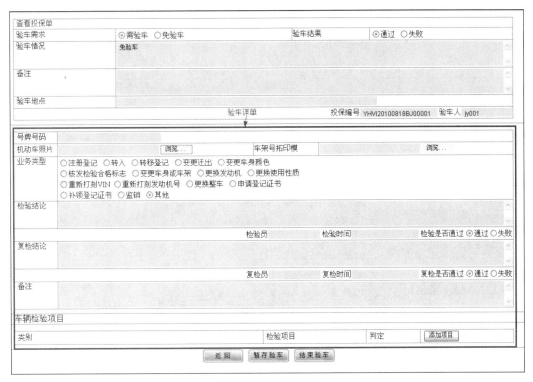

图 5-10 验车详单

(3) 提交验车结果。在验车信息录入完毕并检查无误后，即可提交验车信息。

3) 核定保费

(1) 打开核定保费界面。在核定保费搜索界面中录入相应的检索信息(如：保单编号、被保人名称等)，搜索可进行核费操作的投保单信息列表，打开核定保费界面，如图 5-11 所示。

(2) 查看投保单，核定保险费信息。在打开的核定保费界面中，单击"查看投保单"，打开相应的投保单信息查看界面，如图 5-6 所示。核定商业险保险费信息、其他险种保险费信息、交强险保险费信息。

(3) 录入核定保险费结果，提交核定保险费结果。将所有险种保险费的核定前后信息进行对比后，选定核费结果，录入(见图 5-12)。在核费信息录入完毕并检查无误后，即可提交核费信息。

汽车保险与理赔(第2版)

查看投保单

核费结果：	⊙通过 ○失败		
备注：			

保单编号：YHVI20100818BJ00001　　核费人：jy001

核定商业险保险费

点击打开核定保险费计算面板　　点击查看原投保费计算信息

险种名称	保险金额/责任限额	投保费	费率(%)	备注	投保公式
机动车损失险	280000	4123.0	1.28		查看公式
		核定投保费	核保费率(%)	核保备注	核保公式
		4123.0	1.28		选择公式

险种名称	保险金额/责任限额	投保费	费率(%)	备注	投保公式
第三者责任险	150000	1060.0			查看公式
		核定投保费	核保费率(%)	核保备注	核保公式
		1060.0			选择公式

险种名称	保险金额/责任限额	投保费	费率(%)	备注	投保公式
车上人员责任险（驾驶员）	1*10000	41.0	0.41		查看公式
		核定投保费	核保费率(%)	核保备注	核保公式
		41.0	0.41		选择公式

险种名称	保险金额/责任限额	投保费	费率(%)	备注	投保公式
车上人员责任险（乘客）	4*10000	104.0	0.26		查看公式
		核定投保费	核保费率(%)	核保备注	核保公式
		104.0	0.26		选择公式

险种名称	保险金额/责任限额	投保费	费率(%)	备注	投保公式
玻璃单独破碎险（国产玻璃）		532.0	0.19		查看公式
		核定投保费	核保费率(%)	核保备注	核保公式
		532.0	0.19		选择公式

险种名称	保险金额/责任限额	投保费	费率(%)	备注	投保公式
盗抢险	280000	1604.0	0.53		查看公式
		核定投保费	核保费率(%)	核保备注	核保公式
		1604.0	0.53		选择公式

险种名称	保险金额/责任限额	投保费	费率(%)	备注	投保公式
自燃损失险	280000	896.0	0.32		查看公式
		核定投保费	核保费率(%)	核保备注	核保公式
		896.0	0.32		选择公式

核定交强险保险费

险种名称	投保车辆总类	车辆明细分类	保险费
交强险	家庭自用车	家庭自用车6座以下	950
	核定投保车辆总类	核定车辆明细分类	核定保险费
	家庭自用车	家庭自用车6座以下	950

返回　暂存核费　结束核费

图 5-11　核定保费界面

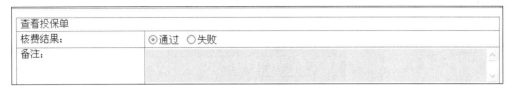

图 5-12　核费结果

4) 核保综合审查

(1) 打开核保综合审查界面。在核保综合审查界面中录入相应的检索信息(如：保单编号、被保人名称等)，搜索可进行核保综合审查操作的投保单信息列表，打开核保综合审查界面，如图 5-13 所示。

图 5-13　核保综合审查界面

(2) 查看各项审核信息，录入核保综合审查结果。依次单击"查看投保审核信息"、"查看验车信息"、"查看核费信息"，打开相应的投保审核信息、验车信息、核费信息，依据这些信息对前面的审核工作进行检查并确定核保结果及预期赔付率，录入核保意见，如图 5-14 所示。

图 5-14　综合审查结果

(3) 提交核保综合审查结果。在核保综合审查信息录入完毕并检查无误后，即可提交核保综合审查信息。

步骤 3：进行制单

1) 制作保险单

(1) 打开制作保险单界面。

① 在系统主界面中单击"制单平台"按钮，系统会自动展开制单平台下的功能菜单，

如图 5-15 所示。选择功能菜单中的"制作保险单"选项，可打开制作保险单搜索界面。

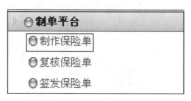

图 5-15　制单平台功能菜单

②　在制作保险单搜索界面中录入相应的检索信息(如：保单编号、被保人名称等)，搜索制作保险单操作信息列表，打开制作保险单界面，如图 5-16 所示。

机动车交通事故责任商业保险单						
保险单号	YHVI20100818BJ00001					
被保险人	张明					
被保险人地址	北京市海淀区中关村星星家园					
邮政编码	100192	被保险人身份证或组织机构代码			110101195808180568	
联系人	张明	联系电话			010-62912345	
号牌号码	京N54321	厂牌型号	福特翼虎3.0L M1	发动机号		012345
车架号/VIN	LGWEF3A517B012345	车辆种类	家庭自用汽车	核定载客		5
已使用年限	0	行驶区域	跨省行驶	安全配置		防盗系统ABS安全气囊
排量(L)	3.0	核定载重	1500.0	已行驶里程		5.0
新车购置价	280000.0	初次登记日期	2009-11-25			
承保险种		责任限额			保险费	
机动车损失险		280000			4123.0	
第三者责任险		150000			1060.0	
车上人员责任险（驾驶员）		1*10000			41.0	
车上人员责任险（乘客）		4*10000			104.0	
玻璃单独破碎险（国产玻璃）					532.0	
盗抢险		280000			1604.0	
自燃损失险		280000			896.0	
保险期间 自 2013-6-25　0 时起至 2014-6-24　24 时止．合计保险费 8360.0 元．						
特别约定						
备注						
争议解决方式	诉讼					
经办人	江枫	核保人		运华天地	制单人	运华天地
制单结果	◉通过　○失败					

返回　暂存制单　结束制单

图 5-16　制作保险单界面

(2)　录入制单结果，进行制单。对相应保险单信息进行检查后，录入相关信息(见图 5-17)。在制作保险单完毕并检查无误后，即可提交保险单信息。

机动车交通事故责任商业保险单

保险单号	YHVI20100818BJ00001				
被保险人	张明				
被保险人地址	北京市海淀区中关村星星家园				
邮政编码	100192	被保险人身份证或组织机构代码		110101195808180568	
联系人	张明	联系电话		010-62912345	
号牌号码	京N54321	厂牌型号	福特翼虎3.0L M1	发动机号	012345
车架号/VIN	LGWEF3A517B012345	车辆种类	家庭自用汽车	核定载客	5
已使用年限	0	行驶区域	跨省行驶	安全配置	防盗系统ABS安全气囊
排量(L)	3.0	核定载重	1500.0	已行驶里程	5.0
新车购置价	280000.0	初次登记日期	2009-11-25		

承保险种	责任限额	保险费
机动车损失险	280000	4123.0
第三者责任险	150000	1060.0
车上人员责任险（驾驶员）	1*10000	41.0
车上人员责任险（乘客）	4*10000	104.0
玻璃单独破碎险（国产玻璃）		532.0
盗抢险	280000	1604.0
自燃损失险	280000	896.0

保险期间 自 2013-6-25 0 时起至 2014-6-24 24 时止。 合计保险费 8360.0 元。

特别约定	
备注	无
争议解决方式	诉讼
经办人	江枫　　核保人　运华天地　　制单人　运华天地
制单结果	⊙通过　○失败

[返回]　[暂存制单]　[结束制单]

图 5-17　制作保险单结果

2) 复核保险单

(1) 打开复核保险单界面。在复核保险单搜索界面中录入相应的检索信息(如：保单编号、被保人名称等)，搜索可进行复核操作的保险单信息列表。打开复核保险单界面，见图 5-18。

复核保险单

保险单号	YHVI20100818BJ00001				
被保险人	张明				
被保险人地址	北京市海淀区中关村星星家园				
邮政编码	100192	被保险人身份证或组织机构代码		110101195808180568	
联系人	张明	联系电话		010-62912345	
号牌号码	京N54321	厂牌型号	福特翼虎3.0L M1	发动机号	012345
车架号/VIN	LGWEF3A517B012345	车辆种类	家庭自用汽车	核定载客	5
已使用年限	0	行驶区域	固定路线	安全配置	防盗系统ABS安全气囊
排量/功率	3.0	核定载重	1500.0	已行驶里程	5.0
新车购置价	280000.0	初次登记日期	2009-11-25	保险起始日期	2013-6-25
				保险结束日期	2014-6-24
特别约定					
备注	无				
争议解决方式	提交仲裁委员会仲裁				
经办人	江枫	核保人	运华天地	制单人	运华天地
复核人	运华天地	保险费合计	8360.0	制单时间	2013-6-28 9:01:49
复核备注					
复核结果	⊙通过 ○失败				

强制险

险种名称	保险费
交强险	950.0

商业险种

险种名称	责任限额	保险费
机动车损失险	280000	4123.0
第三者责任险	150000	1060.0
车上人员责任险（驾驶员）	1*10000	41.0
车上人员责任险（乘客）	4*10000	104.0
玻璃单独破碎险（国产玻璃）		532.0
盗抢险	280000	1604.0
自燃损失险	280000	896.0

[返回] [暂存复核] [结束复核]

图 5-18 复核保险单界面

(2) 录入复核保险单界面，提交复核结果。对保险单信息进行检验后，录入检验结果。在保险单信息录入完毕并检查无误后，即可提交复核保险单信息。

(3) 提交签发保险单信息，打印保险单。对保险单信息检查无误后，即可提交签发保险单信息(见图 5-19)，打开保险单打印界面，即可打印保险单(见图 5-20)。

学习情境 5　汽车保险和理赔系统操作

机动车交通事故责任商业保险单

保险单号：	YHVI20100818BJ00001		
被保险人：	张明		
被保险人地址：	北京市海淀区中关村星星家园		
邮政编码：	100192	被保险人身份证或组织机构代码：	110101195808180568
联系人：	张明	联系电话：	010-62912345

号牌号码	京N54321	厂牌型号	福特翼虎3.0L M1	发动机号	012345	排量(L)	3.0
车架号/VIN	LGWEF3A517B012345	车辆种类	家庭自用汽车	核定载客	5	核定载重	1500.0
已使用年限	0	行驶区域	固定路线	安全配置		防盗系	已行驶里程 5.0
新车购置价	280000.0	初次登记日期		2009-11-25			

承保险种：	责任限额：	保险费
机动车损失险	280000	4123.0
第三者责任险	150000	1060.0
车上人员责任险（驾驶员）	1*10000	41.0
车上人员责任险（乘客）	4*10000	104.0
玻璃单独破碎险（国产玻璃）		532.0
盗抢险	280000	1604.0
自燃损失险	280000	896.0

保险期间 自 2013-6-25 0 时起至 2014-6-24 24 时止。合计保险费 8360.0 元。

特别约定：

备注：无

争议解决方式：提交仲裁委员会仲裁

经办人：	江枫	核保人：	运华天地	制单人：	运华天地	复核人：	运华天地

机动车交通事故责任强制保险单

保险单号：	QZYHVI20100818BJ00001		
被保险人：	张明		
被保险人地址：	北京市海淀区中关村星星家园		
邮政编码：	100192	被保险人身份证或组织机构代码：	110101195808180568
联系人：	张明	联系电话：	010-62912345

号牌号码	京N54321	厂牌型号	福特翼虎3.0L M1	发动机号	012345	排量(L)	3.0
车架号/VIN	LGWEF3A517B012345	车辆种类	家庭自用汽车	核定载客	5	核定载重	1500.0
已使用年限	0	行驶区域	固定路线	安全配置		防盗系	已行驶里程 5.0
新车购置价	280000.0	初次登记日期		2009-11-25			

责任限额				
死亡伤残赔偿限额	110000元	无责任伤残赔偿限额	11000元
医疗费用赔偿限额	10000元	无责任医疗费用赔偿限额	1000元
财产损失赔偿限额	2000元	无责任财产损失赔偿限额	100元

保险期 自 2013-6-25 0 时起至 2014-6-24 24 时止。保险费合计 950.0 元 (其中救助基金(2%) 19.0 元)

特别约定：

备注：无

争议解决方式：提交仲裁委员会仲裁

经办人：	江枫	核保人：	运华天地	制单人：	运华天地	复核人：	运华天地

签单人：运华天地　　签单时间：

[返回]　[暂存签单]　[结束签单]

图 5-19　签发保险单界面

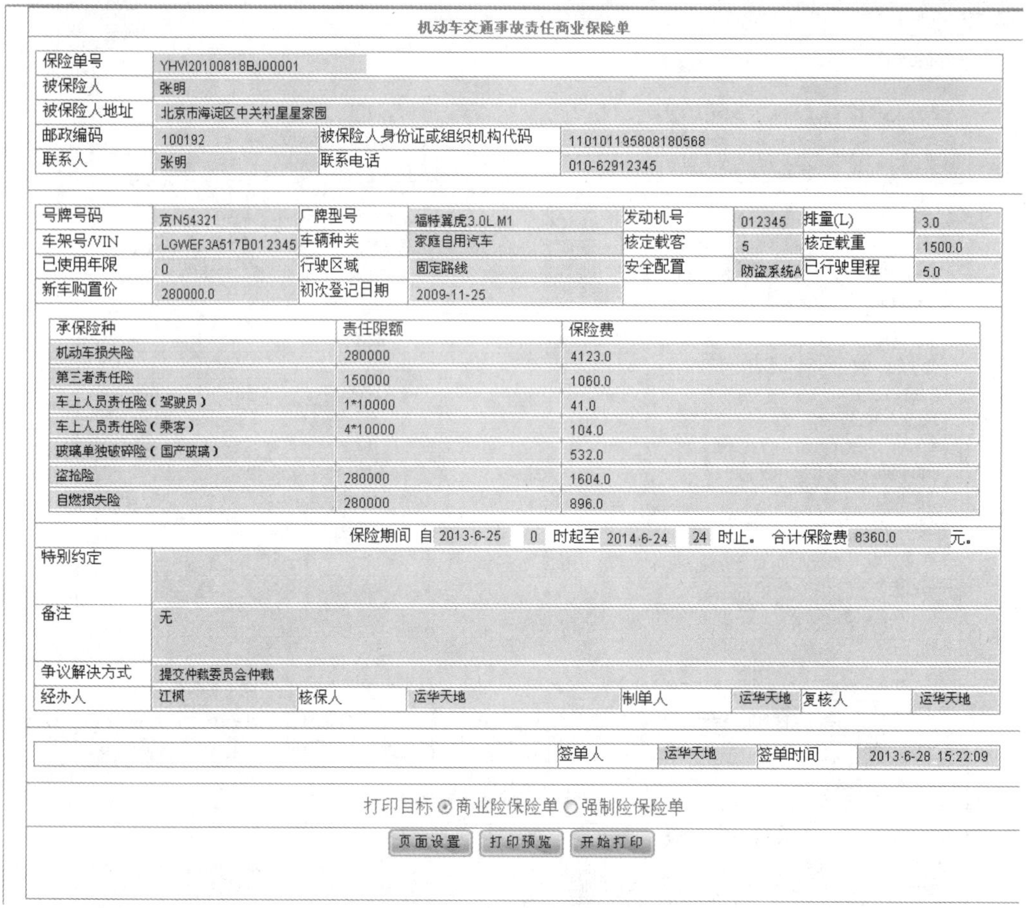

图 5-20 保险单打印界面

步骤 4：保单批改

1) 批改申请

(1) 打开批改申请界面。在系统主界面中单击"批改平台"按钮，系统会自动展开制单平台下的功能菜单(见图 5-21)。

图 5-21 批改平台功能菜单

(2) 选择功能菜单中的"批改申请"选项，打开批改申请界面，在批改申请搜索界面中录入相应的检索信息(如：保单编号、被保人名称等)，搜索批改申请操作信息列表，打开批改申请界面(见图 5-22)。

学习情境 5　汽车保险和理赔系统操作

批改审核

保单号	批单号	号牌号码	车架号
YHVI20100818BJ00001	YHVI20100818BJ00001-01	京N54321	LGWEF3A517B012345

申请批改的原因	需要添加2000元的车身划痕险

批改前投保险种

》商业险种

险种名称	保险金额/责任限额	投保费	备注	计算公式
机动车损失险	280000	4123.0		查看公式
第三者责任险	150000	1060.0		查看公式
车上人员责任险（驾驶员）	1*10000	41.0		查看公式
车上人员责任险（乘客）	4*10000	104.0		查看公式
玻璃单独破碎险（国产玻璃）		532.0		查看公式
盗抢险	280000	1604.0		查看公式
自燃损失险	280000	896.0		查看公式

1、变更被保险人
2、变更保险责任

》批改后添加的险种信息

险种名称	保险金额/责任限额	投保费	备注	计算公式
车身划痕损失险	2000	280.0		查看公式

添加的险种保险费合计 280.0

》变更保险责任审核结果　●通过　○不通过

变更保险费 =（添加的险种保险费合计 - 删除的险种保险费合计）* 未到期责任天数 / 365

0　=（ 280.0　-　0.0　）* 0　/ 365

3、变更保险金额
4、变更保险期限
5、变更使用性质
6、变更币种
7、无赔退费
8、约定退费
9、注销批单
10、注销保险单
11、退保

变更后的所有险种如下

险种名称	保险金额/责任限额	保险费
机动车损失险	280000	4123.0
第三者责任险	150000	1060.0
车上人员责任险（驾驶员）	1*10000	41.0
车上人员责任险（乘客）	4*10000	104.0
玻璃单独破碎险（国产玻璃）		532.0
盗抢险	280000	1604.0
自燃损失险	280000	896.0
车身划痕损失险	2000	280.0

申请人	申请人身份证号	申请人联系电话
张明	110101195808180568	010-62912345
申请人住址	北京市海淀区中关村星星家园	

	手续费	批改生效日期
	20.0	2013-7-03

	审核人
	运华天地

[返回]　[暂存审核]　[结束审核]

图 5-22　批改申请界面

(3) 依次录入批改申请信息，提交批改申请信息。

录入批改申请原因、批改内容、申请人信息手续费及批改生效日期等信息。在批改申请录入完毕并检查无误后，即可提交批改申请信息。

2) 批改审核

(1) 打开批改审核界面，录入批改信息。在复核保险单搜索界面中录入相应的检索信息(如：保单编号、被保人名称等)，搜索可进行批改审核操作信息列表，打开批改审核界面，对批改信息进行检验后，录入审核信息(见图5-23)。

图 5-23 批改审核界面

(2) 提交批改审核结果。在批改审核录入完毕并检查无误后，即可提交批改审核信息。

3) 出具批单

(1) 打开出具批单界面。在出具批单搜索界面中录入相应的检索信息(如：保单编号、被保人名称等)，搜索可进行出具批单操作信息列表，打开出具批单界面(见图5-24)。

	批单		
保单号	批单号	号牌号码	车架号
YHVI20100818BJ00001	YHVI20100818BJ00001-01	京N54321	LGWEF3A517B012345

1、变更保险责任

兹经双方协定，本公司同意本保险单自 2010年11月03日 起对保险责任做如下修改，
增加的保险责任：

险种名称	保险金额/责任限额	投保费
车身划痕损失险	2000	280.0

同时 加收 保险费 22.25 元。计算公式如下：

变更保险费 =（添加的险种保险费合计 - 删除的险种保险费合计）* 未到期责任天数 / 365

22.25 =（ 280.0 - 0.0 ）* 29 / 365

其他条件不变，特此批注。
特别说明：保险公司出具的批单必须加盖公司公章，否则为无效保单。

变更后的所有险种如下		
险种名称	保险金额/责任限额	保险费
机动车损失险	280000	4123.0
第三者责任险	150000	1060.0
车上人员责任险（驾驶员）	1*10000	41.0
车上人员责任险（乘客）	4*10000	104.0
玻璃单独破碎险（国产玻璃）		532.0
盗抢险	280000	1604.0
自燃损失险	280000	896.0
车身划痕损失险	2000	280.0

手续费	批改生效日期		出单人
20.0	2010-11-03		运华天地

[返回] [暂存出单] [结束出单]

图 5-24　出具批单界面

(2) 提交出具批单信息并出具批单。对批单信息检查无误后，即可提交出具批单信息。打开批单打印界面，即可打印批单。

任务 2　汽车保险理赔估损系统操作

任务描述

接报案员接到客户报案时，首先确认客户为本保险公司用户，在详细询问案件发生的地点、时间、过程、财产损失等情况后，根据客户报案情况分析出事故发生严重程度以及所涉及的险种等信息，并将这些相关信息录入系统。调度员查到有新报案的案件信息时，应立即查看新建案件信息，安排相应的查勘人员进行案件查勘，并将查勘调度信息录入系统。调度员在车险理赔估损系统中查到有已完成查勘的案件信息时，应立即查看案件信息，安排相应的定损人员进行事故定损，并将定损调度信息录入系统。查勘员接到查勘调度并完成实地查勘后，需要将查勘信息录入车险理赔估损系统中。立案人员可以在此查勘数据的基础上，借助系统平台完成立案工作，确定该案件是否进入定损调度操作。定损员接到定损调度并完成实地定损后，需要将定损信息录入系统。核损员查询到需进行核损操作的案件信息后，通过在系统中查询相关配件价格，或者同相关部门(如汽车修理厂、配件供应商等)沟通调整配件价格，然后将核损后的信息录入系统，并确认该定损信息是否能够通过核损进入下一个操作环节。理算员查询到需要进行理算操作的案件信息并完成理算后，将理算信息录入车险理赔估损系统中。核赔员查询到可进行核赔操作的案件信息后，要根据涉案数据以及历史赔付信息，核查理算是否正确合理，然后将核赔意见录入系统中，并确认该理算信息是否能够通过核赔进入下一个操作环节。结案人员查询到需要进行结案操作的案件信息后，通过查询该案件的查勘、立案、定损、理算等信息后，了解该案件手续材料是否正常完成，然后对案件进行结案封档操作。

任务分析

在汽车保险的理赔业务中，按照保险理赔的业务流程，需要经过接受报案、调度、现场查勘、立案、定损、核损、赔款理算、核赔、结案等业务环节，在每个工作环节中，不同岗位的工作人员应该根据岗位工作内容和要求，将信息及时录入承保系统。在本项任务中，学习定损理赔信息系统操作。

任务实施

(一)任务实施准备

1. 操作要求

(1) 录入信息时，必须按照规定的字符格式进行。

(2) 录入信息后进行核对，确保关键信息完整清晰、正确无误。

2. 设备器材

(1) 车险理赔仿真模拟实训室。

(2) 车险理赔估损模拟教学系统。

(3) 打印机、A4打印纸。

3. 作业准备

(1) 检查实训室电源是否打开。　　　　　　　　　　　　　　☐ 任务完成

(2) 检查局域网是否连通。　　　　　　　　　　　　　　　　☐ 任务完成

(3) 检查计算机是否可以正常运行。　　　　　　　　　　　　☐ 任务完成

(4) 检查打印机是否可以正常工作。　　　　　　　　　　　　☐ 任务完成

(5) 检查打印机中是否有打印纸。　　　　　　　　　　　　　☐ 任务完成

(6) 检查车险理赔估损系统是否正常运行。　　　　　　　　　☐ 任务完成

(7) 确认是否可以成功登录车险理赔估损系统。　　　　　　　☐ 任务完成

(二)任务实施步骤

车险理赔估损系统的操作流程如图 5-25 所示。

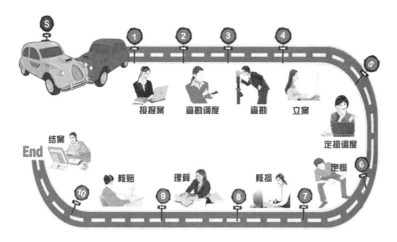

图 5-25　车险理赔估损系统的操作流程

步骤 1：新建案件

1) 打开新建案件界面

(1) 在系统主界面中单击"报案平台"按钮，系统显示报案平台主功能菜单；选择"新建案件"选项(见图 5-26)，打开新建案件搜索界面。

图 5-26　报案平台功能菜单

(2) 在新建案件搜索界面中输入保险单号、被保险人等关键信息，搜索保险单信息列表，选中需要进行新建案件操作的保单信息，打开新建案件界面，见图 5-27。

2) 录入新建案件的各种信息，完成报案信息

在新建案件界面中依次录入案件基本信息(包括报案人信息、驾驶员信息、车辆信息、案件处理信息等)、案件事故信息(包括事故经过、涉及损失类别、车辆的历史出险记录以及被保险人信息)，确定输入的信息无误可提交报案信息。

步骤 2：查勘调度和定损调度

1) 查勘调度

(1) 打开查勘调度案件搜索界面。

① 在系统主界面中单击"调度平台"按钮，系统会自动展开调度平台主功能菜单(见图 5-28)，选择"查勘调度"选项，打开查勘调度案件搜索界面。

图 5-27 新建案件界面

图 5-28 选择"查勘调度"选项

② 在查勘调度案件搜索界面中输入搜索信息(如：保险单号、被保险人、报案号等)，搜索查勘调度案件信息列表，选择需要进行查勘调度的案件信息，打开查勘调度界面(见图 5-29)。

图 5-29 查勘调度界面

(2) 录入查勘调度信息，完成查勘调度。选择调度查勘人信息，单击"调度"按钮，将查勘人信息调入查勘调度信息中，并在查勘调度信息中填写预计处理时间、备注以及调度类型。在查勘调度界面中，录入查勘调度信息后，确定无误可提交查勘调度信息，完成查勘调度。

2) 定损调度

(1) 打开定损调度界面。

① 选择调度平台中的"定损调度"选项，打开定损调度案件搜索界面。

② 在定损调度案件搜索界面中输入搜索信息(如：保险单号、被保险人、报案号等)，搜索定损调度案件信息列表，选择需要进行定损调度的案件信息，打开定损调度界面(见图 5-30)。

图 5-30　定损调度界面

(2) 录入定损调度信息，完成定损调度。选择调度查勘人信息，单击"调度"按钮，将定损人信息调入定损调度信息中，并在定损调度信息中填写预计处理时间、备注以及调度类型。在交换调度界面中，录入交换调度信息后，确定输入的信息无误可提交定损调度信息，完成定损调度。

步骤 3：查勘、立案

1) 新建查勘

(1) 打开查勘操作界面。

① 在系统主界面中单击"查勘平台"按钮，系统会自动展开查勘平台的功能菜单(见图 5-31)，选择功能菜单中的"新建查勘"选项，打开查勘操作的案件信息列表。

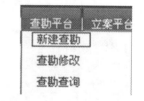

图 5-31　选择"新建查勘"选项

② 从案件信息列表中选择需要进行查勘操作的案件信息，打开查勘信息录入界面。

(2) 录入查勘信息。

① 在查勘信息录入界面的查勘基本信息录入栏位(见图 5-32)中，录入案件性质、查勘地点、驾驶员姓名、驾驶证号、准驾车型、初次领证日期、性别、联系方式等信息。

图 5-32　查勘基本信息录入栏位

② 在查勘信息录入界面的第三者车辆基本信息录入栏位(见图 5-33)中，录入第三者车辆的相关信息。

图 5-33 第三者车辆基本信息录入栏位

提示:当案件中不涉及第三者车辆的时候,此处可不录入相关信息。

③ 在查勘信息录入界面的事故基本信息录入栏位(见图 5-34)中,根据实际情况,对出险原因、事故类型、涉及三方机动车数、是否需要施救等信息,进行相应的勾选或者录入操作。

图 5-34 事故基本信息录入栏位

④ 在查勘信息录入界面的事故详细信息录入栏位(见图 5-35)中,根据实际情况,对被保险机动车出险时的使用性质、被保险机动车驾驶人是否持有有效驾驶证等信息,进行点选操作,并录入免赔说明、查勘意见、访问笔录等信息。

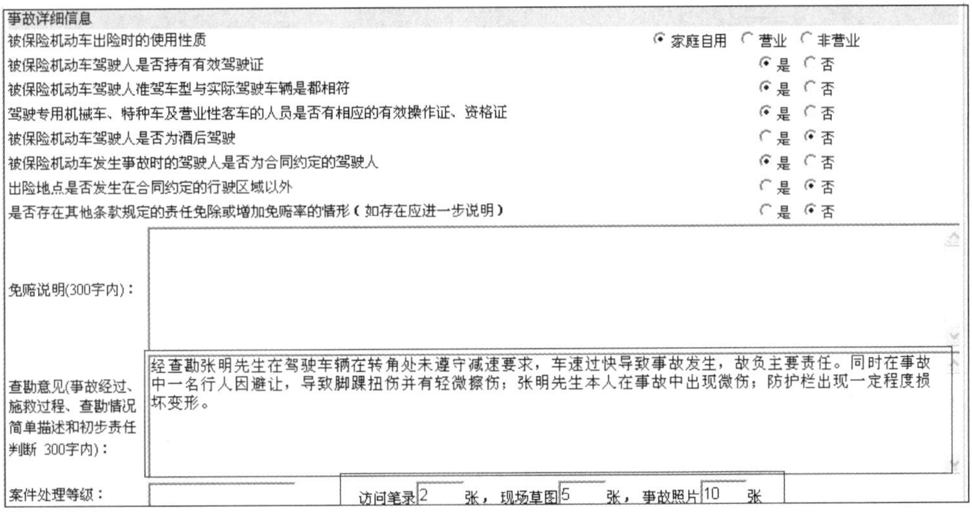

图 5-35 事故详细信息录入栏位

⑤ 在查勘信息录入界面的责任判断及损失估计信息录入栏位(见图 5-36)中,根据实际情况,录入涉及险种、立案建议、事故估损金额等相关信息。

(3) 提交查勘信息。在查勘信息录入完毕并检查无误后,提交查勘信息。

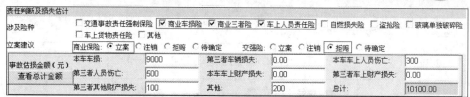

图 5-36 责任判断及损失估计信息录入栏位

2) 进行立案

(1) 打开立案操作界面。

① 在系统主界面中单击"立案平台"按钮,系统会展开功能菜单(见图 5-37)。

② 选择立案平台功能菜单中的"进行立案"选项,系统显示立案操作界面(见图 5-38)。

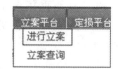

图 5-37 立案平台功能菜单

图 5-38 立案操作界面

(2) 查看查勘详细信息。

在立案操作界面中打开查勘详细信息界面,对该案件能否立案进行判断。

(3) 录入立案信息,完成立案。

在立案操作界面中选择立案状态,在立案备注中录入需要填写的信息,确认无误后完成立案。

步骤 4:新开定损

1) 打开定损操作界面

(1) 在系统主界面中单击"定损平台"按钮,系统会自动展开定损平台下的功能菜单(见图 5-39);选择功能菜单中的"新开定损"选项,打开定损操作的案件信息列表。

(2) 从案件信息列表中选择需要进行定损操作的案件信息,打开定损基础信息录入界面(见图 5-40)。

图 5-39 定损平台功能菜单

学习情境 5　汽车保险和理赔系统操作

图 5-40　定损录入界面

2)　定损基本信息录入

在定损基础信息界面中录入送修时间、修复竣工时间、报价公司、定损地点、损失部位及程度概述等相应的信息。检查录入的定损基本信息，确认录入信息无误，确定提交定损基本信息。

3)　选车操作

打开车型选择界面，选择制造厂商、车系、车型、年款、车身类型、发动机型号、变速器型号等对应的信息(见图 5-41)。

图 5-41　车型选择

提示：该系统提供了多套常见的车型图形库，涵盖了国内国外常见车型，可有效地满足教学实践需求。

4) 定损换件操作

进入定损换件界面(见图5-42)。

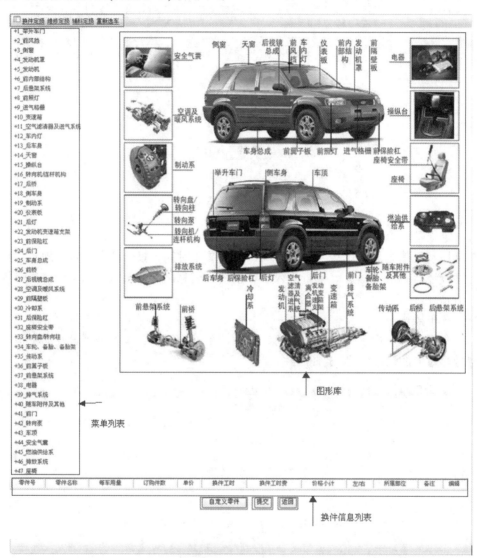

图5-42 定损换件界面

提示：该界面包含图形库、菜单列表、换件信息列表三部分。图形库将车身构造中的总成、分总成、零件信息通过图像的表现形式，真实、形象地表现出来；菜单列表，则将这一系列信息通过分级菜单清晰直观地显示出来，以满足不同定损员的操作习惯。

图形库：根据车身构造将整车划分为各个独立的总成，全面涵盖车辆构造信息。同时在图形库中标注了各个总成相对于车辆整个系统的具体位置，从而便于定损员查找相关零件信息。

菜单列表：和图形库相配套，它将图形库中总成、分总成、零件信息依次整合，并使其全部显示在菜单列表中，定损员可通过展开总成菜单列表，快速找寻相应的分总成以及零件信息。同时，在操作菜单列表的时候，图形库会做同步切换，使二者更有效地结合。

换件信息列表：可将选中的换件信息动态地添加到该列表中。

5) 定损维修操作

(1) 单击换件定损界面顶部的"维修定损"链接，即可打开维修定损界面(见图5-43)。

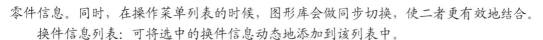

图 5-43　维修定损界面

提示：① 维修项目信息分为机修、喷漆、电工、钣金四类，该界面中提供定损车系所包含的全部维修项目信息列表，可方便定损员直接选择所需要的维修项目。

② 该界面中的维修项目皆提供了定损车系换件维修参考工时费率以及工时数，可为定损员定损维修项目提供直观的价格参考体系。

(2) 查找维修项目，将维修项目信息(包括工位、维修项目、维修工时、维修工时费率、维修工时费合计)添加到维修定损维修信息列表中(见图 5-44)，确认无误后将选中的维修项目列表信息提交。

图 5-44　选择完毕后的维修项目列表

6) 定损辅料操作

(1) 单击维修定损界面中的"辅料定损"链接，即可打开辅料定损界面(见图5-45)。

图 5-45　辅料定损界面

(2) 在辅料信息列表中录入需要的辅料信息，确认无误后提交辅料定损信息。

7) 人员伤亡定损

(1) 单击定损基本信息界面顶部的“人员伤亡定损”链接，即可打开人员伤亡定损界面，在该界面中录入人员伤亡定损相关信息(见图 5-46)。

基本信息 车损定损 人员伤亡定损 财产损失定损 施救费用 结束定损

姓名：	张明	性别：	男	年龄：	52
从事行业：	广告宣传	标准工资：	15000	月收入小计：	20000
就诊医院：	北京人民医院	住院号：	BJ_023	护理人数：	0
护理天数：	0	护理人A月收入小计：	0	护理人B月收入小计：	0
伤亡等级：	非残疾	住院天数：	0	继续治疗天数：	0

费用项目	报损金额	剔除金额	定损赔偿金额	计算标准或公式
医药、诊疗、住院费	450	150	300	非残疾医疗标准
后续治疗费（含整容费）				
住院伙食补助费目				
营养费				
护理费				
康复费				
丧葬费				
死亡补偿费				
残疾赔偿金				
残疾辅助器具费				
交通费				
住宿费				
误工费				
被扶养人生活费小计				
其他费用				
合计				

情况说明：	
险种类别：	⊙车上人员责任险 ○第三者责任险

提交 取消

此处可根据需要连续提交多个人员伤亡定损信息

图 5-46 人员伤亡定损界面

(2) 检查确认该人员伤亡定损信息准确无误后，提交人员伤亡定损信息。

8) 财产损失定损

(1) 单击人员伤亡定损界面顶部的“财产损失定损”链接，即可打开财产损失定损界面，在该界面中录入财产损失定损相关信息(见图 5-47)。

(2) 检查确认该财产损失定损信息准确无误后，提交财产定损信息。

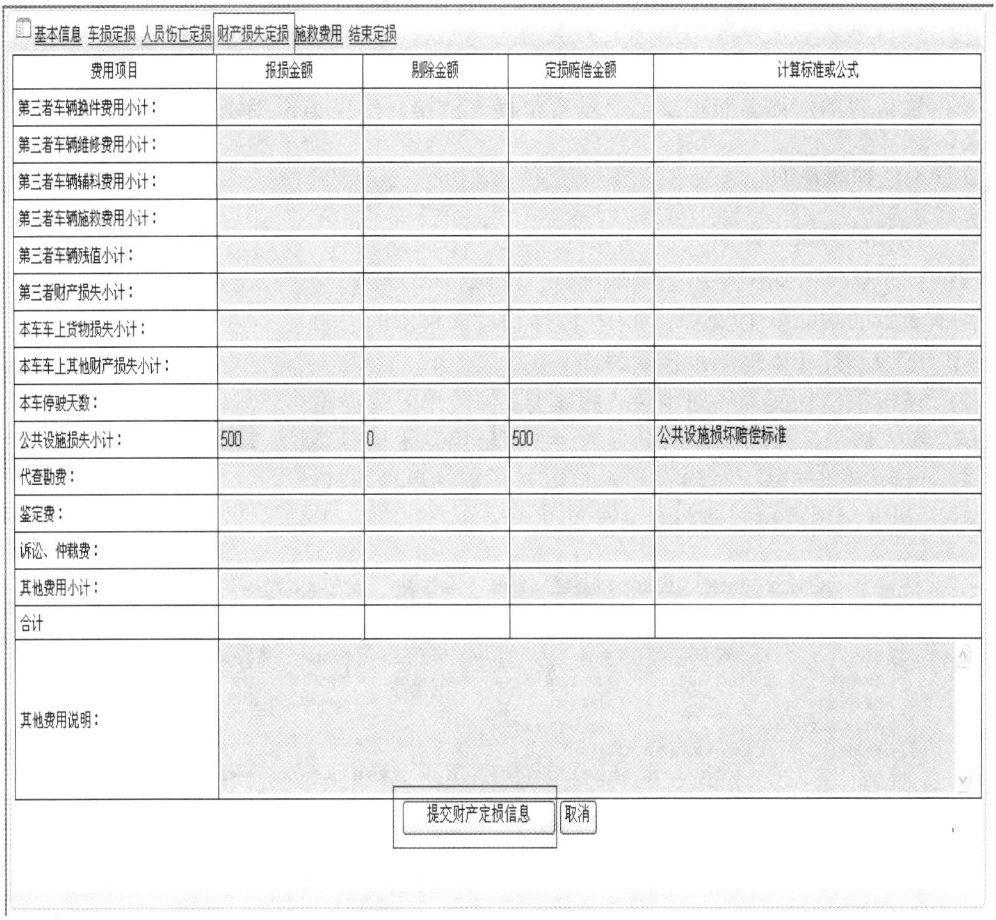

基本信息 车损定损 人员伤亡定损 财产损失定损 施救费用 结束定损

费用项目	报损金额	剔除金额	定损赔偿金额	计算标准或公式
第三者车辆换件费用小计：				
第三者车辆维修费用小计：				
第三者车辆辅料费用小计：				
第三者车辆施救费用小计：				
第三者车辆残值小计：				
第三者财产损失小计：				
本车车上货物损失小计：				
本车车上其他财产损失小计：				
本车停驶天数：				
公共设施损失小计：	500	0	500	公共设施损坏赔偿标准
代查勘费：				
鉴定费：				
诉讼、仲裁费：				
其他费用小计：				
合计				
其他费用说明：				

提交财产定损信息　取消

图 5-47　财产损失定损界面

9)　施救费用定损

(1)　单击财产损失定损界面顶部的“施救费用”链接，即可打开施救费用定损界面，在该界面中录入施救费用定损相关信息(见图 5-48)。

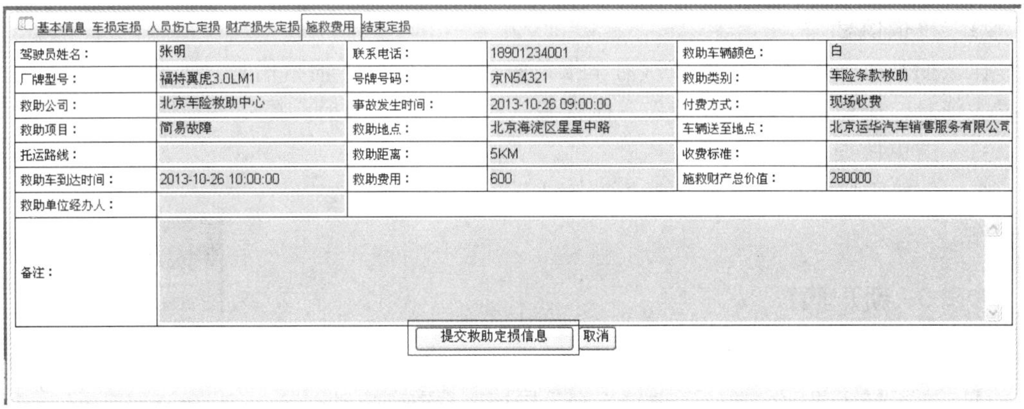

基本信息 车损定损 人员伤亡定损 财产损失定损 施救费用 结束定损

驾驶员姓名：	张明	联系电话：	18901234001	救助车辆颜色：	白
厂牌型号：	福特翼虎3.0LM1	号牌号码：	京N54321	救助类别：	车险条款救助
救助公司：	北京车险救助中心	事故发生时间：	2013-10-26 09:00:00	付费方式：	现场收费
救助项目：	简易故障	救助地点：	北京海淀区星星中路	车辆送至地点：	北京运华汽车销售服务有限公司
托运路线：		救助距离：	5KM	收费标准：	
救助车到达时间：	2013-10-26 10:00:00	救助费用：	600	施救财产总价值：	280000
救助单位经办人：					
备注：					

提交救助定损信息　取消

图 5-48　施救费用定损界面

(2) 检查确认该施救费用定损信息准确无误后，提交救助定损信息。

10）结束定损

单击施救费用定损界面顶部的"结束定损"链接，结束该定损操作。

步骤5：新建核损

1）打开核损操作界面

(1) 在系统主界面中单击"核损平台"按钮，系统会自动展开核损平台的功能菜单(见图5-49)；选择功能菜单中的"新建核损"选项，打开核损信息搜索界面。

图 5-49 核损平台功能菜单

(2) 在核损信息搜索界面中录入报案号、保险单号等检索信息后，搜索核损操作的案件信息列表，打开核损基本信息录入界面，并在该界面录入核损总体意见以及核损结果信息(见图5-50)，确认无误后提交核损基本信息。

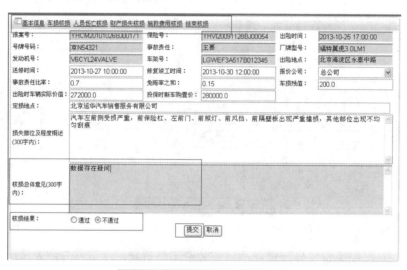

图 5-50 核损基本信息录入界面

2）核损信息

在核损基本信息录入界面依次对车损信息、维修信息、辅料信息、人员伤亡信息、财产损失信息、施救费用等进行录入，检查确认核损信息无误后，提交核损信息。

3）结束核损

在施救费用核损界面中，单击"结束核损"链接，结束核损操作。

步骤6：新开理算

1）打开新开理算界面

(1) 在系统主界面中单击"理算平台"按钮，系统会自动展开理算平台功能菜单(见图5-51)；选择菜单中的"新开理算"选项，打开新开理算案件搜索界面。

图 5-51 理算平台功能菜单

(2) 在理算案件搜索界面中输入搜索信息(如：报案号、保险号、号牌号码、定损人、核损人等)，搜索理算案件信息列表，选择需要进行理算的案件信息，打开新开理算界面，见图5-52。

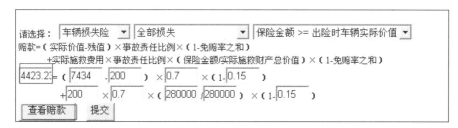

图 5-52　新开理算界面

2) 进行案件理算

在案件险种信息列别中选中要进行理算的险种并选择对应的理算公式，然后依次选择条件(如险种：车辆损失险；类别：部分损失；状态：保险金额>=投保时新车购置价)，录入涉案数据，统计理算金额，检查输入理算数据信息并核对赔款，无误后提交赔款金额和险种的理算信息(见图5-53)。

图 5-53　录入涉案数据并查勘赔款

3) 完成新开理算

在完成理算信息输入后，完成新开理算。

步骤7：核赔、结案

1) 新建核赔

(1) 打开核赔操作界面。

① 在系统主界面中单击"核赔平台"按钮，系统会自动展开核赔平台的功能菜单(见图5-54)；选择功能菜单中的"新建核赔"选项，打开核赔信息列表。

图 5-54　核赔平台功能菜单

② 查找需要进行核赔操作的案件信息，打开核赔操作界面(见图5-55)。

(2) 录入核赔信息。

在核赔操作界面中，查看该险种的前期累计赔款，以及涉案数据信息，结合理算公式以及数据，确定该险种理算是否正确，并将核赔信息录入核赔建议栏位(见图5-56)。

图 5-55 核赔操作界面

序号	承保险别名称	保险金额/责任限额	前期累计赔款	理算赔款	核赔操作	核赔建议(100字内)
153	车辆损失险	280000.0	0.0	4500.0	查看理算公式	
154	第三者责任险	150000.0	0.0	510.0	查看理算公式	
155	车上人员责任险	50000.0	0.0	300.0	查看理算公式	
156	玻璃单独破碎险	280000.0	0.0	0.0	查看理算公式	
157	全车盗抢险	280000.0	0.0	0.0	查看理算公式	

暂存核赔　完成核赔　取消

出险时车辆实价值	260000.0	投保时新车购置价	280000.0
车损实际修复费用	12000.0	车损残值	500.0
事故责任比例	0.75	免赔率之和	0.25
第三者责任险赔偿金额	2000.0	全车盗抢修理费用	0.0
盗抢追回车辆残值	0.0	玻璃单独破损实际修理费用	0.0
车上货物损失金额	0.0	无过失责任险损失金额	0.0
车辆停驶赔款天数	0.0	自燃损失实际修理费用	0.0
自燃车辆残值	0.0	自燃损失实际施救费用	0.0
自燃损失保险财产价值	0.0	自燃损失实际施救财产总价值	0.0
火灾、爆炸及自燃实际施救费用	0.0	火灾、爆炸及自燃保险财产价值	0.0
火灾、爆炸及自燃损失残值	0.0	火灾、爆炸及自燃实际修理费用	0.0
火灾、爆炸及自燃实际施救财产总价值	0.0	车身划痕实际损失金额	0.0
车上人员责任险应承担的每人赔偿金额			

赔款 =（实际修复费用 - 残值）× 事故责任比例 ×（1 - 免赔率之和）
　　　+ 实际施救费用 × 事故责任比例 ×（保险金额/实际施救财产总价值）×（1 - 免赔率之和）

$4500.0 = (7500 - 200) \times 0.75 \times (1 - 0.2)$
$\quad\quad\quad + 200 \times 0.75 \times (280000/280000) \times (1 - 0.2)$

核赔建议：核赔通过

图 5-56 录入核赔信息

(3) 提交核赔信息。

在将需要进行核赔的险种理算信息核查完毕并检查无误后，完成核赔。

2) 新建结案

(1) 打开结案操作界面。

① 在系统主界面中单击"结案平台"按钮，系统会自动展开结案平台的功能菜单(见图 5-57)；选择功能菜单中的"新建结案"选项，打开案件搜索界面。

图 5-57　结案平台功能菜单

② 在案件搜索界面中录入保险单号、报案号等搜索信息，搜索案件信息列表(见图 5-58)。

图 5-58　案件信息列表

(2) 查看案件信息。

在需要进行结案操作的案件对应的查看详细信息栏位里，单击"案件信息"按钮，打开案件详细信息界面(见图 5-59)。

(3) 查看查勘信息。

在需要进行结案操作的案件对应的查看详细信息栏位里，单击"查勘信息"按钮，打开查勘详细信息界面(见图 5-60)。

(4) 查看定损信息。

在需要进行结案操作的案件对应的查看详细信息栏位里，单击"定损信息"按钮，进入定损详细信息界面(见图 5-61)。

(5) 查看理算信息。

在需要进行结案操作的案件对应的查看详细信息栏位里，单击"理算信息"按钮，打开理算详细信息界面(见图 5-62)。

(6) 提交结案。

在需要进行结案操作的案件对应的处理栏位里，单击"提交结案"按钮，打开结案意见面板，并在该面板中录入结案建议(见图 5-63)，在检查结案意见录入准确无误后，提交结案信息。

机动车保险报案单

保险号	YHVI20100805BJ00054	被保险人	张明	号牌号码	京N54321
厂牌型号	福特翼虎3.0LM1	牌照底色	蓝	报案方式	电话
报案人	张明	报案时间	2013-10-26	出险时间	2013-10-25
案件联系人	张明	联系人电话	18901234001	出险原因	路面湿滑
是否第一现场	是	出险地点	上海丰泰路	驾驶员姓名	张明
准驾车型	A1	初次领证日期	2007-08-01	驾驶证号	110101195808180568
VIN码	LGWEF3A517B012345	发动机号	V6CYL24VALVE DO	车架号	LGWEF3A517B012345
处理部门	交警	客户类别		承保公司	中国人保
车辆初次登记日期	2009-11-25	已使用年限	0.0	新车购置价	280000.0
车辆使用性质	非营运	核定载客	5	核定载重	1500.0
车辆行驶区域	跨省行驶	车辆种类	越野车	基本条款类别	商业保险A款
争议解决方式	诉讼	保险费	7785.0	保险限期	2013-06-25至 2014-06-24

约定驾驶人	驾驶人姓名	主/从	驾驶证号码	准驾车型	初次领证日期
	张明	主驾驶员	110101195808180568	C1	2007-08-01

保险项目信息	序号	承保险别名称	责任限额	保险金额
	1	车辆损失险	280000.0	4123.0
	2	第三者责任险	150000.0	1060.0
	3	全车盗抢险	280000.0	1604.0
	4	车上人员责任险	50000.0	130.0
	5	玻璃单独破碎险	280000.0	868.0

特别约定	
事故经过	
保险单批改信息	
保险出险信息	
涉及损失类别	第三者车上财产损失,本车车上人员伤亡,本车车上财产损失,本车车损,
车辆出险次数	0	赔款次数	0	赔款总计	0.0
被保险人住址	北京市海淀区中关村永泰创新园				
邮编	100192	保险联系人	张明	保险联系人电话	010-62933246
备注	

关 闭

图 5-59　案件详细信息界面

机动车保险事故现场查勘单

报案号	YHCM20100916SL00010	保险号	YHVI20100107SH00048	出险时间	2013-10-25
案件性质	自赔	厂牌型号	福特翼虎3.0LM1	发动机号	V6CYJ24VALVE56
号牌底色	蓝	号牌号码	沪N12345	车架号	LGWEG3A452Q012345
初次登记日期	2008-11-13	出险地点	北京星星中路	查勘地点	北京星星中路
驾驶员姓名	李凯	驾驶证号	110101197808180425	初次领证日期	2007-09-06
准驾车型	A1	性别	男	联系方式	13564895621

第三者车辆基本信息

厂牌型号		号牌号码		交强险保单号	
驾驶员姓名		驾驶证号		初次领证日期	
准驾车型	A1	起保日期		联系方式	
性别	男				

事故基本信息

出险原因	碰撞				
事故类型					
涉及三方机动车数	0	是否需要施救	是	车上人员伤亡数	伤 1人;亡 0人
第三者伤亡数	伤 1人;亡 0人	事故责任划分	主要	事故处理方式	交警
核定施救费金额	300.0				

事故详细信息

被保险机动车出现时的使用性质	家庭自用
被保险机动车驾驶人是否持有有效驾驶证	是
被保险机动车驾驶人准驾车型与实际驾驶车辆是都相符	是
驾驶专用机械车、特种车及营业性客车的人员是否有相应的有效操作证、资格证	是
被保险机动车驾驶人是否为酒后驾驶	否
被保险机动车发生事故时的驾驶人是否为合同约定的驾驶人	是
出险地点是否发生在合同约定的行驶区域以外	否
是否存在其他条款规定的责任免除或增加免赔率的情形	否

免赔说明	
查勘意见	
案件处理等级	访问笔录 3张,现场草图12张,事故照片 20张

责任判断及损失估计

涉及险种	车上人员责任险,商业三者险,商业车损险,		
立案建议	交强险 拒赔	商业保险 立案	

事故估损金额信息

本车车损	3000.0	第三者车辆损失	0.0
本车车上人员伤亡	500.0	第三者人员伤亡	800.0
本车车上财产损失	0.0	第三者车上财产损失	0.0
第三者其他财产损失	300.0	其他	500.0
本车车上财产损失	0.0	第三者车上财产损失	0.0
第三者其他财产损失	300.0	其他	500.0
总计		5100.0	

图 5-60 查勘详细信息界面

机动车保险车辆损失确认书

报案号：	YHCM20101026BJ00171	保险号：	YHVI20091128BJ00054	出险时间：	2013-10-25 17:00:00
号牌号码：	京N54321	事故责任：	主要	厂牌型号：	福特翼虎3.0LM1
发动机号：	V6CYL24VALVE	车架号：	LGWEF3A517B012345	出险地点：	北京海淀区永泰中路
送修时间：	2013-10-27 10:00:00	修复竣工时间：	2013-10-30 12:00:00	报价公司：	总公司
定损地点：	北京运华汽车销售服务有限公司				
损失部位及程度概述：	前保险杠、左前门外把手、前风挡玻璃、前隔壁板、雾灯总成损坏严重需要更换维修。				

换件信息：

序号	零件名称	零件号	最大用量	选购件数	定损价格	工时数	定损工时费	所属部位	定损备注	核损价格	核损工时费	核损意见	核损后价格	核损后工时费
178	前保险杠杠体A	5L8Z 17757-AA	1	1	700.0	6	0.0	前保险杠	林肯歇利寇系列	750.0	700.0		750.0	700.0
179	前门外把手	3L8Z 7822404-EAM	2	1	265.0	5	0.0	前门		265.0	265.0		265.0	265.0
180	雾灯总成	5E6Z 15200-AA	1	1	1150.0	3	0.0	前照灯		1150.0	1150.0		1150.0	1150.0
181	前风挡玻璃	3L8Z 7803100-AA	1	1	2550.0	16	0.0	前风挡		2550.0	2350.0		2550.0	2350.0
182	前隔壁板	5L8Z 7801610-AA	1	1	5300.0	24	0.0	前隔壁板		5300.0	4800.0		5300.0	4800.0

维修信息：

序号	工位	项目名称	工时	工时费	定损备注	核损工时费	核损意见	核损后价格
261	喷漆	前保险杠左支架	4	10.0		10.0		10.0
262	喷漆	左后门锁及锁芯	6	10.0		10.0		10.0
263	喷漆	左前门	16	10.0		10.0		10.0
264	喷漆	散热器格栅	4	10.0		10.0		10.0

辅料信息：

序号	辅料名称	用量	定损价格	核损价格	核损意见	核损后价格
348	砂纸	10.0	1.5	1.5		1.5
349	机油	1.0	75.0	75.0		75.0
350	石蜡	1.0	12.0	12.0		12.0

核损总体意见：

[关闭]

图 5-61 定损详细信息界面

机动车保险事故理算信息

序号	承保险别名称	保险金额/责任限额	前期累计赔款	本次理算赔款
1	车辆损失险	280000.0	0.0	4500.0
2	第三者责任险	150000.0	0.0	510.0
3	车上人员责任险	50000.0	0.0	0.0
4	玻璃单独破碎险	280000.0	0.0	0.0
5	全车盗抢险	280000.0	0.0	0.0

[关闭]

图 5-62 理算详细信息界面

结案意见(300字内)：手续齐全，材料完整，可以结案

[确定] [退出]

图 5-63 结案意见面板

学习总结

车险承保系统是根据汽车保险承保业务流程和从事汽车保险承保业务的不同岗位的工作人员的岗位工作内容和要求为保险公司量身定做的系统操作平台，它包括投保平台、核保平台、制单平台、保单批改平台、费率管理平台五个汽车保险承保业务流程平台。

投保平台中展业人员在接到客户投保申请，了解客户投保意愿及车辆情况后，依据客户真实信息与要求，将投标人、被保险人、投保车辆、约定驾驶员、投保险种等有关投保信息录入车险承保系统。

核保平台中保单审核员接到需要进行核保操作的投保业务后，要审核投保单相关信息的正确性，再将投保单相关信息的审核结果录入系统。验车员接到需要进行验车操作的投保业务后，要对投保单投保车辆信息进行检验，再将相关车辆检验信息录入系统。核费员接到需要进行保费核定的投保业务后，要依次对各投保险种保费进行核定，再将核费信息录入系统。综审员接到需要进行核保综合审查操作的投保业务后，要对投保单审核信息、检验车辆信息、核定保费信息进行确认，出示最后的核保结果信息，确认该投保单是否通过核保。

制单平台中出单员接到需要进行制单操作的投保业务后，要制作出保险单，并检查其正确性。复核员接到需要进行复核操作的保险单后，要对保险单进行检验，将相关检验信息录入系统。签单员接到需要进行签发保险单操作的保险单后，要依次对保险单进行签发、打印。

保单批改平台中展业人员接到客户的批改申请意向后，应与客户沟通并获取实际批改要求，录入相应的批改申请信息。综审员接到需要进行审核操作的批改申请信息后，要对批改申请信息进行审核，再将相关检验信息录入系统。签单员接到需要进行出具批单操作的申请后，要依次对批单进行出具、打印操作。

费率管理平台中从事汽车承保业务的工作人员可以借助此平台，了解各地区的各保险险种的基本保费及费率情况。

车险理赔估损系统是根据汽车保险理赔业务流程和从事汽车保险理赔业务的不同岗位的工作人员的岗位工作内容和要求为保险公司量身定做的系统操作平台，它包括报案平台、委托平台、调度平台、查勘平台、立案平台、定损平台、核损平台、理算平台、核赔平台、结案平台十个汽车保险理赔业务流程平台。

报案平台中接报案员接到客户报案时，首先确认本客户为本保险公司用户，在详细询问案件发生的地点、时间、过程、财产损失等情况后，根据客户报案情况分析出事故发生严重程度以及所涉及的险种等信息，并将这些相关信息录入系统。

委托平台中当委托处理员接到需要委托给外地保险相关机构进行查勘定损的案件信息后，联系需要委托的公司，将委托情况及报案信息与该公司沟通并达成委托协议后，在车险理赔估损系统中将委托信息进行录入。受理公司委托处理人员接到外公司发来的委托请求时，需要详细了解该公司的委托请求内容，经过双方协商确认并达成委托受理协议后，接到外公司发来的委托请求的委托处理人员需要将委托受理信息录入车险理赔估损系统

中，为下一步的处理受理案件信息做好数据准备。当接受的委托案件处理完毕后，受理委托公司的委托处理人员需要联系委托公司，将处理的结果信息提供给对方，并与对方详细核查确认信息后，结束此次受理案件。发出委托请求的委托处理人员接到受理公司反馈的委托结果信息后，对该信息进行确认验收，并录入车险理赔估算系统，以便该案件进入下一操作环节。

调度平台中调度员查到有新报案的案件信息时，应立即查看新建案件信息，安排相应的查勘人员进行案件查勘，并将查勘调度信息录入系统。调度员在车险理赔估损系统中查到有已完成查勘的案件信息时，应立即查看案件信息，安排相应的定损人员进行事故定损，并将定损调度信息录入系统。

查勘平台中查勘员接到查勘调度并完成实地查勘后，需要将查勘基本信息、第三者车辆基本信息、事故基本信息、事故详细信息、责任判断及损失估计信息等查勘信息录入车险理赔估损系统中。

立案平台中立案人员可在查勘员提供的查勘数据的基础上，借助系统平台完成立案工作，确定该案件是否进入定损调度操作。

定损平台中定损员接到定损调度并完成实地定损后，需要将定损基本信息、定损换件信息、定损维修信息、定损辅料信息等定损信息录入系统。

核损平台中核损员查询到需进行核损操作的案件信息后，通过在系统中查询相关配件价格，或者同相关部门(如汽车修理厂、配件供应商等)沟通调整配件价格，然后将核损后的信息录入系统，并确认该定损信息是否能够通过核损进入下一个操作环节。

理算平台中理算员查询到需要进行理算操作的案件信息并完成理算后，将理算信息(如理算涉案数据信息、险种理算信息等)录入车险理赔估损系统中。

核赔平台中核赔员查询到可进行核赔操作的案件信息后，要根据涉案数据以及历史赔付信息，核查理算是否正确合理，然后将核赔意见录入系统中，并确认该理算信息是否能够通过核赔进入下一个操作环节。

结案平台中结案人员查询到需要进行结案操作的案件信息后，通过查询该案件的查勘、立案、定损、理算等信息后，了解该案件手续材料是否正常完成，然后对案件进行结案封档操作。

学习拓展

汽车保险与理赔的智能化

互联网技术的蓬勃发展为各行各业带来了无限商机，而网络给保险业带来的最大机会就在于销售、理赔和服务方面。汽车保险作为保险的一个重要险种，竞争最终要归结到客户服务、销售渠道拓展、管理及成本的控制上，网络出险无疑给国内汽车保险的进一步拓展带来了契机。

一、汽车保险销售智能化

目前，汽车保险主要有三种销售实现方式，即：保险公司的业务人员上门服务、保险中介人(主要是代理人)提供服务、客户亲自到保险公司营业部门办理有关手续。

长期以来，一方面，我国保险行业形成的旧的经营形式，存在着许多不利于发展的因素，所采取的粗放式经营模式不仅使其经营费用居高不下，盈利微薄，同时客户也得不到快速、优质的服务。另一方面，由于我国保险中介市场发展严重滞后，造成了保险中介市场的主体不健全、效益低下、竞争秩序混乱等现象，其服务水平与国际服务水平相差甚远，中介市场缺乏信用，使保险行业的服务不成体系。因此我国汽车保险需要一种创新模式。

　　近年来，网络车险已经悄然兴起，传统保险公司都建立了保险网站，开辟自己的网上业务。现在的网络车险已经可以做到让业务员在网上开设自己的门店，向感兴趣的客户提供所需要的信息和解答问题。业务员确定客户有更多兴趣后，再到网下提供更多咨询，完成交易，这便节省了业务员一遍一遍盲目跑客户的成本。在传统的营销方式下，一个业务员要拜访客户27次才能完成一次销售，而网络可以让业务员大大减少拜访频率，极大地提升了效率。网络可以通过辅助销售提高效率，降低成本。近些年来，电话投保、网络投保、银行代理投保等新型智能化营销模式在我国也发展迅猛。

　　未来，汽车保险销售智能化的发展趋势如下。

　　(1) 利用互联网发展车险市场的B2C模式。网络直销最大优势就是克服了保险公司受制于代理人的弊端，交易费用减少，保险费率下降，促进保险业务和销售渠道扩张。国外发达保险市场的车险业务一般约有30%是通过网络直销的方式取得的。

　　(2) 开办银行保险业务。我国拥有传统的国有银行和诸多城市商业银行网点多，服务面广，拥有稳定客户和专业金融人才的优势，在银行经营保险业务不仅方便广大投保客户，也有利于发挥银行业与保险行业的联动优势，实现资源互补，扩大业务规模，增强企业竞争力。

　　(3) 利用电话预约投保的直销模式。这种直销模式成本低，不需要大量的投入去建设网络平台，通过一部热线电话，加大了宣传力度，统一了服务标准，极大满足了客户要求，促进了业务增长。例如中国人民保险公司"95518"服务专线就是一个较好的例子。

二、汽车保险理赔智能化

　　国外的车辆保险理赔中充分运用高科技手段发展，像美国的几家大型车险经营公司一般就采用GPS定位技术确定查勘人员位置，通过智能排班系统，查勘人员在很短时间内被派到出险现场；有些公司拥有几百个理赔点，几千个理赔专业人员和上千台快速反应车负责全国的查勘理赔工作。另外通过计算机网络查询修理厂的排班情况，及时为客户提供送修服务，以达到快速准确地为客户提供优质服务。还有一些通过呼叫管理系统，该系统将网站与呼叫中心连接在一起，通过因特网提供VOIP文本交换、电子邮件、传真、回呼等多项功能，客户的电子邮件可直接发送到呼叫中心，呼叫中心可保证在24小时内回复客户的电子邮件。

　　近年来，随着我国保险业与国外保险企业的交流增多，国外的先进设施和管理模式正逐步被引进国内，国内的保险公司开始加强信息技术的应用，重视服务质量，扩大服务范围。我国大型保险公司在全国范围内投入几百个现代化呼叫中心，以及事故定损系统也正在大力推广。国内各家保险公司也推出了新的理赔服务项目来吸引用户，主要有如表5-1所示的服务项目。

表 5-1　国内保险公司的服务项目

序　号	保险服务	延伸服务
1	呼叫中心(Call Center)	协助出险客户处理事故
2	统一集中定损	配备施救车，负责紧急事故救援
3	使用计算机自动定损系统	免服务费简单抢修(补胎、充气、搭电、送燃油等)
4	配备统一标识的专用车辆负责事故查勘	提供伤员抢救担保卡，开辟"绿色通道"
5	限时赔付加快结案速度	与 110 联动，实现事故快速处理
6	就近赔付	交通事故处理法律援助中心
7	设专人处理大案要案	投保车辆车祸救治中心
8	投诉、举报	为客户提供代步汽车、代办车辆年审
9	保险咨询	提供保险顾问
10	成立汽车俱乐部为会员提供多样化服务	到指定地点免费清洗、打蜡、吸尘等
11	防灾防损义务培训	
12	上门送赔款	

三、以客户为中心的智能化服务

以客户为中心，首先体现在"一对一"的营销策略；以客户为中心，还体现在一些专业保险网可以度身为每一位在网上购买车险的客户提供完善的售后服务，解决顾客的后顾之忧。在专业保险网汽车保险频道，可以使用户感受到十分便捷的保险服务。用户在测试完保险需求或是提交有关车辆信息之后，汽车保险投保系统就会帮助用户分析其具体需求，引导选择适当的险种及保障程度，并自动预算费用，在客户提交了个人信息后，网站工作人员会将保单提交到指定地点，这些程序对于没有保险知识的人，通过网络上的投保提示十几分钟就可以搞定。

从某种意义上说，互联网只是新形势下的一种工具或手段，对于这一工具的运用越确切、越到位，企业或行业的收益就会越大。而对于汽车保险行业来说，如果能最大限度利用互联网的优势，将传统汽车保险市场与电子商务平台紧密结合，就一定能建立一个较为完善的以客户为中心的市场营销体系。

四、汽车保险定损核价智能化

机动车辆保险在财产保险中是第一大险种，在国内财产保险公司，车险保费规模达到五成以上。这里指的车险定损核价智能化有两层含义，一是使用网络化的计算机程序，二是数据的维护需要网络化的组织来进行。

目前，保险公司核报价的运作方式概括来说就是，定损中心查勘事故车辆后，手工出具定损单，定损单中写明修理工时费和需要更换的配件名称，但未注明配件价格。定损员将定损单送到或传真到本机核价员处，核价员查询到零配件的市场价格后，在定损单上核定配件价格，完成定损单。这种作业方式虽有效，但工作效率和透明度都较低，无法适应车险规模快速增长和市场发展。交通事故处理方式不断改变，有些保险公司虽然开发了单机版或网络版的配件报价系统，但由于功能不全，仅能查询，没有融合管理流程和统计分析功能，无法保证诸多车型配件数据及时、准确，难以发挥作用。

开发定损报价系统，采用浏览器，通过因特网传递，实现保险公司定损员既可以当场定损，又可以进行网上远程定损，客户和修理厂还可以上网查询定损结果和配件价格、甚至购买配件等功能。它的未来目标是，当客户出险后，通过保险公司的统一服务电话中心报案；保险公司调度人员通过卫星定位系统得知每个定损员的位置，并通知最近的定损人员赶赴现场。到达现场后无论在何时何地，只要手机有信号，就可以通过有线或无线方式上网查询配件价格和有关保险单或赔案的相关资料。

总之，信息技术的发展，为汽车保险的智能化提供了强大的技术支持。电子商务的发展和汽车保险新技术的运用，将改变汽车保险销售和理赔的传统模式，使汽车保险向电子化、智能化发展。

学习评价

理论评价

1. 在机动车车险承保系统中，投保单内容分为(　　)部分。
    A. 被保险人信息、投保车辆信息、投保险种信息、业务信息及综合信息
    B. 投保人信息、被保险人信息、投保车辆信息、约定驾驶员信息、投保险种信息、业务信息及综合信息
    C. 投保人信息、被保险人信息、投保车辆信息、业务信息、约定驾驶员信息、投保期限信息
    D. 投保车辆信息、约定驾驶员信息、投保人信息、被保险人信息、商业险种信息
2. 在机动车车险承保系统中，核保平台的操作步骤可以描述为(　　)。
    A. 核保综合审查、审核投保单、检验车辆、核定保费
    B. 审核投保单、核保综合审查、检验车辆、核定保费
    C. 审核投保单、检验车辆、核保综合审查、核定保费
    D. 核定保费、审核投保单、检验车辆、核保综合审查
3. 在制作机动车交通事故商业险保险单时，信息可以进行录入的是(　　)。
    A. 备注、制单结果、制单不通过的原因
    B. 制单人、制单时间、备注
    C. 制单结果、制单不通过的原因、制单人、制单时间
    D. 制单人、制单时间、备注、特别约定
4. 在机动车车险承保系统中，批改种类不能和其他种类组合在一起的是(　　)。
    A. 变更保险责任、变更保险金额
    B. 变更保险责任、变更保险期限
    C. 注销保险单、退保
    D. 无赔退费、变更币种

5. 下列工作内容中，不是接报案员的工作的是（　　）。
   A. 新建报案　　　　　　　　B. 修改报案单
   C. 上传事故图片　　　　　　D. 修改保单信息

6. 关于调度平台的主要工作说法错误的有（　　）。
   A. 调度平台下调度员可以进行查勘调度、查勘调度改派、定损调度、定损调度改派操作
   B. 调度平台下调度员可以进行查勘调度、定损调度、调度查询操作
   C. 调度平台下调度员可以进行定损调度、定损调度改派、调度查询操作
   D. 调度平台下调度员可以进行查勘调度、新建查勘、定损调度、调度查询操作

7. 关于进行立案操作描述正确的是（　　）。
   A. 进行立案操作中可以进行暂存，稍后再进行修改操作
   B. 立案备注必须要填写
   C. 完成立案后的案件都能进行定损调度操作
   D. 立案结果分为立案和不予立案

8. 以下关于案件的查勘提交状态正确的是（　　）。
   A. 单击"完成查勘"按钮成功提交的查勘信息可以进入立案操作
   B. 新建查勘提交的查勘信息全部可以进入查勘修改操作
   C. 新建查勘提交的查勘信息全部可以进入立案操作
   D. 查勘修改后的查勘信息全部可以进入立案操作

9. 新开定损项目操作步骤包含有（　　）。
   A. 进入定损操作、查看调度信息、选车操作、定损基本信息录入、定损辅料操作、定损换件操作、定损维修操作、确认定损状态
   B. 进入定损操作界面、确认定损案件、定损基本信息录入、选车操作、定损换件操作、定损维修操作、定损辅料操作、人员伤亡定损、财产损失定损、施救费用定损、结束定损
   C. 进入定损操作、选车操作、查看调度信息、定损基本信息录入、定损换件操作、定损维修操作、定损辅料操作、确认定损状态
   D. 定损基本信息录入、选车操作、进入定损操作、查看调度信息、定损换件操作、定损维修操作、定损辅料操作、确认定损状态

10. 关于新建核损操作步骤，以下描述正确的是（　　）。
    A. 新建核损包含以下几个步骤：进入核损操作界面、查看核损规章、核定换件信息、核定维修信息、核定辅料信息、录入核损总体意见、提交核损信息
    B. 新建核损包含以下几个步骤：进入核损操作界面、确定并进入核损案件界面、核定换件信息、核定维修信息、核定辅料信息、人员伤亡核损、财产损失核损、施救费用核损、结束核损
    C. 新建核损包含以下几个步骤：进入核损操作界面、确定核损案件、核定换件信息、核定维修信息、核定辅料信息、录入核损总体意见
    D. 新建核损包含以下几个步骤：进入核损操作界面、核定换件信息、核定维修信息、核定辅料信息、录入核损总体意见、提交核损信息

11. 在车险理赔估损系统中，关于理赔部门的工作流程错误的是(   )。
    A. 新开理算——理算更新——核赔后理算——核赔后理算更新——理算查询
    B. 新开理算——核赔后理算——理算查询
    C. 新开理算——理算更新——核赔后理算——核赔后理算更新
    D. 新开理算——核赔后理算——理算更新——核赔后理算更新——理算查询
12. 关于新建核赔操作步骤，以下描述正确的是(   )。
    A. 新建核赔包括以下操作步骤：进入核赔操作界面、录入核赔信息、提交核赔信息
    B. 新建核赔包括以下操作步骤：进入核赔操作界面、查看理算公式、提交核赔信息
    C. 新建核赔包括以下操作步骤：查看理算公式、录入核赔信息、提交核赔信息
    D. 新建核赔包括以下操作步骤：进入核赔操作界面、查看理算公式、录入核赔信息、提交核赔信息
13. 以下关于新建结案操作描述正确的是(   )。
    A. 操作步骤包括：进入结案操作界面、查询案件信息、查看案件信息、查看查勘信息、查看定损信息、查看理算信息、提交结案
    B. 查看案件信息、查看查勘信息、查看定损信息、查看理算信息必须按顺序依次进行
    C. 提交结案必须在查看理算信息之后进行
    D. 查看查勘信息操作必须执行

技能评价

实训项目1： 车险承保系统操作。

实训目标：

(1) 通过车险承保系统投保平台操作训练，学生能够根据投保信息完成车险承保系统投保平台操作。

(2) 通过车险承保系统核保平台操作训练，学生能够根据核保信息完成车险承保系统核保平台操作。

(3) 通过车险承保系统批改平台操作训练，学生能够根据核保信息完成车险承保系统批改平台操作。

实训内容： 根据实训素材，在车险承保系统中完成投保、核保、批改业务操作。

实训组织： 学生两人一组(教师可根据实训条件自行安排分组人数)，一人进行平台操作，另一人对其操作过程进行记录与分析，填写记录与分析表。完成后学生交换角色练习，教师对全过程进行把控。

实训素材：

投保单信息

投保人基本信息：
投保人：陈锋　　联系人姓名：陈锋　　联系人固定电话：010-6296××××
联系人移动电话：×××××××××××　　投保人住所：北京市海淀区中关村名伶家园　　邮编：100183

被保人基本信息： 被保人姓名：陈锋　身份证号：×××××××××××××××× 联系人姓名：陈锋　固定电话：010-6296××××　移动电话：××××××××××× 被保险人住所：北京市海淀区中关村名伶家园　邮编：100183 被保险人单位性质：事业单位
车辆基本信息 号牌号码：京A77856　厂牌型号：福特翼虎3.0L M1　VIN：LGQEF 4A517B789589 核定载客：5人　核定载质量：1500kg　排量：3.0L　新车购置价：300 000元 已用年限：0年　已行驶公里数：6km　被保险人与车辆的关系：所有　车主：陈锋 初次登记日期：2009年11月28日 号牌底色：蓝色　车身颜色：灰色　车辆种类：客车　车辆使用性质：家庭自用汽车 汽车安全性能：防盗系统，ABS，安全气囊 固定停放地点：固定车位 行驶区域：跨省行驶 车损险以及附加险理赔次数：0次 三者险以及附加险赔款次数：0次 是否在我公司投保：否 车损险选择汽车专修厂：4S店北京北方明方(运华)汽车销售服务有限公司
约定驾驶员信息 姓名：陈锋　驾驶证号：110101 19580919 0768　初次领证日期：2008年9月1日 准驾车型：C1　驾驶员属性：主驾驶员
投保险种信息 交通事故责任强制保险； 全额车辆损失险； 25万第三者责任险； 车上人员责任险(司机)1人； 车上人员责任险(乘客)4人； 玻璃单独破碎险； 全车盗抢险； 自燃损失险。
车辆验车情况：未验车 业务员姓名：江枫 代理人名称：江枫 上年度是否在本公司承保：否 处理时间：2013年10月8日 业务来源：直接业务 投保车辆上年交通违章情况：无违章记录 投保主险名称：商业保险A款 保险期间：2013年10月8日0时—2014年10月7日24时 特别约定：无 争议解决方式：诉讼

核保信息

审核投保单信息：
验单结果：通过　投保单信息审核情况：无误　投保人信息审核情况：无误
投保车辆的行驶证审核情况：无误　备注：无
验车信息：
验车需求：免验车　验车结果：通过　免验车原因：新车
核费信息：
自燃损失险核定费率：0.34%　其余不变
依据以上信息进行综合核保操作

实训评价：

车险承保系统操作评分表

基本信息	姓名		学号		班级		组别	
	规定时间		完成时间		考核日期		总评成绩	

	序号	步骤	标准分	评分标准	评分
任务工单	1	考核准备： 成功启动计算机； 成功启动车险承保系统； 正确登录车险承保系统	3	确保承保操作正常进行，根据实际情况酌情扣分	
	2	打开新建投单界面	1	没有正确打开操作界面，扣1分	
	3	录入投保人信息	5	投保人信息录入错误，一处扣1分，扣完为止	
	4	录入被保人信息	5	被保人信息录入错误，一处扣1分，扣完为止	
	5	录入投保车辆信息	5	投保车辆信息录入错误，一处扣1分，扣完为止	
	6	录入约定驾驶员信息	5	驾驶员信息录入错误，一处扣1分	
	7	录入投保险种信息	15	没有录入险种信息扣15分；险种选择错误，一个险种信息扣1分；保险金额信息录入错误，一处扣1分；投保费错误，一处扣一分；计算公式选择错误，一处扣一分；计算数据错误，一处扣一分；扣完为止	
	8	录入业务信息	5	业务信息录入错误一处扣1分	
	9	录入综合信息	5	综合信息录入错误一处扣1分	
	10	提交投保信息	1	根据实际情况酌情扣分	

续表

	序号	步骤	标准分	评分标准	评分
任务工单	11	打开审核投保单界面	1	没有正确打开操作界面,扣1分	
	12	录入审核结果	5	审核信息录入错误,一处扣1分,扣完为止	
	13	提交审核结果	1	没有正确提交结果,扣1分	
	14	打开检验车辆界面	1	没有正确打开操作界面,扣1分	
	15	录入验车结果	5	验车信息录入错误,一处扣1分,扣完为止	
	16	提交验车结果	1	没有正确提交结果,扣1分	
	17	打开核定保费界面	1	没有正确打开操作界面,扣1分	
	18	核定商业险保险费信息	5	录入信息错误,一处扣1分,扣完为止	
	19	核定交强险保险费信息	2	保险费选错,一处扣1分,扣完为止	
	20	录入核定保险费结果	5	核定保险费结果录入错误,一处扣1分,扣完为止	
	21	提交核定保险费结果	1	没有正确提交结果,扣1分	
	22	打开核保综合审查界面	1	没有正确打开操作界面,扣1分	
	23	录入综合审查结果	4	综合审查结果录入错误,一处扣1分,扣完为止	
	24	提交核保综合审查结果	1	没有正确提交结果,扣1分	
	25	打开制作保险单界面	1	没有正确打开操作界面,扣1分	
	26	录入制单结果	2	制单结果有误,扣2分	
	27	提交制单结果	1	没有正确提交结果,扣1分	
	28	打开复核保险单界面	1	没有正确打开操作界面,扣1分	
	29	录入复核结果	2	复核结果有误,扣2分	
	30	提交复核结果	1	没有正确提交结果,扣1分	
	31	打开签发保险单界面	1	没有正确打开操作界面,扣1分	
	32	提交签发保险单信息	2	没有正确提交结果,扣1分;没有正确打印保险单,扣1分	
团队协作			5	根据实际情况酌情扣分	
总分合计			100	评分合计	

实训项目 2: 车险理赔估损系统操作。

实训目标:

(1) 通过车险理赔估损系统报案平台操作训练,学生能够根据报案信息完成车险理赔估损系统报案平台操作。

(2) 通过车险理赔估损系统查勘平台操作训练,学生能够根据查勘信息完成车险理赔估损系统查勘平台操作。

(3) 通过车险理赔估损系统定损平台操作训练，学生能够根据定损信息完成车险理赔估损系统定损平台操作。

(4) 通过车险理赔估损系统核损平台操作训练，学生能够根据核损信息完成车险理赔估损系统定损平台操作。

(5) 通过车险理赔估损系统理算平台操作训练，学生能够根据赔款理算信息完成车险理赔估损系统理算平台操作。

实训内容：根据实训素材，在车险承保系统中完成报案、查勘、定损业务操作。

实训组织：

学生两人一组(教师可根据实训条件自行安排分组人数)，一人进行平台操作，另一人对其操作过程进行记录与分析，填写记录与分析表。完成后学生交换角色练习，教师对全过程进行把控。

实训素材：

报案信息

接报案员：刘明	报案方式：上门	报案人：张飞
报案时间：2013年10月30日上午10时		
出险时间：2013年10月30日上午8时		
案件联系人：张飞		
联系人电话：158××××××××		
出险原因：避让行人		
是否第一现场：是		
出险地点：北京海淀区西山北路		
驾驶员姓名：张飞		
初次领证日期：2007年8月1日		
初次登记日期：2009年10月8日		
已使用年限：2年		
基本条款类别：汽车商业保险A款		
事故经过：		
2013年10月30日上午8时，张飞驾车在北京海淀区西山北路上行驶过程中，为避让横穿马路的行人，紧急刹车并右打方向盘，不慎冲出马路，撞上了路旁的绿化带，导致车辆损坏。		
涉及损失类别：本车车损、第三者其他财产损失		
车辆出险次数 1 赔款次数 1 赔款总计 2 000 元		

查勘信息

案件性质：本代	查勘地点：月亮湾	
驾驶员姓名：张飞	驾驶证号：110101196509120465	驾车型：C1
初次领证日期：2007年8月1日	性别：男	联系方式：158××××××××
第三者车辆基本信息		
无		

续表

事故基本信息			
出险原因：碰撞	事故类型：单方肇事	涉及三方机动车数：0	是否需要施救：否
事故处理方式：交警	预计事故责任：全部	车上人员伤亡人数：伤0人，亡0人	
第三者伤亡人数：伤0人，亡0人			

事故详细信息	
被保险机动车出险时使用性质	家庭自用
被保险机动车驾驶人是否持有有效驾驶证	是
被保险机动车驾驶人准驾车型与实际驾驶车辆是否相符	是
驾驶专用机械车、特种车及营业性客车的人员是否有相应的有效操作证、资格证	是
被保险机动车驾驶人是否为酒后驾驶	否
被保险机动车发生事故时的驾驶人是否为合同约定的驾驶人	是
出险地点是否发生在合同约定的行驶区域以外	否
是否存在其他条款规定的责任免除或增加免赔率的情形	否

查勘意见：

案件处理等级：一级	访问笔录3张，现场草图5张，事故照片15张

责任判断及损失估计			
涉及险种：商业车损险		立案建议：商业保险立案	
本车车损	3000元	第三者车辆损失	0元
本车车上人员伤亡	0元	第三者人员伤亡	0元
本车车上财产损失	0元	第三者车上财产损失	0元
第三者其他财产损失	0元	其他	0元

定损信息

定损基本信息：					
号牌号码：京N54321		事故责任：主要		厂牌型号：福特翼虎3.0M1	
发动机：V6CYL24VALVE DO		车架号：LGWEF3A517B012345		出险地点：海淀区西山北路	
送修时间：2013-10-31		修复竣工时间：2013-11-1		报价公司：总公司	
定损地点：北京九州汽车销售服务有限公司					
损失部位及程度概述：					
车前保险杠、左前大灯、左前雾灯总成、左前翼子板受损，且损失严重，需要更换配件					

定损换件信息：							
零件号	零件名称	所属部位	零件单价	订购件数	工时数	工时费率	最大用量	左/右
E6Z17D957–ABPTM	前保险杠外皮	前保险杠	6200	1	6	10	1	L
5E6Z 16005-AA	前翼子板	前翼子板	2400	1	10	10	1	L
YL8Z 15200-AB	雾灯总成	前照灯	1300	1	3	10	1	L
5LBZ 13007-AA	前照合灯	前照灯	2000	1	4	10	1	L

续表

定损维修信息				
工位	维修项目	维修工时	维修工时费	维修工时费合计
机修	前保险杠杠体	6	10	60
喷漆	左前车门饰板	4	10	40
喷漆	左前门	20	10	200

定损辅料信息			
辅料名称	用量	辅料总价	备注
机油	1	200	

实训评价：

车险理赔估损系统操作评分表

基本信息	姓　名		学号		班级		组别	
	规定时间		完成时间		考核日期		总评成绩	

	序号	步　骤	标准分	评分标准	评分
任务工单	1	考核准备： 成功启动计算机； 成功启动车险理赔估损系统； 正确登录车险理赔估损系统	3	确保报案管理操作正常进行，根据实际情况酌情扣分	
	2	打开新建案件操作界面	1	没有正确打开操作界面，扣1分	
	3	录入报案信息	10	没有录入报案信息扣10分；报案信息录入错误一处扣1分，扣完为止	
	4	完成报案信息	2	没有进行完成操作的扣1分，完成报案后没有弹出正确提示的扣1分	
	5	打开查勘操作界面	1	没有正确打开操作界面扣1分	
	6	录入查勘信息	5	没有录入查勘信息操作扣5分；查勘信息录入错误一处扣1分，扣完为止	
	7	提交查勘信息	1	没有提交查勘信息操作扣1分	
	8	打开立案操作界面	1	没有正确地打开操作界面扣1分	
	9	录入立案信息	5	没有录入立案信息操作扣5分；录入信息错误一处扣1分，扣完为止	
	10	提交立案信息	1	没有提交立案信息扣1分	
	11	打开定损操作界面	1	没有正确打开操作界面，扣1分	
	12	录入定损基本信息	5	没有录入定损基本信息扣5分；定损信息录入错误，一处扣1分，扣完为止	

续表

序号	步　骤	标准分	评分标准	评分
13	选车操作	5	没有选择车型，扣 5 分；车型选择错误一处扣 1 分，扣完为止	
14	录入定损换件信息	5	如果有定损换件信息，但是没有录入扣 5 分；换件信息选择错误，一个零件扣 1 分，扣完为止；换件信息项录入错误，一处扣 1 分，扣完为止	
15	录入定损维修信息	5	如果有定损维修信息，但是没有录入扣 5 分；维修信息选择错误，一个维修项扣 1 分，扣完为止；维修项信息录入错误，一处扣 1 分，扣完为止	
16	录入定损辅料信息	5	如果有定损辅料信息但是没有录入扣 5 分；辅料信息录入错误一处扣 1 分，扣完为止	
17	录入人员伤亡定损信息	3	如果有人员伤亡定损信息但是没有录入扣 3 分；人员伤亡定损信息录入错误，一处扣 1 分，扣完为止	
18	录入财产损失信息	3	如果有财产损失信息但是没有录入扣 3 分；财产损失定损信息录入错误，一处扣 1 分，扣完为止	
19	录入施救费用定损信息	3	如果有施救费用定损信息但是没有录入扣 3 分；施救费用定损信息录入错误，一处扣 1 分，扣完为止	
20	结束定损	1	没有进行结束定损操作扣 1 分	
21	打开核损操作界面	1	没有正确打开操作界面扣 1 分	
22	核定换件信息	2	如果有定损换件信息，但是没有进行录入核定换件信息操作扣 2 分；核定换件信息录入错误，一处扣 1 分，扣完为止	
23	核定维修信息	2	如果有定损维修信息，但是没有进行录入核定维修信息操作扣 2 分；核定维修信息录入错误，一处扣 1 分，扣完为止	
24	核定辅料信息	2	如果有定损辅料信息，但是没有进行录入核定辅料信息操作扣 2 分；核定辅料信息录入错误，一处扣 1 分，扣完为止	
25	人员伤亡核损	2	如果有人员伤亡定损信息，但是没有进行人员伤亡核损操作扣 2 分；人员伤亡核损信息录入错误，一处扣 1 分，扣完为止	
26	财产损失核损	2	如果有财产损失信息，但是没有进行财产损失核损操作扣 2 分；财产损失核损信息录入错误，一处扣 1 分，扣完为止	

任务工单

续表

	序号	步　骤	标准分	评分标准	评分
任务工单	27	施救费用核损	2	如果有施救费用定损信息，但是没有进行施救费用核损操作扣2分；施救费用核损信息录入错误，一处扣1分	
	28	结束核损	1	没有进行结束核损操作扣1分	
	29	打开新开理算界面	1	没有正确打开操作界面扣1分	
	30	进行案件理算	10	没有进行赔款理算扣10分；理算信息录入错误，一处扣1分，扣完为止	
	31	完成新开理算	1	没有进行完成操作的扣1分	
	32	打开核赔操作界面	1	没有正确打开核赔操作界面扣1分	
	33	录入核赔信息	2	没有录入核赔信息扣2分；核赔信息录入错误，一处扣1分，扣完为止	
	34	提交核赔信息	1	没有进行提交核赔信息的操作扣1分	
	35	打开结案操作界面	1	没有正确打开结案操作界面扣1分	
	36	提交结案	1	没有进行提交结案操作扣1分	
团队协作			5	根据实际情况酌情扣分	
总分合计			100	评分合计	

参 考 文 献

[1] 宋丽敏. 汽车保险与理赔[M]. 南京：南京大学出版社，2013.
[2] 刘冬梅. 汽车保险与理赔[M]. 北京：人民交通出版社，2013.
[3] 王福忠. 机动车辆保险与理赔[M]. 北京：北京大学出版社，2013.
[4] 蔡文创. 汽车保险与理赔项目一体化教程[M]. 上海：上海交通大学出版社，2012.
[5] 彭晓艳，廖明. 机动车保险专用软件使用[M]. 北京：人民交通出版社，2011.
[6] 骆孟波. 汽车保险与理赔[M]. 上海：同济大学出版社，2009.
[7] 罗向明，岑敏华. 机动车辆保险实务操作[M]. 北京：中国金融出版社，2009.
[8] 王健康，周灿. 机动车辆保险实务操作[M]. 北京：电子工业出版社，2009.
[9] 李景芝，赵长利. 汽车保险与理赔[M]. 北京：机械工业出版社，2009.
[10] 李景芝，赵长利. 汽车碰撞事故查勘与定损实务[M]. 北京：人民交通出版社，2009.
[11] 董恩国，张蕾. 汽车保险与理赔实务[M]. 北京：机械工业出版社，2007.
[12] 刘金章. 保险学基础[M]. 北京：高等教育出版社，2003.